重要単語チェック！
2年

使い方
❶ ミシン目にそってカードを切り離し，穴にリングなどを通そう。
❷ 表面の英語と絵を見て単語の意味を考え，裏面を見て確認しよう。
❸ 裏面の日本語を見て英語を言う練習をし，表面を見て確認しよう。

JN100805

go abroad

2 across

across the street

3 action

quick in action

4 advice

good advice

5 afraid

be afraid of dogs

6 ago

two years ago

7 airplane

take an airplane

8 alone

travel alone

9 among

among the people

10 answer

answer a question

11 apologize

I apologize.

12 appear

The stars appeared.

13 area

the Kanto area

14 arrive

arrive at school

15 article

a newspaper article

16 attractive

an attractive person

17 aunt

visit my aunt

18 baby

smile at a baby

19 bathroom

clean a bathroom

20 beauty

the beauty of mountains

21 because

Because I like it.

22 become

became-become
became an adult

❶ 副 外国に [で, へ], 海外に [で, へ]

外国へ行く

音声を聞きながら発音の練習をしよう。

音声アプリの「重要単語チェック」から
音声を聞いて，聞きとり，発音の練習をすることができます。
アプリの使い方は，表紙裏をご覧ください。

❹ 名 助言，忠告

よい助言

❸ 名 行動，アクション

行動が速い

❷ 前 ～を横切って

通りを横切って

❼ 名 飛行機

飛行機に乗る

❻ 副（今から）～前に

2年前

❺ 形 こわがって

イヌを怖がる

❿ 動 ～に答える

質問に答える

❾ 前 ～の間で，～の中で

人々の間で

❽ 副 ひとりで

ひとりで旅行する

⓭ 名 地域，場所

関東地方

⓬ 動 現れる，姿を現す

星が見えてきた。

⓫ 動 謝る

私は謝罪します。

⓰ 形 魅力的な

魅力的な人

⓯ 名 記事

新聞記事

⓮ 動 到着する

学校に着く

⓳ 名 浴室

浴室を掃除する

⓲ 名 赤ん坊

赤ちゃんに微笑みかける

⓱ 名 おば

おばを訪ねる

㉒ 動 ～になる

大人になった

㉑ 接 ～だから

わたしはそれが好きだから。

⓴ 名 美しさ

山々の美しさ

㉓ begin
began-begun
began to bloom

㉔ bell
ring a bell

㉕ beside
Come beside me.

㉖ better
a better idea

㉗ between
between the trees

㉘ bored
I am bored.

㉙ both
both you and me

㉚ bridge
cross over a bridge

㉛ build
built-built
built a house

㉜ burn
burn paper

㉝ cafe
a nice cafe

㉞ candle
some candles on the cake

㉟ career
Career day

㊱ carefully
look carefully

㊲ carry
carry a box

㊳ case
in this case

㊴ catch
caught-caught
catch fish

㊵ center
the center of a city

㊶ century
in the 21st century

㊷ change
change color

㊸ check
check a word

㊹ chef
a famous chef

㊺ childhood
from childhood

㊻ citizen
a citizen of Osaka

㉕	㉔	㉓
(前)〜のそばに	(名)ベルや鈴（の音）	(動)〜を始める
わたしのそばに来て。	ベルを鳴らす	咲き始めた

㉘	㉗	㉖
(形)退屈した	(前)〜の間で	(形)[good well の比較級] もっとよい, よくなって
私は退屈している。	木々の間に	もっとよい考え

㉛	㉚	㉙
(動)〜を建てる	(名)橋	(接)(both…and 〜で) …も〜も両方
家を建てた	橋を渡る	あなたもわたしも両方

㉞	㉝	㉜
(名)ろうそく	(名)喫茶店, カフェ	(動)〜を燃やす
ケーキのろうそく	素敵なカフェ	紙を燃やす

㊲	㊱	㉟
(動)〜を運ぶ	(副)注意深く	(名)職業
箱を運ぶ	注意深く見る	職業体験日

㊵	㊴	㊳
(名)中心地, センター	(動)〜を捕まえる	(名)場合
市の中心部	魚を捕まえる	この場合

㊸	㊷	㊶
(動)〜を調べる, チェックする	(動)変わる	(名)世紀
単語を調べる	色が変わる	21世紀に

㊻	㊺	㊹
(名)市民	(名)子供のころ	(名)シェフ
大阪市民	子供のころから	有名なシェフ

47 clerk

a hotel clerk

48 coin

small coins

49 comedy

do comedy

50 common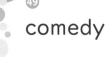

a common name

51 communicate

communicate in English

52 company

a car company

53 conference

an international conference

54 connect

connect two parts

55 content

the table of contents

56 continue

continue a trip

57 convenience

a convenience store

58 cookie

eat a cookie

59 couple

a wonderful couple

60 create

create a play

61 cultural

cultural exchange

62 culture

Japanese culture

63 customer

welcome customers

64 damage

damage your health

65 data

see the data

66 decide

decide to buy a car

67 decrease

The number decreases.

68 deep

the deep sea

69 design

a new design

70 develop

develop language skills

教科書ぴったりトレーニング　英語2年　光村図書版　付録　③表

49 名 喜劇, コメディー	48 名 硬貨	47 名 フロント係
コメディに出演する	小銭	ホテルのフロント係
52 名 会社	51 動 意思の疎通をする, 連絡する	50 形 ふつうの, よくある, 共通の
自動車会社	英語で意思疎通する	よくある名前
55 名 内容, 中身	54 動 つなぐ	53 名 会議
目次	2つの部品をつなぐ	国際会議
58 名 クッキー	57 名 便利なこと [もの]	56 動 ～を続ける
クッキーを食べる	コンビニエンスストア	旅を続ける
61 形 文化の	60 動 つくり出す	59 名 夫婦
文化交流	劇を創作する	すてきな夫婦
64 動 ～に損害を与える	63 名 客	62 名 文化
健康を害する	客を迎える	日本文化
67 動 減る, 減少する	66 動 ～を決める	65 名 資料, データ
数が減る	車を買うことを決める	資料を見る
70 動 ～を発達させる	69 名 デザイン	68 形 深い
言語の技能を養う	新しいデザイン	深海

71
disabled

disabled people

72
disappear

The cat disappeared.

73
downtown

go downtown

74
earn

earn money

75
Earth

the other side of the Earth

76
east

from east

77
easy
1+1=
an easy problem

78
effort

make an effort

79
elderly

an elderly person

80
e-mail

receive an e-mail

81
enough

enough food

82
especially
$E = mc^2$

especially famous

83
even

even a child can do it

84
everything

Everything is going well.

85
everywhere

look everywhere

86
example
For example,....

for example

87
exhibition

an art exhibition

88
experience

experience cooking

89
explain

explain an idea

90
facility

public facility

91
far

far away

92
favor

I have a favor to ask.

93
feature

the feature of the car

94
feeling
feeling of sadness

⑦ ⑧ (町の) 中心街	⑦ ⑦ 姿を消す，消滅する	⑦ ⑦ 体の不自由な
中心街に行く	ネコがいなくなった。	身体障がい者

⑦ ⑥ ⑧ 東	⑦ ⑤ ⑧ 地球	⑦ ④ ⑦ ～をかせぐ
東から	地球の反対側	お金をかせぐ

⑦ ⑨ ⑦ 年配の	⑦ ⑧ ⑧ 努力	⑦ ⑦ ⑦ やさしい，簡単な
年配の人	努力する	やさしい問題

⑧ ② ⑦ 特に	⑧ ① ⑦ 十分な	⑧ ⓪ ⑧ Ｅメール
特に有名である	十分な食べ物	Ｅメールを受信する

⑧ ⑤ ⑦ いたるところに［で］	⑧ ④ ⑦ 何でも，全てのもの［こと］	⑧ ③ ⑦ ～でさえ
いたるところを見る	すべてうまくいっている。	子供でさえもできる

⑧ ⑧ ⑦ ～を経験する	⑧ ⑦ ⑧ 展示会	⑧ ⑥ ⑧ 例
料理を作る経験をする	美術展覧会	例えば

⑨ ① ⑦ 遠くに	⑨ ⓪ ⑧ 設備，施設	⑧ ⑨ ⑦ （～を）説明する
遠く離れて	公共施設	アイデアを説明する

⑨ ④ ⑧ 感情	⑨ ③ ⑧ 特徴	⑨ ② ⑧ 親切な行為
悲しみの感情	車の特徴	お願いがあるのですが。

教科書ぴったりトレーニング　英語2年　光村図書版　付録　④裏

95 Ferris wheel
ride on a Ferris wheel

96 few
a few cats

97 finger
my fingers

98 finish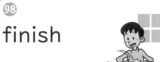
finish my homework

99 fire
There was a fire.

100 follow
follow the rule

101 forest
deep in the forest

102 found
found a hospital

103 freedom
fight for freedom

104 gather
gather people

105 general
a general opinion

106 gift
give a gift

107 glad
glad to see you

108 glass
drop a glass

109 goods
sports goods

110 graph
See the graph below.

111 ground
sit on the ground

112 grow
grew-grown
grow old

113 guest
a dinner guest

114 guide
a tour guide

115 habitat
habitat of wild animals

116 handrail
handrail for the stairs

117 hear
heard-heard
heard the song

118 heavy
a heavy bag

97	96	95
名 指	形 少しの	名 観覧車
私の指	数匹のネコ	観覧車に乗る

100	99	98
動 ～に従う	名 火	動 ～を終える
ルールに従う	火事があった。	宿題を終える

103	102	101
名 自由	動 ～を創立する	名 森
自由のために戦う	病院を設立する	深い森の中で

106	105	104
名 贈り物	形 一般的な	動 ～を集める
贈り物を渡す	一般的な意見	人を集める

109	108	107
名 商品，品物	名 コップ　グラス	形 うれしい
スポーツ用品	コップを落とす	あなたに会えてうれしい

112	111	110
動 ～になる	名 地面	名 グラフ
年をとる	地面にすわる	下のグラフを見てください。

115	114	113
名 生息地	名 案内人，ガイド	名 客
野生動物の生息地	ツアーガイド	夕食の招待客

118	117	116
形 重い	動 ～を耳にする	名 手すり
重いカバン	歌が聞こえた	階段の手すり

(119)

helpful

helpful to our study

(120)

himself

by himself

(121)

hobby

my hobby

(122)

hold

held-held

hold a pen

(123)

hole

a hole in a shirt

(124)

holiday

a national holiday

(125)

homestay

homestay in the U.K.

(126)

horror

a horror movie

(127)

however

It looks like "l". However, it's "I".

(128)

human

Humans live in the earth.

(129)

hunt

hunt for food

(130)

hurt

hurt-hurt

hurt my leg

(131)

husband

my sister's husband

(132)

if

if it rains tomorrow

(133)

ill

feel ill

(134)

improve

improve my English

(135)

influence

influence young artists

(136)

inside

go inside

(137)

into

turn into water

(138)

introduce

introduce myself

(139)

invention

a great invention

(140)

invite

invite to the party

(141)

keep

kept-kept

keep talking

(142)

kill

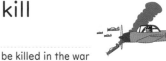

be killed in the war

121	120	119
图 趣味	代 彼自身を [に]	形 助けになる，役に立つ
私の趣味	彼ひとりで	私たちの勉強に役立つ

124	123	122
图 休暇	图 穴	動 ～を持つ，つかむ
祝日	シャツに空いた穴	ペンを持つ

127	126	125
副 しかしながら	图 恐怖	图 ホームステイ
「エル」のように見えるが「アイ」だ。	ホラー映画	イギリスでのホームステイ

130	129	128
動 ～を傷つける	動 狩りをする	图 人間
足にけがをする	食べ物を求めて狩りをする	人間は地球に住んでいる

133	132	131
形 病気で，ぐあいが悪い	接 もし～ならば	图 夫
ぐあいが悪い	あす雨が降ったら	姉の夫

136	135	134
副 内側に，内部に	動 ～に影響を及ぼす	動 ～を改善する
中に入る	若い芸術家に影響を及ぼす	英語を上達させる

139	138	137
图 発明	動 ～を紹介する	前 [質の変化] ～になる
偉大な発明	自己紹介する	水になる

142	141	140
動 ～を殺す	動 (keep ～ing で) ～し続ける	動 ～を招待する
戦争で死ぬ	話し続ける	パーティーに招待する

143 kind

kinds of trees

144 kindness

Thank you for your kindness.

145 knock

knock at the door

146 knowledge

specific knowledge

147 land

rich land

148 leaf

Leaves fall.

149 learn

learn a language

150 leave

left–left
left here

151 letter

capital letters

152 life

daily lives

153 light

a light plane

154 luggage

leave my luggage

155 meaning

meanings of words

156 measure

measure the time

157 meat

eat meat

158 medium

a medium size

159 member

rugby club members

160 menu

look at a menu

161 message

leave a message

162 middle

in the middle of summer

163 more

Any more questions?

164 most

the most popular song

165 move

move a chair

166 Mrs.

Mrs. Smith

⑭⑤ 動 ノックする	⑭④ 名 親切	⑭③ 名 種類
ドアをノックする	ご親切にありがとう。	木の種類
⑭⑧ 名 葉	⑭⑦ 名 土地	⑭⑥ 名 知識
葉が落ちる	肥えた土地	特別な知識
⑮① 名 文字	⑮⓪ 動 去る，出発する	⑭⑨ 動 （〜を）学ぶ
大文字	ここを去った	言語を学ぶ
⑮④ 名 手荷物	⑮③ 形 軽い	⑮② 名 生活，暮らし
荷物を預ける	軽飛行機	日常生活
⑮⑦ 名 肉	⑮⑥ 動 〜をはかる	⑮⑤ 名 意味
肉を食べる	時間をはかる	ことばの意味
⑯⓪ 名 メニュー	⑮⑨ 名 一員，メンバー	⑮⑧ 形 中くらいの，Ｍサイズの
メニューを見る	ラグビー部員	中サイズ
⑯③ 副 もっと多くの	⑯② 名 中央，真ん中	⑯① 名 メッセージ，伝言
ほかに質問は？	夏のさなかに	伝言を残す
⑯⑥ 名 （結婚している女性をさして）〜さん，先生	⑯⑤ 動 〜を動かす	⑯④ 副 形 [比較級を作る]（〜より）もっと… [many, much の比較級]
スミス先生	イスを動かす	最も人気のある歌

教科書ぴったりトレーニング　英語2年　光村図書版　付録　⑦裏

167

must

I must go.

168

myself

by myself

169

natural

a natural disaster

170

necessary

necessary information

171

neighbor

our neighbors

172

never

never heard of it

173

note

make a note

174

once

once lived in Osaka

175

originally

I'm originally from America.

176

overseas

overseas trip

177

own

own room

178

paper

a white paper

179

past

learn from the past

180

pay

paid–paid

pay 1,000 yen

181

percent

5 percent

182

perfect

a perfect day for a trip

183

phone

a phone number

184

photograph

take a photograph

185

planet

a beautiful planet

186

plant

grow a plant

187

plastic

a plastic bag

188

plate

a dinner plate

189

playful

playful children

190

pocket

an inside pocket

169	168	167
圏 自然の	代 私自身を ［に］	助 ～しなければならない
天災	私ひとりで	行かなければならない。

172	171	170
副 今までに一度も～しない	名 隣人	圏 必要な
今までに一度も聞いたことがない	私たちの隣人	必要な情報

175	174	173
副 もとは	副 かつて，昔	名 メモ，覚え書き
私はもともとアメリカ出身です。	かつて大阪に住んでいた	メモをとる

178	177	176
名 紙	圏 自分自身の	圏 外国 ［海外への］，海外の
白い紙	自分の部屋	海外旅行

181	180	179
名 パーセント	動 払う	名 過去
5パーセント	1,000円払う	過去から学ぶ

184	183	182
名 写真	名 電話	圏 完ぺきな，完全な
写真を撮る	電話番号	旅行には申し分ない日

187	186	185
圏 プラスチック（ビニール）製の	名 植物	名 惑星
ポリ袋	植物を育てる	美しい惑星

190	189	188
名 ポケット	圏 楽しげな，陽気な	名 （浅い）取り皿
内ポケット	陽気な子供たち	ディナー用の皿

191

precious

a precious stone

192

price

the price of oil

193

produce

produce a car

194

product

new products

195

professor

a university professor

196

progress

make progress

197

pull

pull a rope

198

raw

raw meat

199

realize

realize the danger

200

reason

main reasons

201

recipe

the recipe book

202

recognize

recognize his skill

203

relationship

a good relationship

204

remind

remind me of the event

205

reply

reply "Yes"

206

research

do research

207

reservation

make a reservation

208

result

a result of a game

209

return

return home

210

ride

rode-ridden

rode a bicycle

211

rise

rose-risen

The sun rises.

212

row

the front row

213

rule

against the rule

214

safe

a safe place

193 動 ～を生産する	192 名 値段	191 形 貴重な，大切な
車を生産する	石油の価格	宝石

196 名 進歩，発達	195 名 教授	194 名 製品
進歩する	大学教授	新製品

199 動 ～だと気づく	198 形 生の	197 動 ～をひく
危険に気づく	生肉	ロープをひく

202 動 ～とわかる	201 名 調理法，レシピ	200 名 理由
彼の技能を認める	レシピ本	主な理由

205 動 ～と答える	204 動 ～に思い出させる	203 名 関係，結びつき
「そうだ」と答える	その出来事を私に思い出させる	良い関係

208 名 結果	207 名 予約	206 名 動 研究・調査 ～を研究する
試合の結果	予約をする	研究する

211 動 上がる	210 動 ～に乗る	209 動 戻る，帰る
太陽がのぼる。	自転車に乗る	家に戻る

214 名 安全な	213 名 規則，ルール	212 名 （座席の）列
安全な場所	規則に逆らって	最前列

教科書ぴったりトレーニング 英語2年 光村図書版 付録 ⑨裏

215
sale
a house for sale

216
same
in the same class

217
sauce
soy sauce

218
save
save money

219
scary
It's scary

220
scene
a scene from a movie

221
seafood
eat seafood

222
see
saw-seen
It can be seen from here.

223
select
select a book

224
send
sent-sent
send an e-mail

225
sense
have a good sense

226
sentence
make a sentence

227
serious
serious illness

228
shadow
the shadow of a person

229
Shall I ~?
Shall I go with you?

230
shape
the shape of a heart

231
share
share a room

232
should
should go to the hospital

233
sight
a wonderful sight

234
similar
similar T-shirt

235
sink
sank-sunk
A ship is sinking.

236
site
World Heritage site

237
size
balls of the same size

238
skill
computer skills

㉗ ㊂ソース	㉖ ㊋同じ	㉕ ㊂販売
醤油	同じクラスで	売家

⑳ ㊂景色，光景	⑲ ㊋恐ろしい，こわい	⑱ ㊙～を節約する
映画のワンシーン	それは恐ろしい	お金を節約する

㉓ ㊙選ぶ	㉒ ㊙～を見る	㉑ ㊂シーフード
本を選ぶ	ここから見ることができます。	シーフードを食べる

㉖ ㊂文	㉕ ㊂感覚，センス	㉔ ㊙～をおくる
文を作る	センスが良い	Eメールをおくる

㉙ ㊍～しましょうか。	㉘ ㊂影	㉗ ㊋重大な，(病気などが) 重い
ご一緒しましょうか。	人の影	重い病気

㉜ ㊍～すべきである	㉛ ㊙～を共有する	㉚ ㊂形
病院に行くべきである	部屋をいっしょに使う	ハートの形

㉟ ㊙しずむ	㉞ ㊋同じような	㉝ ㊂光景，名所
船がしずんでいる	同じようなTシャツ	すばらしい光景

㊳ ㊂技術，腕前	㊲ ㊂寸法，サイズ	㊱ ㊂遺跡
コンピューターの技能	同じサイズのボール	世界遺産

239 slowly
walk slowly

240 society
Western society

241 sometime
Call me sometime.

242 speaker
a great speaker

243 spread
spread information

244 staff
a store staff

245 stair
go up the stairs

246 start
start a race

247 story
an exciting story

248 strength
my strength

249 strong
a strong wind

250 such
such a beautiful flower

251 sun
go around the sun

252 surprised
be surprised at the news

253 tall
ten meters tall

254 teach
taught–taught
taught English

255 technology
information technology

256 than
taller than this building

257 thick
thick soup

258 through
learn a lot through experience

259 tiny
a tiny cat

260 topic
an interesting topic

261 tour
a bus tour

262 tourist
a group of tourists

㉛ いつか，そのうち そのうち電話してね。	㉑ 社会 西洋社会	㉙ ゆっくりと ゆっくりと歩く
㉔ 職員，従業員 店員	㉓ ～を広める 情報を拡散する	㉒ 話す人，演説者 すばらしい演説者
㉗ 物語 わくわくさせる物語	㉖ ～を始める レースを始める	㉕ [stairs で] 階段 階段を上る
㉚ そんなに（こんなに）～な こんなに美しい花	㉙ 強い 強風	㉘ 強さ，長所 私の長所
㉝ 身長 [高さ] が～ある 10mの高さがある	㉜ 驚いた，びっくりした ニュースに驚いている	㉛ 太陽 太陽の周りを回る
㊱ ～よりも この建物よりも高い	㉟ （科学）技術 情報科学技術	㉞ ～を教える 英語を教えた
㊳ ごく小さい ごく小さいネコ	㊳ [原因・手段] ～のために，～によって 経験を通じて多くのことを学ぶ	㊲ 濃い 濃いスープ
㊷ 旅行者 旅行者の一団	㊶ 旅行，ツアー バス旅行	㊵ 話題，トピック おもしろい話題

263 **tradition**
Japanese tradition

264 **translation**
English translation

265 **trouble**
be in trouble

266 **true**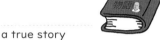
a true story

267 **twice**
twise as old as

268 **type**
all types of cars

269 **uncle**
my uncle

270 **unique**
a unique painting

271 **university**
go to university

272 **various**
various colors

273 **wake**
wake up at 7am

274 **warm**
something warm

275 **wave**
a wave power plant

276 **weigh**
weigh 40 kg

277 **west**
go west

278 **wife**
my wife

279 **wild**
wild animals

280 **will**
It will rain tomorrow.

281 **wonder**
I wonder about the girl.

282 **world**
all over the world

283 **wrap**
wrap a present

284 **write**
wrote-written
wrote a letter

285 **writer**
a famous writer

286 **young**
a young women

㉖㊄ ㊅困難 困っている	㉖㊃ ㊅翻訳 英語翻訳	㉖㊂ ㊅伝統 日本の伝統
㉖㊇ ㊅種類，タイプ あらゆる種類の自動車	㉖㊆ ㊙2倍，2度 2倍の年齢	㉖㊅ ㊚本当の 実話
㉗① ㊅大学 大学に通う	㉗⓪ ㊚独特な 独特な絵	㉖㊈ ㊅おじ 私のおじ
㉗④ ㊚あたたかい 何かあたたかいもの	㉗③ ㊛目がさめる 7時に目がさめる	㉗② ㊚いろいろな いろいろな色
㉗⑦ ㊅西 西へ行く	㉗⑥ ㊛〜の重さがある 40kgの重さがある	㉗⑤ ㊅波 波力発電所
㉘⓪ ㊛〜でしょう，〜するつもりだ 明日は雨が降るでしょう。	㉗⑨ ㊚野生の 野生の動物	㉗⑧ ㊅妻 私の妻
㉘③ ㊛〜を包む プレゼントを包装する	㉘② ㊅世界 世界中に	㉘① ㊛思いをめぐらす 私はその少女について思いをめぐらす。
㉘⑥ ㊚若い 若い女性	㉘⑤ ㊅作家 有名な作家	㉘④ ㊛〜を書く 手紙を書いた

目次

■ 成績アップのための学習メソッド　▶ 2 〜 5

成績アップのための 学習メソッド

ぴたトレ1
要点チェック

教科書の基礎内容についての理解を深め, 基礎学力を定着させます。

- 教科書で扱われている文法事項の解説をしています。
- 新出単語を和訳・英訳ともに掲載しています。
- 重要文をもとにした基礎的な問題を解きます。

問題を解くペース
英語は問題を解く時間が足りなくなりやすい教科。普段の学習から解く時間を常に意識しよう!

「ナルホド!」で文法を復習
最初に取り組むときは必ず読もう!

Words & Phrases
単語や熟語のチェックをしよう。
ここに載っている単語は必ず押さえよう!

注目!
⚠ミスに注意
テストによく出る!
テストで狙われやすい, ミスしやすい箇所が一目でわかるよ!

学習メソッド

STEP0 学校の授業を受ける

STEP1 ぴたトレ1を解く
ナルホド!も読んで, 基礎をおさらいしよう。

STEP2 解答解説で丸付け
間違えた問題にはチェックをつけて, 何度もやり直そう。

STEP3 別冊mini bookで確認
単語や基本文を繰り返し読んで覚えよう。

STEP4 得点UPポイントを確認
「注目!」「ミスに注意!」「テストによく出る!」を確認してから, ぴたトレ2に進もう。

時間のないときは「ナルホド」を読んでから, 「注目!」「ミスに注意!」「テストによく出る!」を確認しよう!これだけで最低限のポイントが抑えられるよ!

リー子

ぴたトレ2

練習

より実践的な内容に取り組みます。
また，専用アプリを使ってスピーキングの練習をします。

- 教科書の文章を読み，内容をしっかり把握します。
- スピーキング問題を解いて，答え合わせをし，文章と解答を音声アプリに吹き込みます。
  （アプリは「おんトレ」で検索し，インストールしてご利用ください。ご利用に必要なコードはカバーの折り返しにあります）

ヒント

解答に迷ったときは，
問題を解く手助けと
なるヒントを読もう。

読む

教科書の本文と，
対応する問題は，
テスト本番でも
よく狙われるよ。

英語の音やアクセ
ントを聞き分けた
り，発音する基礎
練習問題も一緒
にやってみよう。

> アプリマークのある問題は，付属のアプリを使って，
> スピーキングに挑戦！テスト前に取り組むのがおすすめ。

スピーキングアプリの使い方 Google Play で手に入れよう App Store からダウンロード

❶ アプリマークのある問題を解く。
❷ 答え合わせをする。
❸ アプリの指示に従って，読解文を1文ずつアプリに吹き込む。
❹ 質問文と，答え合わせをした解答の音声をアプリに吹き込む。
❺ 音声が適切か判定される。

学習メソッド

STEP1 ぴたトレ2を解く

STEP2 解答・解説を見て答え合わせをする

STEP3 アプリを使って，スピーキング問題を解く

わからない単語や
知らない単語が
あるときはお手本
を聞いてまねして
みよう！

ター坊

成績アップのための 学習メソッド

ぴたトレ3
確認テスト

テストで出題されやすい文法事項，教科書の内容をさらに深める
オリジナルの読解問題を掲載しています。

- 学習した文法や単語の入ったオリジナルの文章を載せています。
  初めて読む文章に対応することで，テスト本番に強くなります。

- 「よく出る」「差がつく」「点UP」で，重要問題が一目でわかります。

発音問題もチェック！

発音・アクセント
問題も掲載！
何度も声に出し
て読んで発音を
意識しよう。

**オリジナル長文に
挑戦！**

ぴたトレ1や2で学習
した文法を基にした
長文が出題されるよ。
初めて見る文章にも
強くなろう。

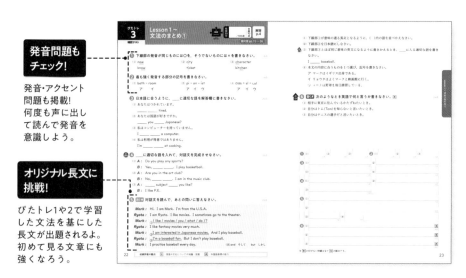

4技能マークに注目！

4技能に対応！
このマークがついている
問題は要チェック！

※「聞く」問題は，巻末のリ
スニングに掲載していま
す。

繰り返し練習しよう！

ポイントとなる問題は繰り
返し練習して，テストでも
解けるようにしよう！

学習メソッド

STEP1 ぴたトレ3を解く
テスト本番3日前になったら時間を計って解いてみよう。

STEP2 解答解説を読む
英作文には採点ポイントが示されているよ。
できなかった部分をもう一度見直そう。

STEP3 定期テスト予想問題を解く
巻末にあるテスト対策問題を解いて最後のおさらいをしよう。

STEP4 出題傾向を読んで，苦手な箇所をおさらいしよう
定期テスト予想問題の解答解説には出題傾向が載っているよ。
テストでねらわれやすい箇所をもう一度チェックしよう。

> ぴたトレ3には
> 「観点別評価」
> も示されてるよ！
> これなら内申点
> も意識できるね！

ピー助

定期テスト直前に解くことを意識した, 全5回の実力テスト問題です。

● 長文問題を解くことを通して, 解答にかかる時間のペースを意識しましょう。

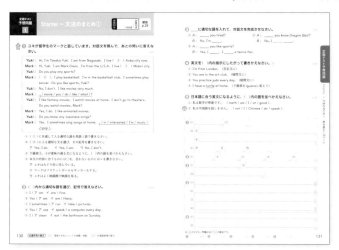

観点別評価

本書では,
「言語や文化についての知識・技能」
「外国語表現の能力」
の2つの観点を取り上げ, 成績に結び付く
ようにしています。

文法ごとにその学年で扱われやすい
リスニング問題を掲載しています。
どこでも聞けるアプリに対応!

● リスニング問題はくりかえし
聞いて, 耳に慣れるようにして
おきましょう。

※一部標準的な問題を出題している箇所
があります(教科書非準拠)。
※リスニングには「ポケットリスニング」の
アプリが必要です。
(使い方は表紙の裏をご確認ください。)

やや難易度の高い英作文や,
表やグラフなどを見て必要な情報を
英文で説明する問題を掲載しています。

● 学年末や, 入試前の対策に
ぴったりです。

● 難しいと感じる場合は, 解答解説
の 英作力 UP♪ を読んでから挑戦して
みましょう。

［ぴたトレが支持される3つの理由!!］

1
35年以上続く
超ロングセラー商品

昭和59年の発刊以降, 教科
書改訂にあわせて教材の質
を高め, 多くの中学生に使用
されてきた実績があります。

2
教科書会社が制作する
唯一の教科書準拠問題集

教科書会社の編集部が問題
集を作成しているので, 授業
の進度にあわせた予習・復習
にもぴったり対応しています。

3
日常学習～定期テスト
対策まで完全サポート

部活などで忙しくても効率的
に取り組むことで, テストの点
数はもちろん, 成績・内申点
アップも期待できます。

教科書の重要ポイント　**動詞の過去形**　　教科書 pp.9〜11

▼ 一般動詞の過去形

I <u>went</u> to Busan. 〔私は，ブサンへ行きました〕

I <u>visited</u> my grandparents. 〔私は，私の祖父母を訪れました〕

過去形の作り方は規則動詞と不規則動詞で異なる。

規則動詞
- 通常は-edを付ける。eで終わる単語の場合，-dを付ける。
  例play → played, like → liked
- 〈子音字＋y〉で終わる単語の場合，yをiに変えて-edを付ける。
  例study → studied

不規則動詞
- 不規則に変化するもの。例go → went, see → saw
- 原形と同じ形のもの。例read → read

▼ be動詞の過去形

How <u>was</u> your trip to Korea? 〔韓国への旅行はどうでしたか〕

They <u>were</u> all interested in Japan. 〔彼らはみんな日本に興味がありました〕

be動詞の過去形wasとwereは，主語によってどちらを選ぶかが決まる。
- I，3人称単数 → was
- you, we, they, 複数 → were

Words & Phrases 次の日本語は英語に，英語は日本語にしなさい。

□(1) roller coaster (　　　　)　　□(5) rideの過去形 _____

□(2) scary (　　　　)　　□(6) 夜 _____

□(3) anywhere (　　　　)　　□(7) 景色 _____

□(4) here (　　　　)　　□(8) すばらしい _____

1 日本語に合うように，（ ）内から適切なものを選び，記号を○で囲みなさい。

⚠ミスに注意

(4)主語がMikaやIだけなら単数だけど，Mika and Iは複数だね。

□(1) ミキは昨夜，英語を勉強しました。

　　Miki（ ア studies　イ studied ）English last night.

□(2) リョウはその図書館に昨日行きました。

　　Ryo（ ア goes　イ went ）to the library yesterday.

□(3) 彼女は私の音楽の先生でした。

　　She（ ア was　イ were ）my music teacher.

□(4) ミカと私はうれしかったです。

　　Mika and I（ ア was　イ were ）happy.

2 例にならい，それぞれの絵に合う「～でした」の文を完成させなさい。

テストによく出る！

「～でした」の文
wasにするかwereにするかは主語の数によって決まる。

例 **I was a student.**

□(1) The book _____ good.

□(2) The dogs _____ cute.

3 日本語に合うように，（ ）内の語句を並べかえなさい。

□(1) その宿題は難しかったですか。

　　(difficult / homework / was / the)?

　　_____?

□(2) あなたはそのテニスチームに加わりましたか。

　　(team / join / you / tennis / did / the)?

　　_____?

□(3) 私はその花の写真をたくさん撮りました。

　　(took / I / the flower / many / of / pictures).

　　_____.

□(4) 私の父は昨日，とても忙しかったです。

　　(my / very / was / busy / father) yesterday.

　　_____ yesterday.

Unit 1 Hajin's Diary (Part 2)

教科書の
重要ポイント 　**過去進行形** 　教科書 pp.12 ～ 13

What <u>were</u> you <u>doing</u> here? 〔あなたはここで，何をしていたのですか〕

I <u>was</u> <u>studying</u> Japanese. 〔私は，日本語の勉強をしていました〕

〈was[were]＋動詞の‐ing形〉は「～していました」という意味。
過去のある時点でしていたことを表す。これを過去進行形という。

▼ 現在進行形の文
I am walking along the river.
〔私は川に沿って歩いているところです〕

現時点で「歩いている」と述べている。

▼ 過去進行形の文
I was walking along the river.
〔私は川に沿って歩いているところでした〕

過去のある時点で「歩いていた」と述べている。

Words & Phrases 　次の日本語は英語に，英語は日本語にしなさい。

☐(1) tournament 　（　　　　　　　　）　　☐(6) ラジオ 　＿＿＿＿＿＿＿

☐(2) honor 　（　　　　　　　　）　　☐(7) そのとき 　＿＿＿＿＿＿＿

☐(3) program 　（　　　　　　　　）　　☐(8) ～に指導する 　＿＿＿＿＿＿＿

☐(4) two days ago 　（　　　　　　　　）　　☐(9) 昨夜 　＿＿＿＿＿＿＿

☐(5) this morning 　（　　　　　　　　）　　☐(10) ～を探す 　＿＿＿＿＿＿＿

1 日本語に合うように，（　）内から適切なものを選び，記号を〇で囲みなさい。

テストによく出る!

「〜していました」の文
今のことを述べているのか，過去のことを述べているのか，把握する。

- □(1) 私は今，英語を勉強しています。

  I (ア am　イ was) studying English now.

- □(2) 彼はそのときその公園で走っていました。

  He (ア is　イ was) running in the park then.

- □(3) 彼らはサッカーをしていました。

  They (ア are　イ were) playing soccer.

- □(4) トムと私はバスケットボールをしていました。

  Tom and I (ア was　イ were) playing basketball.

2 例にならい，それぞれの絵に合う「〜していました」の文を完成させなさい。

⚠ミスに注意

(2)swimの-ing形をswimingとしてしまわないように注意しよう！

例	(1)	(2)
sleep	read	swim

例 **I was sleeping in my bed.**

- □(1) The girl ＿＿＿＿＿＿ ＿＿＿＿＿＿ a book.
- □(2) The boys ＿＿＿＿＿＿ ＿＿＿＿＿＿ in the river.

3 日本語に合うように，（　）内の語句を並べかえなさい。

- □(1) 私たちは音楽を聞いていました。

  We (listening / music / were / to).

  We ＿＿＿＿＿＿＿＿＿＿＿＿＿＿＿＿＿＿.

- □(2) 私の姉はそのとき，お風呂に入っていました。

  (taking / was / a bath / sister / my / then).

  ＿＿＿＿＿＿＿＿＿＿＿＿＿＿＿＿＿＿＿.

- □(3) 私は夕食を食べていました。

  (having / I / dinner / was).

  ＿＿＿＿＿＿＿＿＿＿＿＿＿＿＿＿＿＿＿.

- □(4) あなたは昨日の夜9時に何をしていましたか。

  (were / doing / what / at nine / night / you / last)?

  ＿＿＿＿＿＿＿＿＿＿＿＿＿＿＿＿＿＿?

Unit 1 Hajin's Diary (Part 3)

| 教科書の重要ポイント | 接続詞 when | 教科書 pp.14～15 |

<u>When</u> I was studying there, Eri came by.

Eri came by <u>when</u> I was studying there. 〔私がそこで勉強していたとき，エリが立ち寄りました〕

「～のとき，…」は〈When＋主語＋動詞（＋～），主語＋動詞（＋…）〉または
〈主語＋動詞（＋…）＋when＋主語＋動詞（＋～）〉の形で表す！

When　　　 I　 was studying there, Eri came by.
「～のとき」＋主語＋動詞　　　　　　　　　　　　　　主語＋動詞

Whenを含む部分が文の頭にくる場合は，
コンマを忘れずに入れる。

ナルホド！

Words & Phrases　次の日本語は英語に，英語は日本語にしなさい。

☐(1) angry （　　　　　　　）　　☐(6) 今日　＿＿＿＿＿＿＿

☐(2) nervous （　　　　　　　）　　☐(7) 晴れた　＿＿＿＿＿＿＿

☐(3) excited （　　　　　　　）　　☐(8) 贈り物　＿＿＿＿＿＿＿

☐(4) free （　　　　　　　）　　☐(9) 立ち寄る　＿＿＿＿＿＿＿

☐(5) comic book （　　　　　　　）　　☐(10) ～に…を頼む　＿＿＿＿＿＿＿

1 日本語に合うように，（　）内から適切なものを選び，記号を○で囲みなさい。

☐(1) 手紙を書くとき，お父さんはこのペンを使います。

（ ア When　イ What) my father writes a letter, he uses this pen.

☐(2) 英語を勉強するとき，私はこの辞書を使います。

（ ア Where　イ When) I study English, I use this dictionary.

☐(3) 彼が家に帰ったとき，おじがそこにいました。

（ ア When　イ How) he got home, his uncle was there.

☐(4) 彼女は子供のとき，オーストラリアに住んでいました。

She lived in Australia (ア that　イ when) she was a child.

2 日本語に合うように，____に適切な語を書きなさい。

☐(1) その鳥を見つけたとき，彼女は写真を撮りました。

She took a picture of the bird _____ she found it.

☐(2) その駅に行ったとき，私はミキに会いました。

_____ I went to the station, I saw Miki.

☐(3) 東京を訪れたとき，お母さんはかばんを買いました。

My mother bought a bag _____ she visited Tokyo.

3 例にならい，それぞれの絵に合う「～のとき，…」の文を完成させなさい。

| 例 | (1) | (2) |

例 **When Tom called me, I was sleeping.**

☐(1) He lived in Hokkaido _____ _____ was young.

☐(2) _____ I was reading the comic book, my father was cooking.

4 日本語に合うように，（ ）内の語句を並べかえなさい。

☐(1) 大阪を訪れたとき，私たちは道に迷いました。

We (got lost / when / visited / we) Osaka.

We _____ Osaka.

☐(2) 家にいるときには帽子を取りなさい。

(cap / are / you / take / your / off / when) home.

_____ home.

☐(3) 私たちがその浜辺に行ったとき，曇っていました。

(went / when / it / to / cloudy / we / was) the beach.

_____ the beach.

☐(4) 私の母は暇なとき，イヌと遊びます。

(my / free / when / is / mother / plays / she / ,) with our dog.

_____ with our dog.

ぴたトレ 1
要点チェック

Unit 1 Goal ～
Active Grammar 1

時間 **15分**

解答 p.2

〈新出語・熟語 別冊p.6〉

教科書の重要ポイント	動詞の過去形／過去進行形	教科書 pp.16～18

① 「～しました」を表す表現

I watched TV yesterday. 〔私はきのうテレビを見ました〕
watchの過去形

Did you watch TV this morning? 〔あなたは今朝テレビを見ましたか〕
— Yes, I did. / No, I didn't. 〔はい，見ました／いいえ，見ませんでした〕

I did not watch TV this morning. 〔私は今朝テレビを見ませんでした〕
〈did not[didn't]＋動詞の原形〉

② 「～でした」を表す表現

I was tired yesterday. 〔私はきのう疲れていました〕
amの過去形

Were you tired this morning? 〔あなたは今朝疲れていましたか〕
— Yes, I was. / No, I wasn't. 〔はい，疲れていました／いいえ，疲れていませんでした〕

I was not tired this morning. 〔私は今朝疲れていませんでした〕
= wasn't

③ 「～していました」を表す表現

I was playing soccer then. 〔私はそのときサッカーをしていました〕
playの-ing形

Were you playing basketball then? 〔あなたはそのときバスケットボールをしていましたか〕
— Yes, I was. / No, I wasn't. 〔はい，していました／いいえ，していませんでした〕

I was not playing basketball then. 〔私はそのときバスケットボールをしていませんでした〕
〈was[were] not＋動詞の-ing形〉

Words & Phrases	次の日本語は英語に，英語は日本語にしなさい。

☐(1) surprised (　　　　　　　　　)　　☐(4) 私自身を[に] ＿＿＿＿＿＿＿＿

☐(2) order (　　　　　　　　　)　　☐(5) 夕方，晩 ＿＿＿＿＿＿＿＿

☐(3) pamphlet (　　　　　　　　　)　　☐(6) 曇った ＿＿＿＿＿＿＿＿

1 日本語に合うように，（　）内から適切なものを選び，記号を○で囲みなさい。

⚠ミスに注意

日本語に注意して，過去形か過去進行形か見極めよう。

☐(1) あなたはお母さんといっしょに買い物に行きましたか。

（ ア Do　イ Did) you go shopping with your mother?

☐(2) ミキは私たちの町について話していました。

Miki (ア is　イ was) talking about our town.

☐(3) 彼らはそのときサッカーをしていましたか。

（ ア Did they play　イ Were they playing) soccer then?

☐(4) 彼はそのとき学生でしたか。

（ ア Was　イ Is) he a student then?

2 例にならい，それぞれの絵に合う「～でしたか」の文を完成させなさい。

テストによく出る!

「～でしたか」の文
wasにするかwereにするかは主語の数によって決まる。

例 **Was your trip fun?**

☐(1) ＿＿＿＿＿＿＿ Mary in New York?

☐(2) ＿＿＿＿＿＿＿ the flowers beautiful?

3 日本語に合うように，（　）内の語句を並べかえなさい。

☐(1) あなたのお母さんは先生でしたか。

(mother / a teacher / was / your)?

＿＿＿＿＿＿＿＿＿＿＿＿＿＿＿＿＿＿＿＿ ?

☐(2) 私の姉はそのときピアノを弾いていました。

(was / sister / playing / my / the piano / then).

＿＿＿＿＿＿＿＿＿＿＿＿＿＿＿＿＿＿＿＿ .

☐(3) トムはきのう夕食を作りませんでした。

(cook / Tom / didn't / dinner) yesterday.

＿＿＿＿＿＿＿＿＿＿＿＿＿＿＿＿ yesterday.

☐(4) メアリーと私はそのとき本を読んでいました。

(were / books / then / Mary and I / reading).

＿＿＿＿＿＿＿＿＿＿＿＿＿＿＿＿＿＿＿＿ .

13

文全体の意味がどうなるかを確かめてから，答えよう。

❶ 正しいものを 4 つの選択肢の中から選びなさい。

☐(1) Ryota (　　) English yesterday.

　　ア study　　イ studies　　ウ studied　　エ studying

☐(2) (　　) you eat bread this morning?

　　ア Are　　イ Did　　ウ Does　　エ Were

☐(3) (　　) you talking with your friends when I visited you?

　　ア Are　　イ Were　　ウ Do　　エ Did

☐(4) I (　　) math last night.

　　ア am studying　　イ was studying　　ウ study　　エ studying

❷ 日本語に合うように，＿＿＿に入る適切な語を書きなさい。

☐(1) 私はこの前の日曜日にその図書館に行きました。

　　I ＿＿＿＿＿＿＿＿ ＿＿＿＿＿＿＿＿ the library last Saturday.

☐(2) あなたはそのとき手紙を書いていましたか。

　　＿＿＿＿＿＿＿＿ you ＿＿＿＿＿＿＿＿ a letter then?

☐(3) スパゲッティを食べるとき，私はフォークを使います。

　　I use a fork ＿＿＿＿＿＿＿＿ I ＿＿＿＿＿＿＿＿ spaghetti.

☐(4) 彼が私の部屋に来たとき，私は本を読んでいました。

　　＿＿＿＿＿＿＿＿ he came to my room, I ＿＿＿＿＿＿＿＿ reading a book.

❸ 書く✎ (　　)内の指示にしたがって，英文を書きかえなさい。

☐(1) Yuki lives with her family in this city. （過去の文に）

＿＿＿＿＿＿＿＿＿＿＿＿＿＿＿＿＿＿＿＿＿＿＿＿＿＿＿＿＿＿＿＿＿＿＿＿

☐(2) My life in Yokohama is fun. （過去の文に）

＿＿＿＿＿＿＿＿＿＿＿＿＿＿＿＿＿＿＿＿＿＿＿＿＿＿＿＿＿＿＿＿＿＿＿＿

☐(3) Tom was listening to music. （「～していましたか」の文に）

＿＿＿＿＿＿＿＿＿＿＿＿＿＿＿＿＿＿＿＿＿＿＿＿＿＿＿＿＿＿＿＿＿＿＿＿

☐(4) He came to my house. I was watching TV. （whenを使って 1 文に）

＿＿＿＿＿＿＿＿＿＿＿＿＿＿＿＿＿＿＿＿＿＿＿＿＿＿＿＿＿＿＿＿＿＿＿＿

ヒント　❶(4)last nightは「昨夜」という意味。
　　　　❷(1)goは不規則動詞。

定期テスト
予報

●過去進行形の文の作り方と意味が問われるでしょう。
⇒be動詞の過去形であるwasとwereを確認しましょう。
⇒動詞の−ing形の作り方を確認しましょう。
⇒疑問文や否定文の作り方を確認しましょう。

4 読む📖 **次の会話文を読んで，あとの問いに答えなさい。**

Eri : There you are! I was looking for you.
　　　　 What were you doing here?

Hajin : Oh, I ①(勉強をしていた) Japanese.
　　　　　 Kanji are really hard.

Eri : I know. ②(ところで), the school basketball tournament is next month, right?

Hajin : That's right.

□(1) 下線部①の（　）内の日本語を英語にしなさい。

　　　　　　　　　　　　　　①＿＿＿＿＿＿＿＿＿＿＿＿＿＿＿＿＿＿＿＿

□(2) 下線部②の（　）内の日本語を3語の英語にしなさい。

　　　　　　　　②＿＿＿＿＿＿＿＿　＿＿＿＿＿＿＿＿　＿＿＿＿＿＿＿＿

□(3) 学校のバスケットボールのトーナメントはいつ行われますか。日本語で答えなさい。

　　　　　　　　　　　　　　　　　　　　　　　（　　　　　　　　　　　　　）

5 話す🔊 **次の文を声に出して読み，問題に答え，答えを声に出して読んでみましょう。** [アプリ]

Aoi : Anpanman is a unique hero. His face is *anpan*. When he finds hungry
　　　　 people, he gives a part of his face to them.

Emily : He is a very kind hero. What is this black and purple character?

Aoi : He is Baikinman. He is a troublemaker and the rival of Anpanman.

(注)unique　独特の　　　a part of ～　～の一部
　　 troublemaker　トラブルメーカー　　　rival　ライバル

□(1) When Anpanman finds hungry people, what does he do?
　　　―＿＿＿＿＿＿＿＿＿＿＿＿＿＿＿＿＿＿＿＿＿＿＿＿＿＿

□(2) Who is the Anpanman's rival?
　　　―＿＿＿＿＿＿＿＿＿＿＿＿＿＿＿＿＿＿＿＿＿＿＿＿＿＿

ヒント　**4**(1)「～をしていた」は過去進行形で表せる。
　　　　5(1)アンパンマンがお腹が空いた人を見つけた時にする行動を考えて答える。

❶ 下線部の発音が同じものには〇を，そうでないものには×を，解答欄に書きなさい。 9点

(1) roller c<u>oa</u>ster　　　　　　(2) n<u>i</u>ght　　　　　　　　(3) s<u>u</u>nny

　　 c<u>oa</u>ch　　　　　　　　　　 rad<u>i</u>o　　　　　　　　　ag<u>o</u>

❷ 最も強く発音する部分の記号を解答欄に書きなさい。 9点

(1) fan - tas - tic　　　　　　(2) tour - na - ment　　　　　(3) sur - prised
　　 ア　イ　ウ　　　　　　　　　 ア　イ　ウ　　　　　　　　　ア　イ

❸ 日本語に合うように，＿＿に入る適切な語を書きなさい。 15点

(1) この前の日曜日は晴天でしたか。

　　 _____ _____ sunny _____ Sunday?

(2) タカシは昨夜この本を読みました。

　　 Takashi _____ _____ _____ last night.

(3) 私はそのときサッカーについて話していました。

　　 I _____ _____ about soccer _____.

❹ 日本語に合うように，（ ）内の語句を並べかえなさい。 10点

よく出る (1) 彼らはそのとき何をしていましたか。

　　 (they / doing / were / what) then?

(2) 道に迷ったとき，彼は私に電話をしました。

　　 He (he / me / got / called / lost / when).

❺ 次のニックの日記文を読んで，あとの問いに答えなさい。 30点

Saturday, April 24(sunny)

①<u>I (　　) (　　)</u> along the river with Taku and Goro.
We found a dog. He was hurt and weak, so we took him to the vet. The vet was very kind. The dog was shy but really cute. I want him, but we can't have a dog. I'm worried about him.

Friday, April 30(cloudy)

②(I / playing / was / in / when / my friends / with / the park), I saw the dog. He was with an old woman.
He looked fine. I talked to the woman, "Hi, is this dog fine?" She said, "Yes,

thank you. When he was lost, he wasn't fine but some boys helped him." I said,
"That's me! My friends and I took him to the vet. We were worried about him."
Then, she said, "Oh, thank you so much! His name is Pochi."
　　I became friends with Pochi and now we can see him anytime! I'm really happy.

(注)along　～に沿って　　found　findの過去形　　hurt　けがをした　　weak　弱々しい
take ～ to …　…へ～を連れて行く　　couldn't　～できなかった

(1) 下線部①が「ぼくは歩いていました」という意味になるように，（　）に適切な語を入れて，
　　文を完成させなさい。
(2) 下線部②の（　）内の語を正しく並べかえなさい。
(3) 次の問いに日本語で答えなさい。
　　Why was Nick happy?
差がつく (4) ニックたちはなぜその犬を獣医へ連れて行ったのですか。日本語で答えなさい。

点UP ❻ 書く✎ **次のようなとき英語で何と言うか，（　）内の語数で書きなさい。** 表　　27点
(1) 相手が訪れた場所をたずねるとき。（4語）
(2) 数学の宿題が難しかったと伝えるとき。（5語）
(3) 宿題をしている最中だったことを伝えるとき。（5語）

❶	(1)		(2)		(3)		❷	(1)		(2)		(3)	
		3点		3点		3点			3点		3点		3点

❸	(1)		(2)	
		5点		5点
	(3)			
		5点		

❹	(1)		then?
			5点
	(2)	He	.
			5点

❺	(1)		
		6点	
	(2)		8点
	(3)		8点
	(4)		8点

❻	(1)		表 9点
	(2)		表 9点
	(3)		表 9点

▶ 表 の印がない問題は全て 知 の観点です。

Unit 2 Basketball Tournament (Part 1)

教科書の重要ポイント **動名詞**

教科書 pp.19 ～ 21

I don't like playing basketball. 〔私はバスケットボールをするのが好きではありません〕
動詞の-ing形で「〜すること」という意味を表す。

I'm not good at passing the ball. 〔私はボールをパスすることが上手ではありません〕
前置詞の後ろに置かれることもある。

Passing the ball isn't easy. 〔ボールをパスすることは簡単ではありません〕
文の主語になることもある。

動詞の-ing形の作り方は，進行形のときと同じ！

ingをつける	play → playing cook → cooking read → reading watch → watching　　など
eをとってingをつける	come → coming make → making take → taking use → using　　など
最後の1文字を重ねてingをつける	get → getting run → running swim → swimming cut → cutting　　など

ナルホド!

Words & Phrases 次の日本語は英語に，英語は日本語にしなさい。

□(1) beginner （　　　　　　　　　　）

□(2) easy （　　　　　　　　　　）

□(3) recently （　　　　　　　　　　）

□(4) pass （　　　　　　　　　　）

□(5) 問題，課題 _____

□(6) 重要な，大切な _____

□(7) こと，もの _____

□(8) どうかしたのですか。何か調子が悪いのですか。 _____

1 日本語に合うように，（　）内から適切なものを選び，記号を○で囲みなさい。

☐(1) 私は料理をすることが好きです。

I like (ア cook　イ cooking　ウ cooks).

☐(2) ジュディの趣味は野球をすることです。

Judy's hobby is (ア played　イ play　ウ playing) baseball.

☐(3) 私の兄は歌を歌うのが上手です。

My brother is good at (ア singing　イ sings　ウ sing) songs.

☐(4) 本を読むことはおもしろいです。

Reading books (ア am　イ is　ウ are) interesting.

2 例にならい，それぞれの絵に合う「〜するのが好きです」の文を完成させなさい。

| 例 | (1) | (2) |
| watch | talk | watch |

例 **I like watching TV.**

☐(1) We ＿＿＿＿＿＿ ＿＿＿＿＿＿.

☐(2) They ＿＿＿＿＿＿ ＿＿＿＿＿＿ a movie.

3 日本語に合うように，（　）内の語句を並べかえなさい。

☐(1) 私はリサと話すのを楽しみました。

(talking / I / with / enjoyed) Lisa.

＿＿＿＿＿＿＿＿＿＿＿＿＿＿＿＿＿＿ Lisa.

☐(2) ピアノを弾くのは，あなたにとって楽しいことですか。

(the piano / is / playing / fun / for you)?

＿＿＿＿＿＿＿＿＿＿＿＿＿＿＿＿＿ ?

☐(3) 大事なことは熱心に勉強することです。

The important (studying / thing / is / hard).

The important ＿＿＿＿＿＿＿＿＿＿＿＿＿＿ .

☐(4) 最近，何を料理しましたか。

What (recently / cook / did / you)?

What ＿＿＿＿＿＿＿＿＿＿＿＿＿＿＿＿ ?

19

ぴたトレ
1
要点チェック

Unit 2 Basketball Tournament (Part 2)

時間 **15分**

解答 p.4

〈新出語・熟語 別冊p.7〉

教科書の重要ポイント **不定詞〈名詞的用法〉** 教科書 pp.22 〜 23

Hajin wants <u>to shoot</u>. 〔ハジンはシュートをしたいです〕

to＋動詞の原形で「〜すること」という意味を表し，名詞と同じ働きをすることができる。

「〜すること」を表す不定詞でよく使われる表現

want to 〜	〜したい
start[begin] to 〜	〜し始める
need to 〜	〜する必要がある
hope to 〜	〜することを望む
like to 〜	〜するのが好きだ
try to 〜	〜しようとする

The important thing is <u>to pass the ball to Hajin.</u>

be動詞のあとにきて，文の主語を説明することができる。

〔大事なことはハジンにボールをパスすることです〕

「〜は…することだ」でよく使われる表現

My dream is to be 〜.	私の夢は〜になることだ。
My hobby is to 〜.	私の趣味は〜することだ。
The important thing is to 〜.	大事なことは〜することだ。

Words & Phrases 次の日本語は英語に，英語は日本語にしなさい。

☐(1) police officer （　　　　　　）　☐(6) 医者　＿＿＿＿＿＿＿＿

☐(2) point （　　　　　　）　☐(7) さらに多くの　＿＿＿＿＿＿＿＿

☐(3) chef （　　　　　　）　☐(8) 〜を止める　＿＿＿＿＿＿＿＿

☐(4) bus driver （　　　　　　）　☐(9) 操縦士，パイロット　＿＿＿＿＿＿＿＿

☐(5) interpreter （　　　　　　）　☐(10) シュートする　＿＿＿＿＿＿＿＿

1 日本語に合うように，（ ）内から適切なものを選び，記号を〇で囲みなさい。

テストによく出る！

to ＋動詞の原形

主語や時制に関係なく，不定詞の後ろはいつでも動詞の原形。

☐(1) 私はインドに行きたいです。

I（ ア want　イ want to　ウ am ）go to India.

☐(2) サトシは野球をするのが好きです。

Satoshi（ ア likes　イ likes to　ウ like to ）play baseball.

☐(3) 私の趣味は本を読むことです。

My hobby is（ ア to read　イ read　ウ reads ）books.

☐(4) 私の姉は先生になることを望んでいます。

My sister wants（ ア to　イ is　ウ to be ）a teacher.

2 例にならい，それぞれの絵に合う「～したい」の文を完成させなさい。

例	(1)	(2)
go	play	be

例 **I want to go shopping.**

☐(1) I ＿＿＿＿＿＿＿＿ to ＿＿＿＿＿＿＿＿ the piano.

☐(2) She ＿＿＿＿＿＿＿＿ to ＿＿＿＿＿＿＿＿ a doctor.

3 日本語に合うように，（ ）内の語句を並べかえなさい。

⚠ミスに注意

(3)be動詞の原形はbeなのでtoのあとにbeがつづくよ。

☐(1) ボブは家にいるのが好きです。

Bob（ in / his house / to / likes / stay ）.

Bob ＿＿＿＿＿＿＿＿＿＿＿＿＿＿＿＿＿＿＿＿＿＿＿ .

☐(2) 私は早く家に帰りたいです。

（ early / want / go home / I / to ）.

＿＿＿＿＿＿＿＿＿＿＿＿＿＿＿＿＿＿＿＿＿＿＿ .

☐(3) あなたは将来何になりたいですか。

What（ you / be / to / want / do ）in the future?

What ＿＿＿＿＿＿＿＿＿＿＿＿＿＿＿＿ in the future?

☐(4) わたしはパン屋になりたかったです。

I（ a baker / wanted / be / to ）.

I ＿＿＿＿＿＿＿＿＿＿＿＿＿＿＿＿＿＿＿＿ .

ぴたトレ
1
要点チェック

Unit 2 Basketball Tournament (Part 3)

時間 **15**分

解答 p.4

〈新出語・熟語 別冊p.7〉

教科書の重要ポイント **接続詞 that**　　　教科書 pp.24〜25

I think (that) you did a great job. 〔私はあなたたちが良い仕事をしたと思います〕

I think (that) + you did a great job.
わたしは思う　　　＋　あなたたちは良い仕事をした

接続詞のthatを使って文をつなげることができる。thatは省略することができる。

否定文 I don't think (that) you did a great job.
「〜ではないと思います」　　　　　　　　　　　　　〔私はあなたたちは良い仕事をしていないと思います〕

「〜ではないと思います」はふつう，〈I think (that)＋否定文〉ではなく，

〈I don't[do not]think＋肯定文〉の形で表す。

I'm sure (that) you like playing basketball now.
thatの前にthink以外の語を置き，that以下「〜ということ」につづけることができる。

〔私はあなたたちが今バスケットボールをすることが好きだということを確信しています〕

接続詞thatが用いられる主な表現

I know (that)〜.	私は〜ということを知っている。
I hope (that)〜.	私は〜ということを望んでいる。
I believe (that)〜.	私は〜ということを信じている。

Words & Phrases 次の日本語は英語に，英語は日本語にしなさい。

☐(1) guys （　　　　　）　　☐(5) 仕事，作業 _____

☐(2) paint （　　　　　）　　☐(6) 難しい，困難な _____

☐(3) bicycle （　　　　　）　　☐(7) 〜のおかげで _____

☐(4) Congratulations! （　　　　　）　　☐(8) 〜を誇りにしている _____

1 日本語に合うように，（　）内から適切なものを選び，記号を○で囲みなさい。

注目！
日本文の主語
はっきりとは示されていないが，「思う」の主語はすべて「私」である。

☐(1) ユウスケは親切だと思います。

　　I（ ア think　イ hope　ウ know ）that Yusuke is kind.

☐(2) 彼らは今，忙しくないと思います。

　　I（ ア think they are　イ don't think they are ）busy now.

☐(3) お母さんは疲れていると思います。

　　（ ア I think　イ I hope　ウ It's ）my mother is tired.

☐(4) 彼らは空腹だと思います。

　　I think that（ ア they are　イ they　ウ are ）hungry.

2 例にならい，それぞれの絵に合う「〜だと思います」の文を完成させなさい。

例	(1)	(2)
park / beautiful	book / difficult	brother

　　例 **I think this park is beautiful.**

☐(1) I _____ this _____ is _____.

☐(2) I _____ they _____ _____.

3 日本語に合うように，（　）内の語句を並べかえなさい。

⚠ミスに注意
thatのあとは主語と動詞をもつ文の形になることに注意しよう。

☐(1) これは彼女の自転車だと思います。

　　(bicycle / think / is / her / I / this).

　　_____.

☐(2) それはクマではないと思います。

　　(it / a bear / is / don't / think / I).

　　_____.

☐(3) 私はあなたがきっとこの本を気に入っていると思います。

　　(you / like / I'm / sure / that / this book).

　　_____.

☐(4) 私はあなたの仕事はすてきだと思います。

　　(think / job / nice / your / I / that / is).

　　_____.

Unit 2 Goal ～ Active Grammar 2

| 教科書の重要ポイント | 動名詞／不定詞〈名詞的用法〉（～することの言い方） | 教科書 pp.26～28 |

目的語になる

I like playing soccer.〔私はサッカーをするのが好きです〕

I like to play soccer.〔私はサッカーをするのが好きです〕

　　〈動詞の-ing形〉／〈to＋動詞の原形〉で「～すること」という意味を表す。

主語になる

Playing soccer is fun.〔サッカーをすることは楽しいです〕

To play soccer is fun.〔サッカーをすることは楽しいです〕

主語の説明をする

My hobby is playing soccer.〔私の趣味はサッカーをすることです〕

My hobby is to play soccer.〔私の趣味はサッカーをすることです〕

動詞ごとに，目的語に動名詞がくるか不定詞がくるかが決まっている！

動名詞と不定詞の両方	begin「～を始める」, like「～が好きである」, start「～を始める」　など 例○ I began dancing. 　○ I began to dance.
動名詞のみ	enjoy「～を楽しむ」, finish「～を終える」, practice「～を練習する」　など 例○ I enjoy playing baseball. 　× I enjoy to play baseball.
不定詞のみ	hope「～を望む」, want「～を欲しい」, wish「～を願う」　など 例○ I hope to meet you. 　× I hope meeting you.

ナルホド！

Words & Phrases　次の日本語は英語に，英語は日本語にしなさい。

☐(1) novel （　　　　　　　　　）　　☐(3) 城　_____

☐(2) win （　　　　　　　　　）　　☐(4) どんな種類の～？　_____

1 日本語に合うように，（　）内から適切なものを選び，記号を○で囲みなさい。

テストによく出る!

主語になる「～すること」は3人称単数

動名詞でも不定詞でも，主語になる「～すること」は3人称単数になるのでつづく動詞の形に注意。

□(1) 私はケーキを焼くことが得意です。

　　I'm good at （ ア baking cakes　イ to bake cakes ）.

□(2) 写真を撮ることはおもしろいです。

　　Taking pictures （ ア am　イ is　ウ are ） interesting.

□(3) 私の兄は沖縄に行きたいです。

　　My brother wants （ ア going　イ to go　ウ go ） to Okinawa.

□(4) 私は私の部屋をそうじし終えました。

　　I finished （ ア to clean　イ cleaning　ウ cleaned ） my room.

2 例にならい，それぞれの絵に合う「～するのが好きです」の文を完成させなさい。

⚠ミスに注意

空欄の数に合わせて，動名詞か不定詞を選んで文を作ろう！

| 例 | (1) | (2) |
| play | draw | sing |

例 **I like playing with my dog.**

□(1) We ＿＿＿＿＿＿ ＿＿＿＿＿＿ ＿＿＿＿＿＿ pictures.

□(2) She ＿＿＿＿＿＿ ＿＿＿＿＿＿ songs.

3 日本語に合うように，（　）内の語句を並べかえなさい。

□(1) ミキの夢は医者になることです。

　　Miki's dream （ be / is / a doctor / to ）.

　　Miki's dream ＿＿＿＿＿＿＿＿＿＿＿＿＿＿＿＿＿＿＿.

□(2) あなたは料理をすることが得意です。

　　（ are / at / cooking / good / you ）.

　　＿＿＿＿＿＿＿＿＿＿＿＿＿＿＿＿＿＿＿＿＿＿.

□(3) 本を読むことは大切だと思います。

　　I （ reading / think / is / important / books ）.

　　I ＿＿＿＿＿＿＿＿＿＿＿＿＿＿＿＿＿＿＿＿＿.

□(4) どんな種類の食べ物が好きですか。

　　（ kind / of / do / you / what / food / like ）?

　　＿＿＿＿＿＿＿＿＿＿＿＿＿＿＿＿＿＿＿＿＿?

教科書の重要ポイント 電話

教科書 p.29

① 名前を伝えるときの表現

This is Yukari. 〔こちらはユカリです〕
「こちらは(人)です」 人

② 電話で誰かに代わってほしいときの表現

May I speak to Bill, please? 〔ビルに代わっていただけますか〕
「(人)に代わっていただけますか」 人

③ 自分が話していることを伝えるときの表現

This is Bill speaking. 〔こちらはビルです〕
「こちらは(人)です」

④ 相手に何か頼むときの表現

Can you come with me? 〔私と一緒に来てくれませんか〕
「～してくれませんか」

⑤ 相手に提案するときの表現

How about one o'clock at the bus stop? 〔1時にバス停ではどうですか〕
「～はどうですか」

＼ナルホド！／

Words & Phrases 次の日本語は英語に，英語は日本語にしなさい。

□(1) bus stop (　　　　　　　)

□(2) one o'clock (　　　　　　　)

□(3) what time (　　　　　　　)

□(4) where (　　　　　　　)

□(5) サイクリングへ行く ＿＿＿＿＿＿＿

□(6) 釣りへ行く ＿＿＿＿＿＿＿

□(7) 映画へ行く ＿＿＿＿＿＿＿

□(8) 図書館へ行く ＿＿＿＿＿＿＿

1 日本語に合うように，（　）内から適切なものを選び，記号を〇で囲みなさい。

☐(1) (電話で)リュウに代わっていただけますか。

　　May I (ア speak　イ change　ウ look) to Ryu, please?

☐(2) (電話で)こちらはリュウです。

　　(ア He　イ That　ウ This) is Ryu speaking.

☐(3) どうしたの。

　　(ア What's　イ When　ウ How) up?

☐(4) 何時に私に会いたいですか。

　　(ア When　イ What　ウ Where) time do you want to meet me?

2 例にならい，それぞれの絵に合う「～してくれませんか」の文を完成させなさい。

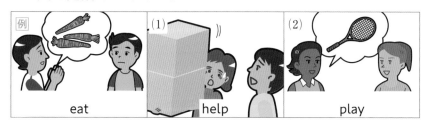

例 **Can you eat these carrots?**

☐(1) Can you ＿＿＿＿＿＿＿ ＿＿＿＿＿＿＿?

☐(2) Can ＿＿＿＿＿＿＿ ＿＿＿＿＿＿＿ tennis with me?

3 日本語に合うように，（　）内の語句を並べかえなさい。

☐(1) (電話で)ミカに代わっていただけますか。

　　(speak / I / Mika / may / to)?

　　＿＿＿＿＿＿＿＿＿＿＿＿＿＿＿＿＿＿?

☐(2) (電話で)こちらはアリスです。

　　(speaking / is / this / Alice).

　　＿＿＿＿＿＿＿＿＿＿＿＿＿＿＿＿＿＿.

☐(3) 私は明日の午後に，映画を見に行きたいです。

　　I (to / go / to / a movie / want) tomorrow afternoon.

　　I ＿＿＿＿＿＿＿＿＿＿＿＿＿＿＿＿ tomorrow afternoon.

☐(4) (待ち合わせで)2時に駅の前ではどうですか。

　　(two / how / o'clock / about / the station / in front of)?

　　＿＿＿＿＿＿＿＿＿＿＿＿＿＿＿＿＿＿?

1 正しいものを4つの選択肢の中から選びなさい。

□(1) Yumi enjoyed (　　) with her friends.

　　ア talk　　イ talking　　ウ talked　　エ to talk

□(2) I want (　　) my room now.

　　ア clean　　イ to cleaning　　ウ cleaned　　エ to clean

□(3) My hobby is (　　) pictures.

　　ア paint　　イ painting　　ウ painted　　エ to painting

□(4) I think (　　) English is interesting.

　　ア and　　イ but　　ウ so　　エ that

> 文全体の意味がどうなるかを確かめてから，答えよう。

2 日本語に合うように，＿＿に入る適切な語を書きなさい。

□(1) 私はあなたが正しいと思います。

　　I ＿＿＿＿＿＿＿ you are right.

□(2) あなたが車が好きだと私は知っています。

　　＿＿＿＿＿＿ ＿＿＿＿＿＿ ＿＿＿＿＿ you like cars.

□(3) 私はケーキを焼くのが好きです。

　　I ＿＿＿＿＿＿ ＿＿＿＿＿ a cake.

□(4) 大事なことは一生懸命勉強をすることです。

　　The ＿＿＿＿＿＿ ＿＿＿＿＿ is ＿＿＿＿＿＿ ＿＿＿＿＿ hard.

3 書く 次の日本語を英語にしなさい。

□(1) 私はその歌を歌いたいです。

_____

□(2) あなたはこの本が難しいと思いますか。

_____

□(3) 私は料理をすることを楽しみません。

_____

□(4) (電話で)サキに代わっていただけますか。

_____

_____

ヒント 　**2**(4)「大事な」は important。
　　　3(3)「私は楽しまない」という部分を先に作る。

28

4 読む📖 **次の会話文を読んで，あとの問いに答えなさい。**

Tina :	You did it!
Eri :	①I (　　) you guys did a great job!
Mr. Hoshino :	I'm sure ②(君たちは今バスケットボールをするのが好きだね).
Kota :	Yeah, thanks to our coach, Hajin!
Hajin :	Thanks. But we all did it together.
Tina :	③We're so proud of you all!

☐(1) 下線部①が「君たちはよくやったと思う！」という意味になるように，(　)に入る適切な語を書きなさい。

　　①＿＿＿＿＿＿＿＿＿＿＿＿＿＿

☐(2) 下線部②の(　)内の日本語を英語にしなさい。

　　②＿＿＿＿＿＿＿＿＿＿＿＿＿＿＿＿＿＿＿＿＿＿

☐(3) 下線部③の英文の日本語訳を完成させなさい。

　　私たちはあなたたちみんなを(＿＿＿＿＿＿＿＿＿＿＿＿＿＿＿＿＿＿＿＿)！

5 話す🗣 **次の文を声に出して読み，問題に答え，答えを声に出して読んでみましょう。** アプリ

Sora :	Excuse me, Ms. Bell.
Ms. Bell :	Hi, Sora. Can I help you?
Sora :	I'm going to visit New Zealand during summer vacation.
Ms. Bell :	Oh, that's great! New Zealand is a nice country. You'll like it.
Sora :	What place do you recommend in New Zealand?
Ms. Bell :	How about a Maori village? You can learn about the Maori.

(注)I'm going to ～. 私は～するつもりです。　　recommend　すすめる

☐(1) Where is Sora going to visit during his summer vacation?

　　—＿＿＿＿＿＿＿＿＿＿＿＿＿＿＿＿＿＿＿＿＿＿

☐(2) What place does Ms. Bell recommend?

　　—＿＿＿＿＿＿＿＿＿＿＿＿＿＿＿＿＿＿＿＿＿＿

ヒント　　4 (3)be proud of ...は「～を誇りにしている」という意味。

　　　　　5 (2)What place ～?は「どの場所～？」という意味。

29

ぴたトレ
3
確認テスト

Unit 2 ~ Daily Life 1

時間
30分

／100点

合格
70点

解答
p.5

教科書 pp.19 ~ 29

❶ 下線部の発音が同じものには〇を，そうでないものには×を，解答欄に書きなさい。

9点

(1) b<u>a</u>ker

p<u>ai</u>nt

(2) n<u>o</u>vel

m<u>o</u>re

(3) p<u>a</u>ss

b<u>u</u>s

❷ 最も強く発音する部分の記号を解答欄に書きなさい。

9点

(1) im - por - tant
　 ア　　イ　　　ウ

(2) sci - en - tist
　 ア　　イ　　ウ

(3) dif - fi - cult
　 ア　　イ　　ウ

❸ 日本語に合うように，＿＿＿に入る適切な語を書きなさい。

10点

(1) 私は皿洗いをしたくありません。

I don't ＿＿＿＿ ＿＿＿＿ ＿＿＿＿ the dishes.

(2) 彼はこの映画はおもしろくないと思っています。

He ＿＿＿＿ ＿＿＿＿ this movie ＿＿＿＿ interesting.

❹ 日本語に合うように，（　）内の語句を並べかえなさい。

12点

(1) 娘は将来，先生になりたいです。

My (in / a teacher / the / wants / be / future / daughter / to).

よく出る (2) あなたは彼女が彼のお姉さんだと思いますか。

(think / his / do / she / sister / you / is)?

❺ 読む📖 次の会話文を読んで，あとの問いに答えなさい。

30点

Beth : Hi, Nancy. What's your dream?

Nancy : Oh, hi, Beth. My dream is to be a dancer.

Beth : Cool. Are you good at dancing?

Nancy : Not so well, but I love ①it!

Beth : Great. I'm sure that you can be a good dancer.

Nancy : Thank you. Then, how about you? What do you want to be?

Beth : When I was 5 years old, I wanted to be a pilot. When I was in elementary school, I wanted to be a manga artist. And now, ②I (be / a / to / nurse / want).

成績評価の観点　知 …言語や文化についての知識・技能　　表 …外国語表現の能力

Nancy : Wow. You had many dreams. Why do you want to be a nurse now?

Beth : Last year, I was in hospital for a week. I broke my leg. At that time, one nurse was so kind and friendly. I was not so sad in the hospital. So, I want to be like her.

Nancy : That was a great memory for you, right?

Beth : Yes. ③I ( ) a nurse ( ) a ( ) job.

(注)broke one's leg　足を骨折した　　memory　思い出

(1) 下線部①のitが指す1語を本文の中から抜き出しなさい。

(2) 下線部②の( )内の語を正しく並べかえなさい。

(3) 下線部③が「看護師は素敵な仕事だと思う。」という意味になるように，( )に適切な語を入れて，文を完成させなさい。

(4) Bethの5歳のころの夢は何でしたか。日本語で書きなさい。

⑥ 書く❗ 次のようなとき英語で何と言うか，( )内の指示にしたがって書きなさい。 表

30点

(1) 相手と一緒にサッカーをしたいと伝えるとき。（7語で）

(2) サッカーをするのが好きなことを伝えるとき。（4語で）

(3) このえんぴつが自分のものだと思うと伝えるとき。（thatを使って7語で）

▶ 表 の印がない問題は全て 知 の観点です。

Unit 3 Plans for the Summer (Part 1)

〈新出語・熟語 別冊p.8〉

教科書の 重要ポイント	be going to＋動詞の原形

教科書 pp.31 〜 33

I'm going to visit my cousins in Okinawa. 〔私は，沖縄にいるいとこたちを訪れるつもりです〕

〈be動詞＋going to＋動詞の原形〉は「〜するつもりです」という意味。未来の予定を表す。

▼ 現在の文

I visit my cousins every year.

〔私は毎年，いとこたちを訪ねます〕

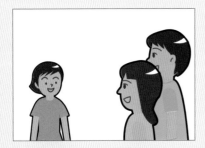

「訪ねる」のが現在の習慣である。

▼ be going to＋動詞の原形の文

I'm going to visit my cousins.

〔私はいとこたちを訪ねるつもりです〕

未来のある時点で「訪ねる」予定である。

Are you **going to** visit your cousins? 〔あなたはあなたのいとこたちを訪れるつもりですか〕

— **Yes, I am. / No, I'm not.** 〔はい，そのつもりです／いいえ，そのつもりはありません〕

「〜するつもりですか」は〈be動詞＋主語＋going to＋動詞の原形（＋〜）？〉の形で表す。
be動詞を主語の前に置く。

Are | you | going to | visit your cousins?
be動詞 | 主語 | going to | 動詞の原形〜

Words & Phrases	次の日本語は英語に，英語は日本語にしなさい。

☐(1) statue （   ）

☐(2) liberty （   ）

☐(3) the day after tomorrow （   ）

☐(4) 明日 _____

☐(5) テニス _____

☐(6) 〜したいです。_____

1 日本語に合うように，（ ）内から適切なものを選び，記号を○で囲みなさい。

⚠ ミスに注意

youでたずねられたら，答えるときはIかweを使うよ。

☐(1) あなたは勉強をするつもりですか。

（ ア Are イ Is ）you going to study?

☐(2) ((1)に答えて)はい，そうです。

Yes, (ア I am イ you are).

☐(3) 彼は歩くつもりですか。

（ ア Is イ Are ）he going to walk?

☐(4) ((3)に答えて)いいえ，違います。

No, he (ア isn't イ aren't).

2 例にならい，それぞれの絵に合う「～するつもりです」の文を完成させなさい。

テストによく出る!

「～するつもりです」の文のbe動詞

主語に合わせてbe動詞を使い分ける。三人称単数ならis，you，複数ならareを使う。

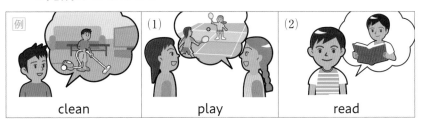

| 例 clean | (1) play | (2) read |

例 **I'm going to clean this room.**

☐(1) We ＿＿＿＿＿＿ ＿＿＿＿＿＿ to ＿＿＿＿＿＿ tennis.

☐(2) He ＿＿＿＿＿＿ ＿＿＿＿＿＿ to ＿＿＿＿＿＿ a book.

3 日本語に合うように，（ ）内の語句を並べかえなさい。

☐(1) 私は彼に会うつもりです。

(him / going / meet / I'm / to).

＿＿＿＿＿＿＿＿＿＿＿＿＿＿＿＿＿＿＿＿＿＿＿.

☐(2) トムは自分のCDを何枚か持ってくるつもりです。

(bring / is / Tom / going / some / his / of / to) CDs.

＿＿＿＿＿＿＿＿＿＿＿＿＿＿＿＿＿＿＿ CDs.

☐(3) あなたは旅行に出かけるつもりですか。

(on / going / trip / to / you / a / go / are)?

＿＿＿＿＿＿＿＿＿＿＿＿＿＿＿＿＿＿?

☐(4) 私はその映画を見るつもりです。

(the movie / I'm / see / going / to).

＿＿＿＿＿＿＿＿＿＿＿＿＿＿＿＿＿＿＿.

Unit 3

ぴたトレ 1
要点チェック

Unit 3 Plans for the Summer (Part 2)

時間 **15**分

解答 p.7

〈新出語・熟語 別冊p.8〉

教科書の重要ポイント | **助動詞 will**　　　　　　　教科書 pp.34～35

It <u>will</u> be a hot summer. 〔暑い夏になるでしょう〕

<u>Will</u> it be a hot summer? 〔暑い夏になるでしょうか〕

— Yes, it <u>will</u>. / No, it <u>won't</u>. 〔はい，なるでしょう／いいえ，ならないでしょう〕
　　　　　　　　　　　will not の短縮形

〈will＋動詞の原形〉は「～しよう」という意志か，「～でしょう」という推測の意味を持つ。未来のことを述べるときに使う。

▼ 現在の文
I do my homework.
〔私は宿題をします〕

現時点で「宿題をする」と述べている。

▼ 未来の文
I will do my homework.
〔私は宿題をするでしょう〕

未来のある時点で「宿題をする」と述べている。

ナルホド！

Words & Phrases 次の日本語は英語に，英語は日本語にしなさい。

☐(1) arrive （　　　　　　　　　）　　　☐(6) 天気，天候 ＿＿＿＿＿＿＿＿

☐(2) forget （　　　　　　　　　）　　　☐(7) ～を終える，～し終える ＿＿＿＿＿＿＿＿

☐(3) flight （　　　　　　　　　）　　　☐(8) 雲 ＿＿＿＿＿＿＿＿

☐(4) snowy （　　　　　　　　　）　　　☐(9) 雨 ＿＿＿＿＿＿＿＿

☐(5) forecast （　　　　　　　　　）　　　☐(10) 空港 ＿＿＿＿＿＿＿＿

1 日本語に合うように，（ ）内から適切なものを選び，記号を〇で囲みなさい。

「～でしょう」の文
これから起こること，起こるであろうことを表す文の意味を読み取る。

□(1) 明日は晴れるでしょう。

It（ ア is　イ will be ）sunny tomorrow.

□(2) 彼は本をたくさん読むでしょう。

He（ ア reads　イ will read ）many books.

□(3) 彼らは来週買い物に行くでしょう。

They（ ア go　イ will go ）shopping next week.

2 例にならい，それぞれの絵に合う「（これから）～します」の文を完成させなさい。

⚠ミスに注意

willのあとは必ず原形がつづくことに注意！

| 例 study | (1) eat | (2) Station go | (3) play |

例 **I'll study at the library.**

□(1) Tom ＿＿＿＿＿＿ ＿＿＿＿＿＿ spaghetti.

□(2) Jane and Ryo ＿＿＿＿＿＿ ＿＿＿＿＿＿ to the station.

□(3) We ＿＿＿＿＿＿ ＿＿＿＿＿＿ tennis tomorrow.

3 日本語に合うように，（ ）内の語句を並べかえなさい。

□(1) 今日はお父さんが夕食を作るでしょう。

Today, my (cook / father / dinner / will).

Today, my ＿＿＿＿＿＿＿＿＿＿＿＿＿＿＿＿＿＿.

□(2) 明日は曇りで寒いでしょう。

(will / cloudy / be / cold / it / and) tomorrow.

＿＿＿＿＿＿＿＿＿＿＿＿＿＿＿＿＿ tomorrow.

□(3) あなたは今日の午後に大阪に着きますか。

(you / arrive at / this / will / Osaka / afternoon)?

＿＿＿＿＿＿＿＿＿＿＿＿＿＿＿＿＿ ?

□(4) 彼はそのコンピュータを買いますか。

(buy / will / computer / he / the)?

＿＿＿＿＿＿＿＿＿＿＿＿＿＿＿＿＿ ?

35

Unit 3 Plans for the Summer (Part 3)

教科書の重要ポイント　**接続詞 if**　教科書 pp.36 〜 37

If you're hungry, we can go for a pizza.

We can go for a pizza if you're hungry.

〔もしあなたが空腹なら，私たちはピザを買いに行くことができます〕

「もし〜なら，…」は〈If＋主語＋動詞＋〜，主語＋動詞＋…〉または
〈主語＋動詞＋…＋if＋主語＋動詞＋〜〉の形で表す。

If　　　 you　are hungry, we can go for a pizza.
「もし〜なら」＋主語＋動詞　　　主語＋動詞

Ifを含む部分が文の頭にくる場合は，
コンマを忘れずに入れる。

※ifは「もし〜なら」という意味で，条件を説明するときに使う。

ナルホド！

Words & Phrases　次の日本語は英語に，英語は日本語にしなさい。

☐(1) passenger　（　　　　　）　　☐(6) 信じる　＿＿＿＿＿＿＿

☐(2) board　（　　　　　）　　☐(7) 車で行く，車を運転する ＿＿＿＿＿＿＿

☐(3) flight attendant（　　　　　）　　☐(8) ピザ　＿＿＿＿＿＿＿

☐(4) suitcase　（　　　　　）　　☐(9) まっすぐに，じかに ＿＿＿＿＿＿＿

☐(5) theater　（　　　　　）　　☐(10) 〜を買いに行く ＿＿＿＿＿＿＿

1 日本語に合うように，（　）内から適切なものを選び，記号
を○で囲みなさい。

☐(1) もし明日晴れるなら，私はテニスをします。

　　（ ア When　イ If ）it's sunny tomorrow, I will play tennis.

☐(2) もしあなたが疲れているなら，私が部屋を掃除します。

　　（ ア Where　イ If ）you're tired, I will clean the room.

☐(3) もし雨が降ったら，私の家でゲームをしましょう。

　　Let's play video games（ ア if　イ that ）it rains.

2 例にならい，それぞれの絵に合う「もし～なら，…」の文を完成させなさい。

注目！
「もし～なら，…」の文
「～」にあたる箇所と「…」にあたる箇所をしっかり見極める。

例 **If it rains, I will study at home.**

□(1) ＿＿＿＿＿＿＿ ＿＿＿＿＿＿＿ snowy, I will read books.

□(2) ＿＿＿＿＿＿＿ ＿＿＿＿＿＿＿ is sunny, I'll play in the park.

3 日本語に合うように，＿＿＿に適切な語を書きなさい。

□(1) もしあなたが来るなら，私は東京で有名な場所に一緒に行くでしょう。

＿＿＿＿＿＿＿ will go to famous places in Tokyo together ＿＿＿＿＿＿＿ ＿＿＿＿＿＿＿ come.

□(2) もし彼がギターに興味があるなら，私は彼といっしょに演奏したいです。

＿＿＿＿＿＿＿ ＿＿＿＿＿＿＿ is ＿＿＿＿＿＿＿ in guitars, I want to play with him.

⚠️ミスに注意
コンマがあるかないかで語順が変わるので注意しよう。

□(3) もしそのかばんを買ったら，あなたはこの贈り物がもらえます。

＿＿＿＿＿＿＿ you buy the bag, ＿＿＿＿＿＿＿ ＿＿＿＿＿＿＿ get this gift.

4 日本語に合うように，（　）内の語句を並べかえなさい。

□(1) もしあなたが明日暇なら，一緒に釣りに行きましょう。

(, / tomorrow / fishing / are / if / you / go / free / let's / together).

＿＿＿＿＿＿＿＿＿＿＿＿＿＿＿＿＿＿＿＿＿＿＿＿＿＿＿

＿＿＿＿＿＿＿＿＿＿＿＿＿＿＿＿＿＿＿＿＿＿＿＿＿＿＿.

□(2) もしあなたが忙しいなら，私はあなたを手伝えます。

(help you / you / I / can / are / if) busy.

＿＿＿＿＿＿＿＿＿＿＿＿＿＿＿＿＿＿＿＿＿＿ busy.

ぴたトレ
1
要点チェック

Unit 3 Goal ～
Active Grammar 3

時間
15分

解答
p.7

〈新出語・熟語 別冊p.8〉

教科書の 重要ポイント	be going to / will	教科書 pp.38 ～ 40

① 「～するつもりです」を表す表現

〈be動詞＋going to＋動詞の原形〉

Cathy is going to play in the park. 〔キャシーは公園で遊ぶつもりです〕
　　　　〈be動詞＋going to＋動詞の原形〉「～するつもりです」

They aren't going to go to that country. 〔彼らはあの国に行くつもりはありません〕
　　　　〈be動詞＋not＋going to＋動詞の原形〉「～するつもりはありません」

Is Michael going to come to Japan? 〔マイケルは日本に来るつもりですか〕
〈be動詞＋主語＋going to＋動詞の原形〉「～するつもりですか」

※話す前から準備を進めていたことにはbe going toを使う。

② 「(これから)～します」を表す表現

〈will＋動詞の原形〉

Jane will visit Kyoto next month. 〔ジェーンは来月京都に行きます〕
　　　　〈will＋動詞の原形〉「(これから)～するでしょう」

He won't get up early tomorrow. 〔彼は明日，早起きしません〕
　　　　〈won't (＝will not)＋動詞の原形〉「(これから)～しないでしょう」

Will you go to the post office next week? 〔あなたは来週郵便局に行きますか〕
〈Will＋主語＋動詞の原形〉「(これから)～しますか」

※その場で思いついたことや時間の経過による変化などにはwillを使う。
※be動詞の原形はbeであることに注意

　I am going to be busy. 〔私は忙しくするつもりです〕

　Tom will be late. 〔トムは遅れるでしょう〕

ナルホド！

Words & Phrases 次の日本語は英語に，英語は日本語にしなさい。

□(1) clothes （　　　　　　　　　）　　□(5) 店 _____

□(2) borrow （　　　　　　　　　）　　□(6) 今夜 _____

□(3) information （　　　　　　　　）　　□(7) ～を…へ連れて行く _____

□(4) laugh （　　　　　　　　　）　　□(8) ～に着く _____

1 日本語に合うように，（ ）内から適切なものを選び，記号を○で囲みなさい。

⚠️ ミスに注意

(4)will not の短縮形は，willn't ではないので注意しよう！

☐(1) あなたはこれらの本を読むつもりですか。

（ ア Are you　イ Will you ）going to read these books?

☐(2) ケンは明日，テニスをしますか。

（ ア Does　イ Will ）Ken play tennis tomorrow?

☐(3) 彼女は祖父母を訪ねるつもりです。

She（ ア is going　イ will ）to visit her grandparents.

☐(4) 私は来週，そのスタジアムに行きません。

（ ア I'm not　イ I won't ）go to the stadium next week.

2 例にならい，それぞれの絵に合う「～するつもりです」の文を完成させなさい。

テストによく出る!

「be going to ～」の文
to の後には必ず動詞の原形が続く。

例	(1)	(2)	(3)
make	play	swim	climb

例 **My mother is going to make a cake.**

☐(1) Tom ＿＿＿＿＿＿＿ ＿＿＿＿＿＿＿ to ＿＿＿＿＿＿＿

baseball.

☐(2) She ＿＿＿＿＿＿＿ ＿＿＿＿＿＿＿ to ＿＿＿＿＿＿＿ in the

pool.

☐(3) I ＿＿＿＿＿＿＿ ＿＿＿＿＿＿＿ to ＿＿＿＿＿＿＿ Mt. Fuji.

3 日本語に合うように，（ ）内の語句を並べかえなさい。

☐(1) 彼らは明日ピクニックをするでしょう。

(have / will / a picnic / they) tomorrow.

＿＿＿＿＿＿＿＿＿＿＿＿＿＿＿＿＿＿＿＿＿＿＿ tomorrow.

☐(2) 彼女はいつ私のメールを読むでしょうか。

(she / read / will / my e-mail / when)?

＿＿＿＿＿＿＿＿＿＿＿＿＿＿＿＿＿＿＿＿＿＿＿?

☐(3) 私は明日，6時に起きるつもりです。

(to / I'm / at six / going / get up) tomorrow.

＿＿＿＿＿＿＿＿＿＿＿＿＿＿＿＿＿＿＿＿＿ tomorrow.

Unit 3 ~ Active Grammar 3

1 正しいものを４つの選択肢の中から選びなさい。

「現在」「過去」「未来」の全ての表現を復習しておこう。

☐(1) I (　　) going to play soccer this afternoon.

　　ア am　　イ are　　ウ is　　エ do

☐(2) Kana and Yui (　　) going to study English together.

　　ア am　　イ are　　ウ is　　エ do

☐(3) Rika will (　　) Nara next month.

　　ア visits　　イ visit　　ウ visiting　　エ visited

☐(4) (　　) it is sunny tomorrow, let's play tennis.

　　ア Does　　イ What　　ウ When　　エ If

2 日本語に合うように，＿＿＿に入る適切な語を書きなさい。

☐(1) あなたは今日夕食を作りますか。

　　＿＿＿＿＿＿＿＿ you ＿＿＿＿＿＿＿＿ dinner today?

☐(2) ジョンは私たちのパーティーに参加するつもりですか。

　　＿＿＿＿＿＿＿ John ＿＿＿＿＿＿＿ ＿＿＿＿＿＿＿ join our party?

☐(3) もしあなたが暇ならば，お母さんを手伝ってください。

　　＿＿＿＿＿＿＿ ＿＿＿＿＿＿＿ ＿＿＿＿＿＿＿ free, help your mother.

☐(4) ハルトは４年間ここに住むでしょう。

　　Haruto ＿＿＿＿＿＿＿ ＿＿＿＿＿＿＿ here for four years.

3 書く✍ (　)内の指示にしたがって，英文を書きかえなさい。

☐(1) She buys a new computer.　（be going to ～を使った文に）

_____

☐(2) I go to school with my brother.　（willを使った文に）

_____

☐(3) Jane will be a teacher at the school.　（疑問文に）

_____

☐(4) You are thirsty. Drink some water.　（ifを使って「もし～なら…」の１文に）

_____

ヒント　**2**(3)「暇な」はfreeで表す。
　　　　3(4)ifは文頭に置いても，文の途中においてもよい。

●予定などを表す文の作り方と意味が問われるでしょう。
⇒〈be動詞＋going to＋動詞の原形〉の形と意味を確認しましょう。
⇒〈will＋動詞の原形〉の形と意味を確認しましょう。
⇒予定などをたずねられたときの答え方を確認しましょう。

❹ 読む 次の会話文を読んで，あとの問いに答えなさい。

Tina :　Do you have any plans for the summer, guys?

Hajin :　①(ぼくはここにいるつもりです). I have a basketball tournament.

Eri :　I'm going to visit my cousins in Okinawa. How about you, Tina?
　　　　②(あなたは何をするつもりなの)?

Tina :　I'm going to stay with my grandparents in New York.

Kota :　New York? I'd like to go there someday.
　　　　③I want to see the Statue of Liberty.

☐(1) 下線部①の（　）内の日本語を英語にしなさい。

　　① _____

☐(2) 下線部②の（　）内の日本語を英語にしなさい。

　　② _____

☐(3) 下線部③の英文の日本語訳を完成させなさい。

　　ぼくは自由の女神を（ 　　　　　　　　　　　　　　　　　　　　　　　　　）。

❺ 話す 次の文を声に出して読み，問題に答え，答えを声に出して読んでみましょう。

　　This is a manhole toilet. I watched a demonstration. If you want to use a toilet, you have to open the manhole first. Next, put a seat on it. Then, set up a tent over it. Now you can use the toilet.

　　(注)manhole toilet　マンホールトイレ　　demonstration　実験　　have to ～　～しなければならない
　　　　article　記事

☐(1) What is this article about?

　　—　_____

☐(2) If you want to use a toilet, what do you have to do first?

　　—　_____

 ヒント　❹(1)「～にいる」はstayで表せる。
　　　　　❺(1)「何についての記事か？」という問題。文章の1文目に注目。

ぴたトレ
3
確認テスト

Unit 3 〜
Active Grammar 3

時間 30分 /100点
合格 70点
解答 p.8

教科書 pp.31 〜 40

❶ 下線部の発音が同じものには〇を，そうでないものには×を，解答欄に書きなさい。 9点

(1) w<u>ea</u>ther
　　th<u>ea</u>ter

(2) arr<u>i</u>ve
　　dr<u>i</u>ve

(3) bel<u>ie</u>ve
　　ton<u>i</u>ght

❷ 最も強く発音する部分の記号を解答欄に書きなさい。 9点

(1) sou - ve - nir
　　ア　イ　ウ

(2) to - mor - row
　　ア　イ　ウ

(3) in - for - ma - tion
　　ア　イ　ウ　エ

❸ 次の____に適切な語を入れて，それぞれの対話を完成させなさい。 10点

(1) *A :* _____ you going _____ visit that temple?

　　B : Yes, I _____.

(2) *A :* _____ it _____ windy tomorrow in Tokyo?

　　B : No, it _____.

❹ 日本語に合うように，（　）内の語句を並べかえなさい。 18点

(1) 彼らは明日キャンプをしに行くでしょう。

　　(camping / go / tomorrow / they / will).

(2) サヤカはどこを走りますか。

　　(Sayaka / run / where / will)?

よく出る (3) もしあなたがお腹が空いているなら，これを食べてください。

　　Please (this / if / hungry / eat / you / are).

❺ 読む 次の会話文を読んで，あとの問いに答えなさい。 30点

> *Mr. Smith :* Ryo, what are you going to do during winter vacation?
>
> 　　　*Ryo :* I'm going to travel Kyoto. It is famous for its beautiful rivers and old temples. I like ①the place very much. Also, my grandfather and gradmother live there, so I'll visit them, too.
>
> *Mr. Smith :* Sounds good. How about you, Nana?
>
> 　　　*Nana :* I'm going to play tennis with my uncle. He is very good at it.
>
> *Mr. Smith :* Is he going to stay at your house?
>
> 　　　*Nana :* No, he isn't. He'll go home before 9 p.m.
>
> *Mr. Smith :* George, can you tell us your plans?

　　成績評価の観点　　知…言語や文化についての知識・技能　　表…外国語表現の能力

George : OK. I'm going to go skiing with my friends. I'm looking forward to it. How about you, Mr. Smith? What are you going to do during winter vacation?

Mr. Smith : Well. ②(sunny / it / if / is), I'm going to go camping. Camping in winter is great.

George : That's nice.

(1) 下線部①のthe placeが指す1語を本文の中から抜き出しなさい。

(2) リョウによると京都は何で有名ですか。日本語で答えなさい。

(3) 下線部②の( )内の語を正しく並べかえなさい。

差がつく (4) スミス先生は何が素晴らしいと言っていますか。日本語で答えなさい。

点UP ❻ 書く✏ 次のようなとき英語で何と言うか，（ ）内の語数で書きなさい。表 24点

(1) 明日の天気は何かとたずねるとき。（6語）

(2) 明日晴れるなら，公園で遊ぼうと言うとき。（9語）

(3) 明日は図書館で英語の勉強をするつもりだと言うとき。（9語）

❶	(1)		(2)		(3)		❷	(1)		(2)		(3)	
		3点		3点		3点			3点		3点		3点

❸	(1)		(2)	
			5点	5点

❹	(1)	· 6点
	(2)	? 6点
	(3)	Please · 6点

❺	(1)		(2)	
		6点		8点
	(3)			8点
	(4)			8点

❻	(1)	表 8点
	(2)	表 8点
	(3)	表 8点

▶ 表 の印がない問題は全て 知 の観点です。

43

Let's Read 1 Sukh's White Horse

教科書の
重要ポイント　**前置詞of**　　　教科書 pp.42 ～ 44

"The winner of the race will marry my daughter."
〔レースの勝者が私の娘と結婚するだろう〕

On the day of the race, a lot of people came together.
〔レースの日，たくさんの人々が一緒に来ました〕

大塚勇三 再話「スーホの白い馬」(㈱福音館書店刊)より

ofは所属や分量などを表す。
- the name of this animal 〔この動物の名前〕
- the top of the mountain 〔その山の頂上〕
- a cup of coffee 〔1杯のコーヒー〕

ナルホド!

Words & Phrases　次の日本語は英語に，英語は日本語にしなさい。

☐(1) grow 　(　　　　　　　)　　☐(5) 見つける 　＿＿＿＿＿＿＿＿

☐(2) baby 　(　　　　　　　)　　☐(6) 見つけるの過去形 ＿＿＿＿＿＿＿＿

☐(3) town 　(　　　　　　　)　　☐(7) 言うの過去形 ＿＿＿＿＿＿＿＿

☐(4) daughter (　　　　　　　)　　☐(8) 走るの過去形 ＿＿＿＿＿＿＿＿

1 日本語に合うように，(　)内から適切なものを選び，記号を〇で囲みなさい。

☐(1) 試合の勝者はカナです。

　The winner (ア of　イ on) the game is Kana.

☐(2) これは私の友達の写真です。

　This is a picture (ア of　イ in) my friend.

2 日本語に合うように，(　)内の語句を並べかえなさい。

☐(1) 私は1杯の紅茶を飲みたいです。

　(want / tea / to / drink / I / cup / a / of).

　＿＿＿＿＿＿＿＿＿＿＿＿＿＿＿＿＿＿＿＿＿.

☐(2) 私はあなたを誇りに思います。

　(proud / you / I / of / am).

　＿＿＿＿＿＿＿＿＿＿＿＿＿＿＿＿＿＿＿＿＿.

ぴたトレ
1
要点チェック

Let's Read 1 Sukh's White Horse

時間 **15**分

解答 p.9

〈新出語・熟語 別冊p.9〉

教科書の重要ポイント **会話における時制** 教科書 pp.42〜44

When the ruler saw Sukh, he said,

"Here is some silver. Leave that white horse here and go home!"

〔その統治者はスーホを見て，「ここにいくつかの銀貨がある。ここに白い馬を置いて家に帰りなさい！」と言いました〕

大塚勇三 再話「スーホの白い馬」（㈱福音館書店刊）より

人の発言は " " で直接表し，時制も発言した時点のものを使う！
When the ruler saw Sukh, he said, …地の文は過去形（発言をしたのは過去のこと）
"Here is some silver. Leave that white horse here and go home!"
…発言の中は現在形（発言の内容は，発言者が言った時点のものなので現在形）

Words & Phrases 次の日本語は英語に，英語は日本語にしなさい。

☐(1) leave （　　　　　　　　）　　☐(5) 始める　＿＿＿＿＿＿＿

☐(2) boy （　　　　　　　　）　　☐(6) 始めるの過去形　＿＿＿＿＿＿＿

☐(3) happen （　　　　　　　　）　　☐(7) 育つの過去形　＿＿＿＿＿＿＿

☐(4) man （　　　　　　　　）　　☐(8) 落ちるの過去形　＿＿＿＿＿＿＿

1 日本語に合うように，（　）内から適切なものを選び，記号を〇で囲みなさい。

☐(1) ユイは「歌うことが好きです」と言いました。
　　Yui （ ア says　イ said ）, "I like to sing."

☐(2) 母は「疲れている」と言いました。
　　My mother said, "I （ ア was　イ am ） tired."

2 日本語に合うように，（　）内の語句を並べかえなさい。

☐(1) 私は彼に「手伝ってください」と言いました。
　　I said to him, "(help / me / , / please)."
　　I said to him, "＿＿＿＿＿＿＿＿＿＿＿＿＿＿＿＿＿＿."

☐(2) アヤは私に「かぎはどこですか」とたずねました。
　　Aya asked me, "(is / key / the / where)?"
　　Aya asked me, "＿＿＿＿＿＿＿＿＿＿＿＿＿＿＿＿?"

Let's Read 1

教科書の
重要ポイント **動名詞を目的語にとる表現** 教科書 pp.42～44

His men shot arrows at the white horse, but the white horse <u>kept on</u>
<u>running.</u>

〔彼の部下は弓を白い馬に射ったが，白い馬は走り続けました〕

大塚勇三 再話「スーホの白い馬」（㈱福音館書店刊）より

〈keep on -ing〉で「～し続ける」という意味を表す。この動名詞は目的語になっている。

keep on　　running
「～続ける」　動名詞「走ること」　→走ることを続ける＝走り続ける

目的語に動名詞をとる動詞

enjoy -ing	～して楽しむ （することを楽しむ）	begin -ing	～し始める （することを始める）
finish -ing	～し終える （することを終える）	stop -ing	～するのをやめる （することをやめる）

＼ナルホド！／

Words & Phrases 次の日本語は英語に，英語は日本語にしなさい。

☐(1) quick　（　　　　　　　　　）　　☐(4) 外に[へ・で]　＿＿＿＿＿＿＿＿

☐(2) injured（　　　　　　　　　）　　☐(5) ～の世話をする　＿＿＿＿＿＿＿＿

☐(3) die　　（　　　　　　　　　）　　☐(6) ～に参加する　＿＿＿＿＿＿＿＿

1 日本語に合うように，（　）内から適切なものを選び，記号を○で囲みなさい。

☐(1) 私は宿題をし終えました。

I finished (ア do　イ doing) my homework.

☐(2) 赤ちゃんは泣きやみました。

The baby stopped (ア cry　イ crying).

2 日本語に合うように，（　）内の語を並べかえなさい。

☐(1) 彼らはテニスをして楽しみました。

(playing / enjoyed / they / tennis).

＿＿＿＿＿＿＿＿＿＿＿＿＿＿＿＿＿＿＿＿．

Let's Read 1

教科書の
重要ポイント | **too の用法** | 教科書 pp.42 ～ 44

Sukh tried to help his horse, but the horse was <u>too tired</u>.

〔スーホは彼の馬を助けようとしましたが, 馬はあまりに疲れていました〕

大塚勇三 再話「スーホの白い馬」(㈱福音館書店刊)より

〈too＋形容詞〉は「あまりに～すぎる」という意味を表す！

- too large 〔あまりに広すぎる〕
- too easy 〔あまりに簡単すぎる〕
- too old 〔あまりに古すぎる〕

\ナルホド！/

Words & Phrases 次の日本語は英語に, 英語は日本語にしなさい。

☐(1) finally (　　　　　　) ☐(5) 蹴る ＿＿＿＿＿＿＿

☐(2) heart (　　　　　　) ☐(6) 夢を見る ＿＿＿＿＿＿＿

☐(3) hair (　　　　　　) ☐(7) 感じるの過去形 ＿＿＿＿＿＿＿

☐(4) move (　　　　　　) ☐(8) 昔々 ＿＿＿＿＿＿＿

＿＿＿＿＿＿＿

1 日本語に合うように, (　)内から適切なものを選び, 記号を〇で囲みなさい。

☐(1) このかばんはあまりに大きすぎます。

This bag is (ア too イ to) big.

☐(2) 私の祖父の車はあまりに古すぎます。

My grandfather's car is (ア too イ to) old.

2 日本語に合うように, (　)内の語句を並べかえなさい。

☐(1) 私にとってこのシャツはあまりに小さすぎます。

(small / for / me / this / too / shirt / is).

＿＿＿＿＿＿＿＿＿＿＿＿＿＿＿＿＿＿＿.

☐(2) この数学の宿題は彼にとってあまりに簡単すぎます。

(math / this / too / easy / for / is / him / homework).

＿＿＿＿＿＿＿＿＿＿＿＿＿＿＿＿＿＿＿.

ぴたトレ
1
要点チェック

You Can Do It! 1

時間 **15分**
解答 p.9

〈新出語・熟語 別冊p.9〉

教科書の
重要ポイント
自己紹介する際の表現
教科書 pp.48 ～ 49

① 「〜を…と呼ぶ」という表現

You can <u>call me Mika-chan</u>. 〔あなたは私をミカチャンと呼んでもいいですよ〕
      「〜を…と呼ぶ」

② 「私の趣味は〜です」というときの表現

My hobby is <u>taking photos</u> and <u>sharing them with my friends</u>.
      動名詞「写真を撮ること」   動名詞「それらを友達と分かち合うこと」

〔私の趣味は写真を撮って，それらを友達と分かち合うことです〕

③ 「約〜年前」というときの表現

<u>About 100 years ago</u>, a lot of Japanese people went to Brazil for jobs.
      「約100年前」

〔約100年前，たくさんの日本人が仕事のためにブラジルへ行きました〕

④ 「〜することが好きです」というときの表現

I like <u>cycling</u> and <u>eating Japanese food</u>.
      動名詞「サイクリングをすること」   動名詞「和食を食べること」

〔私はサイクリングをすることと和食を食べることが好きです〕

Words & Phrases 次の日本語は英語に，英語は日本語にしなさい。

☐(1) sightseeing (   )   ☐(2) 国 _____

1 日本語に合うように，（　）内から適切なものを選び，記号
を○で囲みなさい。

☐(1) 私は音楽を聞くことが好きです。

I like (ア listen イ listening) to music.

☐(2) ケンの趣味はゲームをすることです。

Ken's hobby is (ア plays イ playing) computer games.

2 日本語に合うように，（　）内の語句を並べかえなさい。

☐(1) 私のことは「アッキー」と呼んでください。

Please (me / "Akkie" / call).

Please _____.

☐(2) 約50年前に，私の祖父母は結婚しました。

About (years / 50 / , / my grandparents / ago / married / got).

About _____.

Daily Life 3

教科書の重要ポイント レストランで使われる表現 教科書 p.50

① 注文をたずねるときの表現

Shall I take your order? 〔ご注文をおうかがいしましょうか〕
「〜しましょうか」

② 注文するときの表現

Can I have a large-size pizza with three toppings?
「〜してもいいですか(=〜をお願いします)」
〔Lサイズのピザに3つのトッピングをお願いします〕

③ 他に注文がないかをたずねる表現

Would you like some drinks? 〔なにかお飲み物はいかがですか〕
「〜はいかがですか」

④ お願いするときの表現

Will you bring them now? 〔それらを今, 持ってきてくれませんか〕
「〜してくれませんか」

\ナルホド!/

Words & Phrases 次の日本語は英語に, 英語は日本語にしなさい。

☐(1) size (   )

☐(3) 大きい, 広い _____

☐(2) bread (   )

☐(4) のどが渇いた _____

1 日本語に合うように, ( )内から適切なものを選び, 記号を〇で囲みなさい。

☐(1) 私にメニューを持ってきてくれませんか。

(ア Will イ Shall) you bring me a menu?

☐(2) オレンジジュースをお願いします。

(ア Shall イ Can) I have orange juice, please?

2 日本語に合うように, ( )内の語句を並べかえなさい。

☐(1) 水をお持ちしましょうか。

(water / bring / I / shall)?

_____ ?

☐(2) コーヒーはいかがですか。

(like / you / coffee / would)?

_____ ?

❶ 正しいものを４つの選択肢の中から選びなさい。

☐(1) Yumi takes care (　　) her dogs.

　　ア in　イ at　ウ of　エ for

☐(2) I want to take part (　　) the event.

　　ア in　イ at　ウ of　エ for

☐(3) Please buy a new bag! This is (　　) old.

　　ア a　イ too　ウ the　エ on

☐(4) Yusuke (　　) in the park yesterday.

　　ア runs　イ run　ウ running　エ ran

❷ 日本語に合うように，＿＿に入る適切な語を書きなさい。

☐(1) 私はギターを弾くのをやめました。

　　I ＿＿＿＿＿＿ ＿＿＿＿＿＿ the guitar.

☐(2) 彼は「歌を歌いたい」と言いました。

　　He said, "I ＿＿＿＿＿＿ ＿＿＿＿＿＿ sing songs."

☐(3) 何か飲み物はいかがですか。

　　＿＿＿＿＿＿ ＿＿＿＿＿＿ like some drinks?

☐(4) 私の趣味は写真を撮ることです。

　　My hobby is ＿＿＿＿＿＿ ＿＿＿＿＿＿.

❸ 次の日本語を英語にしなさい。

☐(1) その赤いTシャツを買ってくれませんか。

_____

☐(2) 私は宿題をし終えました。

_____

☐(3) そのかばんは私にとって大きすぎます。

_____

☐(4) 私は７時に英語の勉強をし始めました。

_____

ヒント　❷(1)「～するのをやめる」はstop -ingで表す。
　　　　❸(2)「～し終える」はfinish -ingで表す。

4 読む 📖 **次の会話文を読んで，あとの問いに答えなさい。**

Sukh could not sleep for many nights. Then, when finally he slept one night, he dreamed of the white horse. The horse said to Sukh, ①"Don't be (   ). Please make a musical instrument out of my bones and hair. ②(もしあなたがそれを作れば), I can always be with you."

Sukh made the musical instrument, the horsehead rebec.

After that, Sukh always took the horsehead rebec with him. When he played it, he felt that his white horse was with him. ③That sound moved the hearts of all the people of Mongolia.

大塚勇三 再話「スーホの白い馬」（㈱福音館書店刊）より

□(1) 下線部①が「悲しまないで」という意味になるように，（ ）に入る適切な語を書きなさい。

①＿＿＿＿＿＿＿＿＿

□(2) 下線部②の（ ）内の日本語を英語にしなさい。

②＿＿＿＿＿＿＿＿＿＿＿＿＿＿＿＿＿

□(3) 下線部③の英文の日本語訳を完成させなさい。

その音色はモンゴルのすべての人々の（　　　　　　　　　　　　　　　）。

Let's Read 1 〜 Daily Life 3

5 話す 🔊 **次の文を声に出して読み，問題に答え，答えを声に出して読んでみましょう。** アプリ

A thirsty crow found a pitcher. He found water inside it. He was very happy. But he could not drink the water. His beak did not reach it. The pitcher had very little water. "I can't drink this, but I'm very thirsty."

Aesop, The Crow and the Pitcherより

（注）crow　カラス　　pitcher　水差し　　beak　くちばし　　reach　〜に届く　　little　わずかな

□(1) Who found a pitcher?

— ＿＿＿＿＿＿＿＿＿＿＿

□(2) What did the crow find?

— ＿＿＿＿＿＿＿＿＿＿＿

□(3) Where is very little water?

— ＿＿＿＿＿＿＿＿＿＿＿

ヒント　**4** (2)「もし〜なら…」はifを使った文で表せる。
　　　　5 (1)この話の主人公は誰かを考えよう。

51

ぴたトレ
1
要点チェック

Unit 4 Tour in New York City (Part 1)

時間 15分
解答 p.10

〈新出語・熟語 別冊p.10〉

教科書の重要ポイント **There is [are] ...**　　教科書 pp.51 ～ 53

<u>There is</u> **a ferry to the island.** 〔島へのフェリーがあります〕

<u>There are</u> **a lot of theaters on Broadway.** 〔ブロードウェイにはたくさんの劇場があります〕

> 〈There is[are] ＋(もの・人)〉は「(もの・人)があります(います)」という意味。
> ▼ (もの・人)が単数の名詞ならThere is，複数の名詞ならThere areとなる。
> There is a ferry to the island.
> 　　　　　単数
> There are a lot of theaters on Broadway.
> 　　　　　複数

<u>Is there</u> **a ferry to the island?** 〔島へのフェリーはありますか〕

— **Yes,** <u>there is.</u> **/ No,** <u>there isn't.</u> 〔はい，あります／いいえ，ありません〕

> 「(もの・人)があります(います)」は〈Is[Are] there＋(もの・人)?〉の形で表す。be動詞を主語の前に置く。
> 　Is　there a ferry to the island?
> be動詞　　　　(もの)
> ※There is ...は限定された名詞には使えないので注意。
> 　限定された名詞とはmy, your, the, thisなどで修飾されたもの。
> ○　There is a cup on the table. 〔テーブルの上に1つカップがあります〕
> 　　　　　　限定されていない
> ×　There is my cup on the table. 〔テーブルの上に私のカップがあります〕
> 　　　　　　限定されている

Words & Phrases 次の日本語は英語に，英語は日本語にしなさい。

☐(1) ferry 　(　　　　　　　　　)　　☐(4) 島 _____

☐(2) battery 　(　　　　　　　　　)　　☐(5) 計画を立てる _____

☐(3) check 　(　　　　　　　　　)　　☐(6) ～を調べる，検討する _____

1 日本語に合うように，（　）内から適切なものを選び，記号を〇で囲みなさい。

⚠ミスに注意

答えるときのbe動詞は，たずねられたときのbe動詞に合わせるよ。

☐(1) その机の上に1冊の本があります。

There（ ア is　イ are ）a book on the desk.

☐(2) その箱の中に何個かのボールがあります。

There（ ア is　イ are ）some balls in the box.

☐(3) 私の家の近くに1つの公園があります。

There is a park（ ア at　イ near ）my house.

☐(4) その部屋には犬が何匹かいますか。—いいえ，いません。

Are there any dogs in the room?

— No,（ ア there isn't　イ there aren't ）.

2 例にならい，それぞれの絵に合う「（もの）があります」の文を完成させなさい。

テストによく出る!

isかareか

〈There is[are]＋（もの・人）〉の文では，（もの・人）が単数ならis，複数ならareを使う。

pen　chair　bottle

例 **There are some pens on the desk.**

☐(1) There ＿＿＿＿＿＿ a ＿＿＿＿＿＿ by the table.

☐(2) There ＿＿＿＿＿＿ three ＿＿＿＿＿＿ in the box.

3 日本語に合うように，（　）内の語句を並べかえなさい。

☐(1) その公園には何本かの木があります。

(are / in / there / trees / some) the park.

＿＿＿＿＿＿＿＿＿＿＿＿＿＿＿＿＿＿ the park.

☐(2) その池のそばに1件のすてきなレストランがあります。

There (the pond / restaurant / a / by / is / nice).

There ＿＿＿＿＿＿＿＿＿＿＿＿＿＿＿＿.

☐(3) その角には小さな家があります。

There (corner / a / at / is / house / the / small).

There ＿＿＿＿＿＿＿＿＿＿＿＿＿＿＿＿.

☐(4) 次の週末の計画を立てましょう。

(a plan / let's / next / weekend / make / for).

＿＿＿＿＿＿＿＿＿＿＿＿＿＿＿＿＿＿.

Unit 4

教科書の重要ポイント | **show＋人＋もの** | 教科書 pp.54～55

Show me the leaflet. 〔私にそのパンフレットを見せて〕

This tells you the history of the statue. 〔これはあなたにその像の歴史を伝えます〕

〈show＋（人）＋（もの）〉は「（人）に（もの）を見せる」という意味。
（人）は「〜を[に]」を表す形になる。

Show me the leaflet.
　　　 (人)　 (もの)

▼ 「〜を[に]」を表す形

〜は	I	you	he	she	it	we	they
〜を[に]	me	you	him	her	it	us	them

▼ 〈動詞＋（人）＋（もの）〉「（人）に（もの）を〜する」の形をとる動詞はほかにもある。

This tells 　 you the history of the statue. 〔これはあなたにその像の歴史を伝えます〕
「〜を伝える」 (人)　　　 (もの)

He gave 　 us some flowers. 〔彼は私たちに花をくれました〕
「〜を与える」 (人)　 (もの)

My father bought 　 me a dictionary. 〔私の父は私に辞書を買ってくれました〕
　　　 「〜を買う」 (人)　 (もの)

Can you lend 　 me your pen? 〔私にあなたのペンを貸してくれませんか〕
「〜を貸す」 (人) (もの)

ナルホド！

Words & Phrases 　次の日本語は英語に，英語は日本語にしなさい。

☐(1) hand （　　　　　　　　　　 ）

☐(2) ship （　　　　　　　　　　 ）

☐(3) flag （　　　　　　　　　　 ）

☐(4) 〜をしっかり持っている ＿＿＿＿＿＿＿＿

☐(5) 過去，昔 ＿＿＿＿＿＿＿＿

☐(6) 歴史 ＿＿＿＿＿＿＿＿

1 日本語に合うように，（　）内から適切なものを選び，記号を○で囲みなさい。

注目!
「～に[を]」の形（人）にあたる部分に入る，himやherなどの形を思い出しておく。

□(1) 私は彼にカメラを買います。

I will buy (ア he　イ him) a camera.

□(2) 兄は私にギターを買ってくれました。

My brother bought (ア me　イ my) a guitar.

□(3) 私たちにその話をしてください。

Please (ア tell　イ say) us the story.

□(4) ミキはカナにきれいな花をあげました。

Miki (ア gave　イ showed) Kana a beautiful flower.

2 例にならい，それぞれの絵に合う「(人)に(もの)を買いました」の文を完成させなさい。

⚠ミスに注意
「(人)に(もの)を～する」の語順に注意しよう。

友 friend　Tom

例 **My father bought me a book.**

□(1) Sota bought _____ _____ a chocolate.

□(2) Emi bought _____ a _____.

3 日本語に合うように，（　）内の語句を並べかえなさい。

□(1) その男性は彼女に小さな人形を買いました。

(doll / bought / small / the man / a / her).

_____.

□(2) 祖母は私に古い写真を見せてくれました。

(me / my / grandmother / old / showed / pictures).

_____.

□(3) 私たちは彼に誕生日プレゼントをあげるつもりです。

(are / to / we / give / a / present / birthday / going / him).

_____.

□(4) あなたは彼に何をあげましたか。

(him / did / give / what / you)?

_____?

Unit 4

ぴたトレ
1
要点チェック

Unit 4 Tour in New York City (Part 3)

時間 **15分**

解答 p.11

〈新出語・熟語 別冊p.10〉

教科書の重要ポイント | **不定詞〈形容詞的用法〉**

教科書 pp.56 ～ 57

There are so many fun things <u>to do</u> here.

〔ここにはたくさんの楽しいすべきことがあります。〕

You have a place <u>to stay</u>. 〔あなたは滞在するための場所があります〕

〈(もの・こと・人・場所) ＋ to ＋動詞の原形)〉は「〜するための(もの・こと・人・場所)」「〜すべき(もの・こと・人・場所)」という意味を表す。
(もの・こと・人・場所)に説明を加えるのが不定詞。

▼ 代名詞を修飾する

形容詞的用法の不定詞は，somethingなどの代名詞を修飾することもある。

I have something <u>to eat</u>. 〔私は食べるためのものを持っています〕

something to 不定詞 ～	「〜するための何か」（肯定文）
anything to 不定詞 ～	「〜するための何か」（疑問文・否定文）
everything to 不定詞 ～	「〜するすべて」
someone to 不定詞 ～	「〜する誰か」（肯定文）
anyone to 不定詞 ～	「〜する誰か」（疑問文・否定文）
everyone to 不定詞 ～	「〜するみんな」

ナルホド!

Words & Phrases 次の日本語は英語に，英語は日本語にしなさい。

☐(1) anytime （　　　　　　　　）　　☐(5) 市場 _____

☐(2) something （　　　　　　　　）　　☐(6) 書店，本屋 _____

☐(3) exercise （　　　　　　　　）　　☐(7) カフェ _____

☐(4) place （　　　　　　　　）　　☐(8) 帰る，戻る _____

1 日本語に合うように，（　）内から適切なものを選び，記号を〇で囲みなさい。

□(1) マキは何か食べるものを持ってきます。

Maki will bring something (ア for eat　イ to eat).

□(2) あなたは電車の中で読む本を持っていきますか。

Will you take a book (ア to read　イ reading) on the train?

□(3) 彼には何か言うことがあります。

He has something (ア said　イ to say).

□(4) 札幌には訪れるべき場所がたくさんあります。

Sapporo has many places (ア to visit　イ visiting).

2 例にならい，それぞれの絵に合う「～ための…を持っています」という内容の文を完成させなさい。

例	(1)	(2)
watch	read	play

例 **I have a TV program to watch in my room.**

□(1) I have a book ＿＿＿＿＿＿ ＿＿＿＿＿＿.

□(2) Emi has a ＿＿＿＿＿＿ ＿＿＿＿＿＿ play.

3 日本語に合うように，（　）内の語句を並べかえなさい。

□(1) 何か飲むものをくれませんか。

(you / me / anything / can / give / drink / to)?

＿＿＿＿＿＿＿＿＿＿＿＿＿＿＿＿＿＿ ?

□(2) 私にはすることがたくさんあります。

(a lot of / to / have / I / things / do).

＿＿＿＿＿＿＿＿＿＿＿＿＿＿＿＿＿＿ .

□(3) 京都には見るべきものがたくさんあります。

(things / to / there / are / see / in Kyoto / many).

＿＿＿＿＿＿＿＿＿＿＿＿＿＿＿＿＿＿ .

□(4) 私は何か冬に着るものを持っています。

(something / I / winter / wear / to / in / have).

＿＿＿＿＿＿＿＿＿＿＿＿＿＿＿＿＿＿ .

ぴたトレ
1
要点チェック

Unit 4 Tour in New York City(Goal)

時間 **15**分

解答 p.11

〈新出語・熟語 別冊p.10〉

教科書の重要ポイント | 物事を順序立てて紹介する表現 | 教科書 pp.58〜59

① 「まず最初に」を表す表現

First of all, it is a wonderful place to enjoy nature.
「まず最初に」

〔まず最初に，それは自然を楽しむには素敵な場所です〕

| first | 最初に | second | 2番目に | third | 3番目に |

② 「さらに」を表す表現

Also, you can play many kinds of sports.
「さらに」

〔さらに，あなたたちはたくさんの種類のスポーツをすることができます〕

●after that「そのあとに」なども，次の行動を表すときに使うことができる。

③ 「〜たとえば，…」を表す表現

There are many more attractions, such as a zoo, a castle, and horse
                                      「たとえば」
carriage rides.

There are many more attractions, for example, a zoo, a castle, and
                                   「たとえば」
horse carriage rides.

〔たとえば，動物園，城，馬車など，もっとたくさんの魅力あるものがあります〕

ナルホド!

Words & Phrases 次の日本語は英語に，英語は日本語にしなさい。

□(1) concert ( ) □(2) 自然 _____

1 日本語に合うように，( )内から適切なものを選び，記号を〇で囲みなさい。

□(1) まず，中央公園を訪れてください。

(ア First イ Second), please visit Chuo park.

□(2) さらに，ここでは釣りを楽しむことができます。

(ア Also イ First of all), you can enjoy fishing here.

2 日本語に合うように，( )内の語句を並べかえなさい。

□(1) たとえば，外でキャンプやバーベキューなどの魅力ある事を楽しめます。

(can / enjoy / as / such / barbecue / and / we / some attractions) camping.

_____

_____ camping.

教科書の重要ポイント **道案内** 教科書 p.60

① 知らない人に話しかけるときの表現

Excuse **me.** 〔ちょっとすみません〕
「(人)を許す」 人

② 道をたずねるときの表現

Could you tell me the way to the Metropolitan Museum of Art?
「～していただけますか」 〔メトロポリタン美術館までの道を教えていただけますか〕

How can I get to a subway station near here?
「どうやって～へ行けますか」 〔どうやってこの近くの地下鉄の駅に行くことができますか〕

③ 行き方を教える表現

Go straight. 〔まっすぐ進みなさい〕

Turn right at the first corner. 〔最初の角で右に曲がりなさい〕
「右に曲がる」 場所

④ 「電車に乗る」「電車を降りる」ときの表現

Take the subway. 〔地下鉄に乗ってください〕
「～に乗る」

Get off at 86th street. 〔86丁目駅で降りてください〕
「降りる」

⑤ 所要時間をたずねるときの表現

How long does it take to get to 86th street? 〔86丁目駅までどのくらいかかりますか〕
「～まで(時間が)どのくらいかかりますか」

— **It takes** about 15 minutes. 〔約15分かかります〕
「かかる」

ナルホド!

Words & Phrases 次の日本語は英語に，英語は日本語にしなさい。

☐(1) near here （　　　　　　　　）

☐(2) along （　　　　　　　　）

☐(3) left （　　　　　　　　）

☐(4) 地下鉄 _____

☐(5) ～通り，～街 _____

☐(6) すみません。 _____

1 日本語に合うように，（ ）内から適切なものを選び，記号を〇で囲みなさい。

☐(1) あなたはどこで降りるのですか。

Where will you get （ ア off　イ up ）?

☐(2) この近くのバス停までの道のりを教えていただけますか。

Could you tell me （ ア the street of　イ the way to ） the bus stop near here?

☐(3) 大阪まで(時間が)どのくらいかかりますか。

（ ア How long　イ How much ） does it take to get to Osaka?

☐(4) あなたはなぜその地下鉄に乗ったのですか。

Why did you （ ア take　イ have ） that subway?

2 例にならい，それぞれの絵に合う「～していただけますか」の文を完成させなさい。

テストによく出る！
「(人)に(道順)を教える」で使う動詞teachではなくtellを使う。

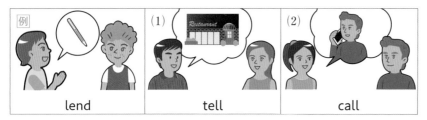

例　lend　(1)　tell　(2)　call

例 **Could you lend me a pen?**

☐(1) Could ＿＿＿＿＿＿＿ ＿＿＿＿＿＿ me the way to the restaurant?

☐(2) Could ＿＿＿＿＿＿ ＿＿＿＿＿＿ me tonight?

3 日本語に合うように，（ ）内の語句を並べかえなさい。

☐(1) あなたは次のバス停で降りますか。

Will （ the / get / bus / stop / at / next / you / off ）?

Will ＿＿＿＿＿＿＿＿＿＿＿＿＿＿＿＿＿＿＿＿＿＿＿＿?

☐(2) 郵便局まで(時間が)どのくらいかかりますか。

How （ does / long / the post office / it / to / take ）?

How ＿＿＿＿＿＿＿＿＿＿＿＿＿＿＿＿＿＿＿＿＿＿?

☐(3) 警察署までの道を教えていただけますか。

（ the police station / could / to / tell / the way / me / you ）?

＿＿＿＿＿＿＿＿＿＿＿＿＿＿＿＿＿＿＿＿＿＿＿＿?

☐(4) あなたは上野に行くのにどの電車に乗ったのですか。

What train （ get / to / take / you / did / to ） Ueno?

Which train ＿＿＿＿＿＿＿＿＿＿＿＿＿＿＿＿＿＿＿ Ueno?

60

ぴたトレ
1
要点チェック

Active Grammar 4

時間 **15分**
解答 p.12

〈新出語・熟語 別冊p.10〉

教科書の重要ポイント | **目的語**　　　　　　　　　　　　　教科書 p. 61

① 目的語になる語句

名詞　I like basketball. 〔私はバスケットボールが好きです〕

代名詞　I play it. 〔私はそれをします〕

動名詞　I enjoy playing basketball. 〔私はバスケットボールをすることを楽しみます〕

不定詞　I want to play basketball. 〔私はバスケットボールをすることを望みます(＝したいです)〕

② 目的語が２つくる場合

I showed you a leaflet. 〔私はあなたにパンフレットを見せました〕
　　　　　「人」　「もの」

I told him the history. 〔私は彼に歴史を話しました〕
　　　　「人」　「もの」

●ほかにも以下の動詞が目的語を２つ取ることができる。
　ask(たずねる)，bring(持っていく)，cook(料理する)，write(書く)など

\|ナルホド!|

Words & Phrases 　次の日本語は英語に，英語は日本語にしなさい。

□(1) send (　　　　　　　　　　　)　　□(2) give の過去形 _____

1 日本語に合うように，(　)内から適切なものを選び，記号を○で囲みなさい。

□(1) 私はリサと話すのを楽しみました。

　　I enjoyed (ア talking　イ talk) with Lisa.

□(2) 私の祖母は私に手紙を書きました。

　　My grandmother wrote (ア me　イ my) a letter.

2 日本語に合うように，(　)内の語句を並べかえなさい。

□(1) 私は彼女にオレンジを何個かあげました。

　　(some / I / her / gave / oranges).

　　_____.

ぴたトレ
2
練 習

Unit 4 ～
Active Grammar 4

時間
20分

解答
p.12

教科書 pp.51 ～ 61

① 正しいものを４つの選択肢の中から選びなさい。

目的語が２つくるときは「人」→「もの」の順番だよ。

☐(1) There (　　) a big house in front of our school.

　　ア have　　イ has　　ウ is　　エ are

☐(2) Can you show (　　) the book?

　　ア I　　イ me　　ウ my　　エ mine

☐(3) (　　) you tell me the way to the station?

　　ア Could　　イ Are　　ウ Were　　エ Have

☐(4) I have a lot of things (　　) learn.

　　ア to　　イ at　　ウ with　　エ in

② 日本語に合うように，＿＿に入る適切な語を書きなさい。

☐(1) あなたにこのかばんをあげます。

　　I'll give ＿＿＿＿＿＿ this ＿＿＿＿＿＿.

☐(2) 私は宿題をし終えました。

　　I ＿＿＿＿＿＿ ＿＿＿＿＿＿ my homework.

☐(3) 何か問題がありますか。

　　＿＿＿＿＿＿ there ＿＿＿＿＿＿ problems?

③ 日本語に合うように，(　　)内の語を並べかえなさい。

☐(1) その図書館にはたくさんの本がありますか。

　　(there / many / are / in / books) the library?

　　＿＿＿＿＿＿＿＿＿＿＿＿＿＿＿＿＿＿＿＿ the library?

☐(2) 学校に着くまで(時間が)どのくらいかかりますか。

　　(how / take / does / it / to / long) get to the school?

　　＿＿＿＿＿＿＿＿＿＿＿＿＿＿＿＿ get to the school?

☐(3) 私に何か食べるものをくれませんか。

　　Can you (anything / me / eat / to / give)?

　　Can you ＿＿＿＿＿＿＿＿＿＿＿＿＿＿＿＿＿＿＿ ?

☐(4) 私たちは彼女に誕生日プレゼントを買うでしょう。

　　(buy / we'll / her / a birthday / present).

　　＿＿＿＿＿＿＿＿＿＿＿＿＿＿＿＿＿＿＿＿＿ .

ヒント　**②**(3)「何か」は疑問文ではanyを使う。
　　　　③(3)「何か食べるもの」は「何か食べるためのもの」と考える。

4 読む 次の会話文を読んで，あとの問いに答えなさい。

Tina : Here's the Statue of Liberty. It's on Liberty Island.

Kota : How do we get there? ①(島へ行くフェリーがありますか)?

Tina : Yes, there is. It leaves from Battery Park.

Kota : ②That (   ) good!

Tina : Let's check out the theater next.

Kota : ③There are a lot of theaters on Broadway. I want to see *Aladdin*!

☐(1) 下線部①の(　)内の日本語を英語にしなさい。

①_____

☐(2) 下線部②が「(話を聞いて)それはいいですね！」という意味になるように，(　)に入る適切な語を書きなさい。　　　　　　　　　　　②_____

☐(3) 下線部③の英文の日本語訳を完成させなさい。

ブロードウェイには(　　　　　　　　　　　　　　　　　　　　　　)。

5 話す 次の文を声に出して読み，問題に答え，答えを声に出して読んでみましょう。 アプリ

　　The robot was not a company product. A team of junior high school students in Osaka developed it. It was difficult for them to program the robot. They worked hard on it. They believe that it will be helpful for sign language users.

(注)company　企業の　　product　製品　　develop　開発する　　helpful　役に立つ
sign language　手話　　user　利用者

☐(1) Who developed the robot?

―_____

☐(2) Who will the robot be helpful for?

―_____

ヒント　**4** (1)There is[are] 〜.は「〜がある[いる]」という意味。
5 (2)ロボットが誰にとって役に立つのか考えよう。

ぴたトレ
3
確認テスト

Unit 4 ～
Active Grammar 4

時間
30分 　／100点

合格
70点

解答
p.12

教科書 pp.51 ～ 60

❶ 下線部の発音が同じものには○を，そうでないものには×を，解答欄に書きなさい。 9点

(1) i̲sland
　　shi̲p

(2) n̲ature
　　m̲arket

(3) exerci̲se
　　conc̲ert

❷ 最も強く発音する部分の記号を解答欄に書きなさい。 9点

(1) his - to - ry
　　ア　イ　ウ

(2) ex - am - ple
　　ア　イ　ウ

(3) at - trac - tion
　　ア　イ　ウ

❸ 次の＿＿に適切な語を入れて，それぞれの対話を完成させなさい。 12点

(1) *A :*　Are ＿＿＿＿ any chairs in your room?
　　B :　Yes, ＿＿＿＿ ＿＿＿＿.

(2) *A :*　Are you free today?　Let's play tennis.
　　B :　I'm sorry, I'm busy.　I have many things ＿＿＿＿ ＿＿＿＿ today.

❹ 日本語に合うように，（　）内の語句を並べかえなさい。 12点

よく出る(1) あなたの写真を見せてください。
　　(your / show / pictures / me), please.

(2) あなたのクラスには，生徒は何人いますか。
　　(in / there / students / are / your class / how many)?

❺ 次の会話文を読んで，あとの問いに答えなさい。 28点

Susan :　Excuse me. ①(police station / around / is / a / there) here?
　Man :　Yes, there is.　It's ABC Police Station.
Susan :　Where is it?　I don't know this place well.
　Man :　It's near a large library, but it's a bit far from here.
Susan :　How long does it take from here?
　Man :　About twenty minutes.　Sorry, I must go now.
Susan :　OK, thanks.
Five minutes later:
Susan :　Excuse me.　I want to go to ABC Police Station, but I don't know the

place. Where is it?

Woman :　Walk along this street and turn left at the third corner. Then, you'll find it on your right.

Susan :　I understand. Thank you. By the way, is there any good shop to buy toys?

Woman :　I think the XYZ store is good. It's next to the Police Station.

Susan :　Thank you. ②I'll buy my sister a (　　).

(注)far from 〜　〜から離れて　　must 〜しなければならない　　understand 理解する

(1) 下線部①の（　）内の語を正しく並べかえなさい。

(2) 男性はスーザンにここから警察署へはどのくらい時間がかかると言いましたか。本文中から3語で抜き出しなさい。

(3) スーザンは警察署に行くのにどこで左に曲がりますか。日本語で答えなさい。

(4) 下線部②が「私は妹にプレゼントを買うつもりです」という意味になるように，（　）に適切な語を入れて，文を完成させなさい。

6 書く✍ **次のようなとき英語で何と言うか，（　）内の語数で書きなさい。** 表　　30点

(1) この市には公園が5つあると言うとき。（7語）

(2) ある公園までの道を聞くとき。（9語）

(3) かかる時間が30分程度だと言うとき。（5語）

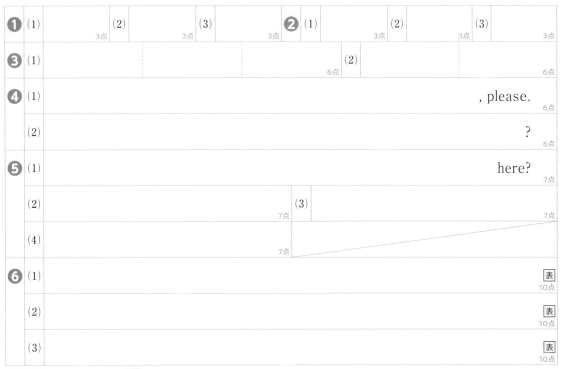

❶	(1)		(2)		(3)		❷	(1)		(2)		(3)	
		3点		3点		3点			3点		3点		3点

❸	(1)		(2)	
		6点		6点

❹	(1)	, please. 6点
	(2)	? 6点

❺	(1)	here? 7点
	(2)	(3) 7点
		7点	
	(4)	7点

❻	(1)	表 10点
	(2)	表 10点
	(3)	表 10点

▶ 表 の印がない問題は全て 知 の観点です。

Unit 5 Earthquake Drill (Part 1)

教科書の重要ポイント　**have to ＋動詞の原形**　教科書 pp.63 ～ 65

You have to get down. 〔あなたは伏せる必要があります〕

〈have to ＋動詞の原形〉で「〜する必要がある」という意味。

You don't have to take your bags. 〔あなたはかばんを持っていく必要はありません〕

否定文では，「〜する必要がない」という意味。

主語が３人称単数の場合，「〜する必要がある」は〈has to ＋動詞の原形〉，

「〜する必要がない」は〈doesn't have to ＋動詞の原形〉になる。

Tom has to get down. 〔トムは伏せる必要があります〕

haveを主語に合わせてhasに変化させて使う。

Ayaka doesn't have to take her bags. 〔アヤカはかばんを持っていく必要はありません〕

\ナルホド!/

Words & Phrases 次の日本語は英語に，英語は日本語にしなさい。

☐(1) discussion （　　　　　　　　　）　　☐(6) 浴室，トイレ ＿＿＿＿＿＿＿＿＿

☐(2) shake （　　　　　　　　　）　　☐(7) 〜を閉じる，閉める ＿＿＿＿＿＿＿＿＿

☐(3) group （　　　　　　　　　）　　☐(8) 静かに，そっと ＿＿＿＿＿＿＿＿＿

☐(4) post office （　　　　　　　　　）　　☐(9) ドア，戸，扉 ＿＿＿＿＿＿＿＿＿

☐(5) iron （　　　　　　　　　）　　☐(10) かがむ，伏せる ＿＿＿＿＿＿＿＿＿

1 日本語に合うように，（　）内から適切なものを選び，記号を○で囲みなさい。

☐(1) 私は早く起きる必要があります。

　　I （ ア have　イ have to ） get up early.

☐(2) ジュディは買い物に行く必要はありません。

　　Judy （ ア doesn't have to　イ don't have to ） go shopping.

☐(3) 私の弟は数学を勉強する必要があります。

　　My brother （ ア has　イ has to ） study math.

☐(4) 彼は走る必要があります。

　　He has to （ ア run　イ runs ）.

2 例にならい，それぞれの絵に合う「～する必要がある」の文を完成させなさい。

テストによく出る！

have か has か
主語が３人称単数なら has，それ以外なら have を使う。

例	(1)	(2)
do	run	write

例 **I have to do my homework.**

☐(1) You ＿＿＿＿＿＿＿＿ ＿＿＿＿＿＿＿＿ ＿＿＿＿＿＿＿＿.

☐(2) Jane ＿＿＿＿＿＿＿＿ ＿＿＿＿＿＿＿＿ ＿＿＿＿＿＿＿ a letter.

3 日本語に合うように，＿＿＿に適切な語を書きなさい。

☐(1) マキはこれらの本を読む必要があります。

Maki ＿＿＿＿＿＿＿ to ＿＿＿＿＿＿＿ these books.

☐(2) 私は今日，病院へ行く必要がありますか。

＿＿＿＿＿＿＿ I ＿＿＿＿＿＿＿ to go to the hospital today?

☐(3) あなたは５時まで働く必要はありません。

You ＿＿＿＿＿＿＿ ＿＿＿＿＿＿＿ ＿＿＿＿＿＿＿ work until five.

☐(4) お母さんは昼食を作る必要はありません。

My mother ＿＿＿＿＿＿＿ ＿＿＿＿＿＿＿ ＿＿＿＿＿＿＿ cook lunch.

4 日本語に合うように，（ ）内の語句を並べかえなさい。

⚠ミスに注意

have[has] to のあとは必ず動詞の原形になるよ。

☐(1) 私たちは９時にその駅を出発する必要があります。

(have / leave / the station / we / to) at nine.

＿＿＿＿＿＿＿＿＿＿＿＿＿＿＿＿＿＿＿＿ at nine.

☐(2) リョウは今日，早く寝る必要はありません。

(doesn't / Ryo / have / go / to / bed / to) early today.

＿＿＿＿＿＿＿＿＿＿＿＿＿＿＿＿＿＿ early today.

☐(3) 私は３時まで家にいる必要があります。

I (stay / three / to / home / have / until / o'clock).

I ＿＿＿＿＿＿＿＿＿＿＿＿＿＿＿＿＿＿＿.

☐(4) 彼女はその博物館に行く必要はありません。

She (the museum / have / go / doesn't / to / to).

She ＿＿＿＿＿＿＿＿＿＿＿＿＿＿＿＿＿＿＿.

Unit 5

67

ぴたトレ
1
要点チェック

Unit 5 Earthquake Drill (Part 2)

時間 **15**分

解答 p.14

〈新出語・熟語 別冊p.11〉

教科書の
重要ポイント **助動詞 must** 教科書 pp.66 ～ 67

You <u>must</u> stay calm. 〔あなたは冷静でいなければなりません〕
「～しなければならない」という強い義務を表す。

You <u>must not</u> leave your group. 〔あなたはあなたのグループを離れてはいけません〕
「～してはいけない」という強い禁止の意味を表す。

mustのあとは動詞の原形を使う。否定文 must not の短縮形はmustn'tと表す。
　You <u>must not</u> leave your group.
＝You <u>mustn't</u> leave your group.

mustと〈have to＋動詞の原形〉の意味の違い
have to＋動詞の原形～「～する必要がある」 否定文 「～する必要はない」
must＋動詞の原形～「～しなければならない」 否定文 「～してはいけない」

mustの文は，命令文で書きかえることができる。
肯定文 You must <u>sit down</u> here. 〔あなたはここに座らなければなりません〕
　　　　＝<u>Sit down</u> here. 〔ここに座りなさい〕
　　　　You must <u>be quiet</u> in the library. 〔あなたは図書館で静かにしなければなりません〕
　　　　＝<u>Be quiet</u> in the library. 〔図書館では静かにしなさい〕
否定文 You must not <u>speak</u> Japanese in my class.
　　　　〔あなたは私の授業で日本語を話してはいけません〕
　　　　＝<u>Don't speak</u> Japanese in my class. 〔私の授業で日本語を話してはいけません〕

ナルホド！

Words & Phrases 次の日本語は英語に，英語は日本語にしなさい。

☐(1) protect （　　　　　　　　　）　　☐(6) 無事な，無傷な ＿＿＿＿＿＿＿＿＿

☐(2) neck （　　　　　　　　　）　　☐(7) 頭，頭部 ＿＿＿＿＿＿＿＿＿

☐(3) tree （　　　　　　　　　）　　☐(8) 押す ＿＿＿＿＿＿＿＿＿

☐(4) typhoon （　　　　　　　　　）　　☐(9) しがみつく，つかまる ＿＿＿＿＿＿＿＿＿

☐(5) arm （　　　　　　　　　）　　☐(10) ～に入る ＿＿＿＿＿＿＿＿＿

1 日本語に合うように，（　）内から適切なものを選び，記号を〇で囲みなさい。

□(1) あなたは立ち上がってはいけません。

You（ ア must　イ mustn't ）stand up.

□(2) あなたは立ち上がる必要はありません。

You（ ア have to　イ don't have to ）stand up.

□(3) 生徒たちは静かにしなければなりません。

The students（ ア must　イ must not ）be quiet.

□(4) 私たちは宿題をしなければなりません。

We must（ ア do　イ doing ）our homework.

2 例にならい，それぞれの絵に合う「～しなければなりません」の文を完成させなさい。

⚠ ミスに注意

mustのあとは必ず動詞の原形が続くよ。

例 clean　(1) be quiet　(2) walk

例 **He must clean his room.**

□(1) You ＿＿＿＿＿＿ ＿＿＿＿＿＿ ＿＿＿＿＿＿.

□(2) She ＿＿＿＿＿＿ ＿＿＿＿＿＿ every morning.

3 日本語に合うように，（　）内の語句を並べかえなさい。

□(1) 私は病院に行かなければなりません。

(must / I / the hospital / go / to).

＿＿＿＿＿＿＿＿＿＿＿＿＿＿＿＿＿＿＿＿＿＿.

□(2) ここで水を飲んではいけません。

(must / drink / here / water / you / not).

＿＿＿＿＿＿＿＿＿＿＿＿＿＿＿＿＿＿＿＿＿＿.

□(3) ミキはそのネコの世話をしなければなりません。

Miki (take / the cat / care of / must).

Miki ＿＿＿＿＿＿＿＿＿＿＿＿＿＿＿＿＿＿＿＿.

□(4) あなたはその川で泳いではいけません。

You (swim / in / must / river / the / not).

You ＿＿＿＿＿＿＿＿＿＿＿＿＿＿＿＿＿＿＿＿.

注目!

「～してはいけない」の日本語訳

注意や禁止を表すときに，日本文に主語がなくても，一般的にyouを使って表す。

Unit 5

69

ぴたトレ
1
要点チェック

Unit 5 Earthquake Drill (Part 3)

時間
15分

解答
p.14

〈新出語・熟語 別冊p.11〉

教科書の重要ポイント　**助動詞 should**　教科書 pp.68～69

We <u>should</u> pack a flashlight. 〔私たちは懐中電灯を荷造りすべきです〕
「〜すべき」という義務感を表す。

You <u>shouldn't</u> forget some cat food. 〔あなたはキャットフードを忘れるべきではありません〕
否定文は should not[shouldn't]で表す。

「〜すべきです」は〈should＋動詞の原形〉の形で表し，「〜すべきではありません」は〈shouldn't[should not]＋動詞の原形〉で表す！

▼ shouldは使われる場合によって「〜すべき」という義務の意味と，「〜したほうがよい」という忠告や助言の意味を表す。

We should read books. 〔私たちは本を読むべきです〕

You should read books. 〔あなたたちは本を読んだほうがよいです〕

ナルホド!

Words & Phrases　次の日本語は英語に，英語は日本語にしなさい。

☐(1) emergency （　　　　　　　　　）　　☐(5) 準備する ＿＿＿＿＿＿＿＿＿

☐(2) evacuation （　　　　　　　　　）　　☐(6) 役に立つ ＿＿＿＿＿＿＿＿＿

☐(3) flashlight （　　　　　　　　　）　　☐(7) 〜になる ＿＿＿＿＿＿＿＿＿

☐(4) whistle （　　　　　　　　　）　　☐(8) 一員 ＿＿＿＿＿＿＿＿＿

1 日本語に合うように，（　）内から適切なものを選び，記号を〇で囲みなさい。

⚠ミスに注意

shouldのあとには動詞の原形が続くよ。be動詞の原形は「be」だね。

☐(1) 私の弟は毎日，午後10時前に寝るべきです。

My brother should （ ア to go　イ go ） to bed before 10 p.m.

☐(2) 彼らは海で泳ぐべきではありません。

They （ ア shouldn't　イ won't ） swim in the sea.

☐(3) あなたは日本の歌を歌ったほうがよいです。

You （ ア should　イ have to ） sing Japanese songs.

☐(4) 子どもたちには優しくすべきです。

We should （ ア kind　イ be kind ） to the children.

2 日本語に合うように，＿＿＿に適切な語を書きなさい。

□(1) 私は弟のために何をすべきですか。

What ＿＿＿＿＿＿＿ I do for my brother?

□(2) あなたは彼に簡単な本を読んだほうがいいです。

You ＿＿＿＿＿＿＿ ＿＿＿＿＿＿＿ some easy books for
him.

□(3) あなたは彼に難しい話をすべきではありません。

You ＿＿＿＿＿＿＿ tell him some difficult stories.

□(4) 彼は静かにあなたの話を聞くべきです。

He ＿＿＿＿＿＿＿ ＿＿＿＿＿＿＿ to you quietly.

3 例にならい，それぞれの絵に合う「～すべきです」の文を完成
させなさい。

例	(1)	(2)
bring	raise	make

例 **You should bring a big bag.**

□(1) Miki ＿＿＿＿＿＿＿ ＿＿＿＿＿＿＿ her hand in her class.

□(2) Tomoya ＿＿＿＿＿＿＿ ＿＿＿＿＿＿＿ a cake for his mother.

4 日本語に合うように，（ ）内の語句を並べかえなさい。

□(1) サヤカは部屋の掃除をすべきです。

Sayaka (clean / room / her / should).

Sayaka ＿＿＿＿＿＿＿＿＿＿＿＿＿＿＿＿＿＿＿＿＿＿.

□(2) 京都を秋に訪れるべきです。

(should / Kyoto / in / you / visit / fall).

＿＿＿＿＿＿＿＿＿＿＿＿＿＿＿＿＿＿＿＿＿＿.

□(3) あなたは今，お風呂に入るべきです。

(should / a / bath / take / you) now.

＿＿＿＿＿＿＿＿＿＿＿＿＿＿＿＿＿＿＿＿ now.

□(4) 彼はここで野球をすべきではありません。

He (not / play / here / baseball / should).

He ＿＿＿＿＿＿＿＿＿＿＿＿＿＿＿＿＿＿＿＿＿＿.

Unit 5

71

ぴたトレ
1
要点チェック

Unit 5 Goal ～ Daily Life 5

時間 **15分**

解答 p.14

〈新出語・熟語 別冊p.11〉

教科書の
重要ポイント **防災バッグの中身を決めよう～イベントのお知らせ** 教科書 pp.70 ～ 72

① 「～ではないと思う」を表す表現

I don't think we should pack bottled water. 〔私は瓶入りの水を荷詰めすべきではないと思います〕
「～ではないと思う」

② 「みんなが～」を表す表現

Everyone is welcome to attend! 〔みんなが参加を歓迎されています！〕
「みんなが～」

●everyoneは「みんな」を表すが，単数扱いなので，be動詞はisを使う。

③ 「～したいと思う」を表す表現

You would like to do something for someone. 〔あなたは誰かのために何かをしたいと思います〕
「～したいと思う」

●want to ～をより丁寧にした表現。

ナルホド！

Words & Phrases 次の日本語は英語に，英語は日本語にしなさい。

☐(1) join （　　　　　　　　　） ☐(3) ボランティア ＿＿＿＿＿＿＿＿

☐(2) medicine （　　　　　　　　　） ☐(4) 理由，わけ ＿＿＿＿＿＿＿＿

1 日本語に合うように，（　）内から適切なものを選び，記号
を〇で囲みなさい。

☐(1) 私は彼がかっこいいとは思いません。

I (ア think イ don't think) he is cool.

☐(2) みんなが私の大事な友達です。

Everyone (ア is イ are) my important friend.

2 日本語に合うように，（　）内の語句を並べかえなさい。

☐(1) 私は何か人のためになるものを作りたいと思います。

(make / something / I / like to / for / would / someone).

＿＿＿＿＿＿＿＿＿＿＿＿＿＿＿＿＿＿＿＿＿＿＿＿.

☐(2) トムは自分がそのイベントに参加すべきではないと思っています。

(doesn't / he / Tom / should / the event / join / think).

＿＿＿＿＿＿＿＿＿＿＿＿＿＿＿＿＿＿＿＿＿＿＿＿.

ぴたトレ
1
要点チェック

Daily Life 6

時間 **15**分

解答 p.14

〈新出語・熟語 別冊p.11〉

教科書の
重要ポイント | **体調をたずねたり，相手の体調を気づかう表現** 教科書 p.73

① 「〜のように見える」を表す表現

You look pale. 〔あなたは顔色が悪いように見えます〕

② 相手の体調を気づかうときの表現

Are you sick? 〔具合が悪いのですか〕

③ 頭が痛いことを伝えるときの表現

I have a headache. 〔私は頭痛がします〕

④ 「薬を飲む」を表す表現

Did you take any medicine? 〔あなたはなにか薬を飲みましたか〕

⑤ 相手に忠告するときの表現

I think you should go home and go to bed. 〔私はあなたは家に帰って寝たほうがいいと思います〕

\ナルホド/

Words & Phrases 次の日本語は英語に，英語は日本語にしなさい。

☐(1) hurt ( ) ☐(3) ミーティング _____

☐(2) finger ( ) ☐(4) 〜を説明する _____

1 日本語に合うように，（　）内から適切なものを選び，記号を〇で囲みなさい。

☐(1) 私は昨夜，薬を飲みました。

I (ア took イ look) medicine last night.

☐(2) お大事にしてください。

Take care of (ア you イ yourself).

2 日本語に合うように，（　）内の語句を並べかえなさい。

☐(1) 彼は顔色が悪いように見えます。

(pale / he / looks).

_____.

☐(2) 娘は頭痛がありません。

(a / daughter / have / headache / my / doesn't).

_____.

ぴたトレ 1

要点チェック

Active Grammar 5

時間 **15**分

解答 p.15

〈新出語・熟語 別冊p.11〉

教科書の重要ポイント **助動詞** 教科書 p.74

① canの用法

能力・可能 　I can read this kanji. 〔私はこの漢字を読むことができます〕

依頼 　Can you open the window? 〔窓を開けてくれませんか〕

許可 　You can use this computer. 〔あなたはこのコンピュータを使ってもよいです〕

許可を求める 　Can I close the door? 〔ドアを閉めてもいいですか〕

② willの用法

未来 　It will be windy tomorrow. 〔明日は風が強いでしょう〕

依頼 　Will you keep quiet? 〔静かにしてくれませんか〕

③ mayの用法

許可を求める 　May I use your eraser? 〔あなたの消しゴムを使ってもいいですか〕

④ shallの用法

申し出る 　Shall I help you? 〔お手伝いしましょうか〕

提案 　Shall we have lunch together? 〔一緒に昼食を食べませんか〕

⑤ couldの用法

依頼 　Could you tell me the way to the museum? 〔博物館への道を教えていただけませんか〕

⑥ wouldの用法

すすめる 　Would you like something to eat? 〔何か食べるものはいかがですか〕

⑦ mustの用法

義務 　You must do your homework. 〔あなたは宿題をしなければなりません〕

禁止 　You must not[mustn't] take pictures here.
〔あなたはここで写真を撮ってはいけません〕

⑧ shouldの用法

義務 　We should pack a flashlight. 〔私たちは懐中電灯を荷詰めするべきです〕

助言 　You should eat breakfast every day. 〔あなたは朝食を毎日食べたほうがよいです〕

＼ナルホド！／

Words & Phrases 次の日本語は英語に，英語は日本語にしなさい。

□(1) certainly （　　　　　　　　　　　）　　□(2) 狩りをする，狩猟する ＿＿＿＿＿＿＿＿＿＿＿

1 日本語に合うように，（ ）内から適切なものを選び，記号を○で囲みなさい。

□(1) 私たちのためにピアノをひいてくれませんか。

（ ア Can I　イ Can you ）play the piano for us?

□(2) 明日は曇りでしょう。

（ ア It'll　イ It's ）be cloudy tomorrow.

□(3) 私たちは一生懸命にバスケットボールを練習すべきです。

We（ ア should　イ would ）practice basketball hard.

□(4) この歌を歌ってくれませんか。

（ ア Will you　イ May I ）sing this song?

2 例にならい，それぞれの絵に合う「～してくれませんか」の文を完成させなさい。

⚠ミスに注意

「～してくれませんか」は「依頼」の文だと考えよう。

例	(1)	(2)
wait	read	write

例 **Can you wait?**

□(1) _____ you _____ this book?

□(2) _____ you _____ your name in Japanese?

3 日本語に合うように，（ ）内の語句を並べかえなさい。

□(1) 私は明日のテストのために勉強しなければなりません。

I (tomorrow's / for / must / study / test).

I _____.

□(2) 彼らは日本語を話せますか。

(speak / they / Japanese / can)?

_____?

□(3) 入ってもいいですか。

(come / I / may / in)?

_____?

□(4) 何か飲むものはいかがですか。

(you / something / drink / to / would / like)?

_____?

Active Grammar 5

ぴたトレ **2**
練習

Unit 5 ～
Active Grammar 5

時間 **20分**
解答 p.15

教科書 pp.63 ～ 74

それぞれの場面でどの助動詞を使うのが適切か考えよう。

① 正しいものを４つの選択肢の中から選びなさい。

☐(1) I (   ) run in the park every morning.

ア has　　イ have to　　ウ was　　エ am

☐(2) You must (   ) water when you are thirsty.

ア drink　　イ drinking　　ウ to drink　　エ be drink

☐(3) (   ) I speak to Risa, please?

ア Shall　　イ Would　　ウ May　　エ Will

☐(4) I think you (   ) read this English book.

ア will　　イ should　　ウ are　　エ would

② 日本語に合うように，＿＿に入る適切な語を書きなさい。

☐(1) トムは自分の部屋を掃除する必要があります。

Tom ＿＿＿＿＿＿＿ ＿＿＿＿＿＿＿ clean his room.

☐(2) 私は今日，英語の勉強をしなければいけません。

I ＿＿＿＿＿＿＿ study English today.

☐(3) 私の兄は早く起きるべきです。

My brother ＿＿＿＿＿＿＿ ＿＿＿＿＿＿＿ ＿＿＿＿＿＿＿ early.

☐(4) あなたは薬を飲んだほうがよいです。

You ＿＿＿＿＿＿＿ ＿＿＿＿＿＿＿ medicine.

③ 書く！ 次の日本語を英語にしなさい。

☐(1) 私たちはニンジンを買う必要がありません。

＿＿＿＿＿＿＿＿＿＿＿＿＿＿＿＿＿＿＿＿＿＿＿＿＿＿＿

☐(2) あなたは顔色が悪いように見えます。

＿＿＿＿＿＿＿＿＿＿＿＿＿＿＿＿＿＿＿＿＿＿＿＿＿＿＿

☐(3) あなたは家に帰ったほうがよいです。

＿＿＿＿＿＿＿＿＿＿＿＿＿＿＿＿＿＿＿＿＿＿＿＿＿＿＿

☐(4) ケンは今日，家にいなければなりません。

＿＿＿＿＿＿＿＿＿＿＿＿＿＿＿＿＿＿＿＿＿＿＿＿＿＿＿

ヒント　**②**(4)「～したほうがよい」は忠告の意味のshouldを使う。
　　　　③(1)「～する必要がない」はhave to ～の否定文で表す。

4 読む 次の会話文を読んで，あとの問いに答えなさい。

Eri :　First, you have to get down on the floor and then get under a desk.

Kota :　When the shaking stops, ①you (　　) leave the building.

Tina :　②(私たちはかばんを持っていく必要がありますか。)

Kota :　No, you don't have to take them.

Hajin :　And if there is no desk?

Eri :　I don't know.　③I'll have to check.

☐(1) 下線部①が「あなたは建物を離れることができます」という意味になるように，(　)に入る
適切な語を書きなさい。 　　　　　　　　　　　　　　　　①_____

☐(2) 下線部②の(　)内の日本語を英語にしなさい。

②_____

☐(3) 下線部③の英文の日本語訳を完成させなさい。

私は(　　　　　　　　　　　　　　　　　　　　　　　　　　　　　　　　　)。

5 話す 次の文を声に出して読み，問題に答え，答えを声に出して読んでみましょう。 アプリ

　　The other day, I watched an amazing festival on TV. A lot of people gathered
at a little village in Spain. They started to throw tomatoes at each other, and
soon they were red with tomato juice. I was excited to see the festival.

> (注)the other day　ある日　　gather　集まる　　village　村　　throw　～を投げる
> each other　おたがい

☐(1) Where did a lot of people gather?

　　　—_____

☐(2) What did people start at the festival?

　　　—_____

ヒント　**4** (2)「かばんを持っていく」はtake our bagsで表せる。
　　　　5 (1)どこでこのお祭りが行われるのかを注意して読もう。

ぴたトレ
3
確認テスト

Unit 5 ～
Active Grammar 5

時間 30分 /100点　合格 70点　解答 p.16

教科書 pp.63 ～ 74

❶ 下線部の発音が同じものには〇を，そうでないものには×を，解答欄に書きなさい。 9点

(1) prep<u>a</u>re
s<u>a</u>fe

(2) c<u>a</u>lm
sh<u>a</u>ke

(3) b<u>a</u>throom
<u>a</u>nime

❷ 最も強く発音する部分の記号を解答欄に書きなさい。 9点

(1) dis - cus - sion
　ア　　イ　　ウ

(2) vol - un - teer
　ア　　イ　　ウ

(3) ty - phoon
　ア　　イ

❸ 日本語に合うように，＿＿＿に入る適切な語を書きなさい。 15点

(1) あなたの本を借りてもいいですか。

＿＿＿＿ ＿＿＿＿ ＿＿＿＿ your book?

よく出る (2) あなたはこの公園で野球をしてはいけません。

You ＿＿＿＿ ＿＿＿＿ play ＿＿＿＿ in this park.

(3) 彼はこの本を買う必要はありません。

He ＿＿＿＿ ＿＿＿＿ ＿＿＿＿ buy this book.

❹ 日本語に合うように，（　）内の語句を並べかえなさい。 12点

(1) 病院では静かにしていなければなりません。

You (keep / the hospital / must / in / quiet).

(2) ミカは今夜，夕食を作るべきです。

(should / cook / tonight / Mika / dinner).

❺ **読む📖** 次の会話文を読んで，あとの問いに答えなさい。 25点

Beth : 　Hi, Nancy. You (　①　) pale. Are you sick?

Nancy : 　Oh, hi, Beth. I have a fever.

Beth : 　You should go to the nurse's office. Let's go together.

Nancy : 　Thank you. But ②(have / I / to / a lot of / things) do today.

Beth : 　What are they?

Nancy : 　First, I have to join the club meeting.

Beth : 　Oh, I see. I can tell the members. What else?

Nancy : 　③I (　　) (　　) (　　) dinner for my brother because my mother isn't
　　　　　at home today.

Beth : 　You should buy something to eat. You don't have to cook.

Nancy : 　Thank you. And another one, I must study math. We have a test tomorrow.

　成績評価の観点　知…言語や文化についての知識・技能　表…外国語表現の能力

Beth : Oh, don't worry. The test will be on next week. You don't have to study today. You must go home and sleep well!

(注)nurse's office　保健室

(1) (　①　)に入る最も適切なものを1つ選び，記号を書きなさい。

　　ア will　　イ look　　ウ don't

(2) 下線部②の(　)内の語を正しく並べかえなさい。

(3) 下線部③が「私は弟のために夕食を作る必要があります。」という意味になるように，(　)に適切な語を書きなさい。

(4) Bethは，数学のテストの勉強をしなければならないと言ったNancyに，なぜ今日は勉強する必要がないと言ったのですか。日本語で書きなさい。

点UP ❻ **書く** 次のようなとき英語で何と言うか，(　)内の指示にしたがって書きなさい。表

30点

(1) 熱があると言うとき。(4語で)

(2) あなたは母親を手伝わなければならないと言うとき。(5語で)

(3) 走ってはいけないと言うとき。(mustを使って4語で)

Unit 5 ~ Active Grammar 5

❶	(1)		(2)		(3)		❷	(1)		(2)		(3)	
		3点		3点		3点			3点		3点		3点

❸	(1)		(2)		
			5点		5点
	(3)				
		5点			

❹	(1)	You　.
		6点
	(2)	・
		6点

❺	(1)		(2)	But　do today.
		4点		8点
	(3)			
				5点
	(4)			
				8点

❻	(1)	表 10点
	(2)	表 10点
	(3)	表 10点

▶ 表 の印がない問題は全て 知 の観点です。

79

Unit 6 Work Experience (Part 1)

教科書の重要ポイント	不定詞〈副詞的用法〉

教科書 pp.75 ～ 77

He's here <u>to help</u> you. 〔彼はあなたを助けるためにここにいます〕

I study English <u>to travel</u> abroad. 〔私は，海外を旅行するために英語を勉強します〕

不定詞は動作や状態などに説明を加える副詞の働きをし，「〜のために」という意味を表す。

▼ 文の動作や状態の「目的」を不定詞が表すことに注意しよう。

Emi came to Japan
〔エミは日本に来ました〕

— to learn Japanese. 〔日本語を学ぶために〕
— to teach at a high school. 〔高校で教えるために〕
— to be a Japanese chef. 〔和食の料理人になるために〕

▼ Why 〜? で聞かれた場合，不定詞で「〜するために」と答えることができる。

Why did you go to the library? 〔なぜあなたは図書館へ行ったのですか〕

— To read a history book. 〔歴史の本を読むためです〕

（文頭にI went thereが省略されている。）

ナルホド!

Words & Phrases	次の日本語は英語に，英語は日本語にしなさい。

☐(1) Nepali （　　　　　　　）　　☐(5) 言語 ＿＿＿＿＿＿＿＿

☐(2) girlfriend （　　　　　　　）　　☐(6) 外国に[へ・で] ＿＿＿＿＿＿＿＿

☐(3) kite （　　　　　　　）　　☐(7) 友達になる ＿＿＿＿＿＿＿＿

☐(4) talk with 〜 （　　　　　　　）　　☐(8) 〜を飛ばす ＿＿＿＿＿＿＿＿

1 日本語に合うように，（　）内から適切なものを選び，記号を〇で囲みなさい。

⚠ミスに注意

主語や時制が変わっても，不定詞toの後ろはいつでも動詞の原形にしよう。

☐(1) ミキは学校で使うためのペンを買いました。

Miki bought a pen （ ア to use　イ uses ） at school.

☐(2) 私たちはテニスを練習するために公園に来ました。

We came to the park （ ア practice　イ to practice ） tennis.

☐(3) 父は写真を撮るために山を登りました。

My father climbed the mountain （ ア took　イ to take ） pictures.

2 日本語に合うように，＿＿に適切な語を書きなさい。

☐(1) 私はタマネギを買うためにスーパーマーケットへ行きました。

I went to the supermarket ＿＿＿＿＿＿＿＿ ＿＿＿＿＿＿＿＿
some onions.

☐(2) トムは日本語を学ぶために日本に住んでいます。

Tom lives in Japan ＿＿＿＿＿＿＿＿ ＿＿＿＿＿＿＿＿ Japanese.

☐(3) ミキは友達に会うために駅へ行きました。

Miki went to the station ＿＿＿＿＿＿＿＿ ＿＿＿＿＿＿＿＿ her
friend.

3 例にならい，それぞれの絵に合う「〜のために6時に起きます」の文を完成させなさい。

テストによく出る！
「〜のために，
するために」の文
不定詞で動作の説明を加
える。

例 **I get up at six to make breakfast.**

☐(1) I get up at six ＿＿＿＿＿＿＿＿ ＿＿＿＿＿＿＿＿ in the park.

☐(2) I get up at six ＿＿＿＿＿＿＿＿ ＿＿＿＿＿＿＿＿ a newspaper.

4 日本語に合うように，（ ）内の語句を並べかえなさい。

☐(1) リョウはニューヨークで働くために英語を勉強します。

(New York / English / Ryo / work / studies / to / in).

＿＿＿＿＿＿＿＿＿＿＿＿＿＿＿＿＿＿＿＿＿＿＿＿＿＿＿＿.

☐(2) 私はその英語の本を読むために辞書を買いました。

(bought / read / English / a dictionary / I / that / book /
to).

＿＿＿＿＿＿＿＿＿＿＿＿＿＿＿＿＿＿＿＿＿＿＿＿＿＿＿＿.

☐(3) 姉は先生になるために一生懸命勉強しています。

(my sister / a teacher / be / studies / to / hard).

＿＿＿＿＿＿＿＿＿＿＿＿＿＿＿＿＿＿＿＿＿＿＿＿＿＿＿＿.

☐(4) 私はお礼を言うためにここに来ました。

(say / came / thank / you / here / I / to).

＿＿＿＿＿＿＿＿＿＿＿＿＿＿＿＿＿＿＿＿＿＿＿＿＿＿＿＿.

Unit 6

Unit 6 Work Experience (Part 2)

| 教科書の重要ポイント | 接続詞 because | 教科書 pp.78 ～ 79 |

We were able to communicate well <u>because</u> we talked in English.

<u>Because</u> we talked in English, we were able to communicate well.

〔私たちは英語で話したので，うまく気持ちを伝え合うことができました〕

「～なので…」は〈主語＋動詞＋...＋ because ＋主語＋動詞＋～〉または
〈Because ＋主語＋動詞＋～，主語＋動詞＋...〉の形で表す！

<u>Because</u>　　　we talked in English, we were able to communicate well.
「～なので…」　　＋主語＋動詞　　　　　　主語＋動詞

Becauseを含む部分が文の頭にくる場合は，コンマを忘れずに。

ナルホド!

Words & Phrases 次の日本語は英語に，英語は日本語にしなさい。

□(1) arts and crafts （　　　　　）　　□(6) 気持ちを伝え合う _____

□(2) child （　　　　　）　　□(7) 教える _____

□(3) talk about ～ （　　　　　）　　□(8) childの複数形 _____

□(4) keep standing （　　　　　）　　□(9) ～することができる _____

□(5) three times a day （　　　　　）　　□(10) ～が…するのを手伝う _____

---

1 日本語に合うように，（　）内から適切なものを選び，記号を〇で囲みなさい。

□(1) 私は疲れていたので，早く寝ました。

I went to bed early （ ア because　イ when ）I was tired.

□(2) 雨が降っているので家にいます。

I'm home because （ ア rain　イ it is raining ）.

□(3) エリは親切なので私は彼女が好きです。

I like Eri because （ ア she is kind　イ kind ）.

□(4) 暑いので窓を開けてください。

Please open the window （ ア if　イ because ）it's hot.

2 日本語に合うように，＿＿＿に適切な語を書きなさい。

□(1) 本を買わなければならないのでお金が必要です。

I need money ＿＿＿＿＿＿＿＿ I must buy a book.

□(2) 彼女は音楽が好きなので，歌手になりたいです。

＿＿＿＿＿＿＿＿ she likes music, she wants to be a singer.

□(3) トモヤは明日テストがあるので勉強しています。

Tomoya is studying ＿＿＿＿＿＿ ＿＿＿＿＿＿ has a

test tomorrow.

3 例にならい，それぞれの絵に合う「～なので…」の文を完成
させなさい。

例 **I want to be a scientist because I like science.**

□(1) I want to be a vet ＿＿＿＿＿＿ I ＿＿＿＿＿＿ animals.

□(2) I want to be a chef ＿＿＿＿＿＿ ＿＿＿＿＿＿ like

cooking.

4 日本語に合うように，（　）内の語句を並べかえなさい。

□(1) たくさんの花を見たので，私はうれしかったです。

(of / , / I / saw / was / I / flowers / because / a lot) happy.

＿＿＿＿＿＿＿＿＿＿＿＿＿＿＿＿＿＿＿＿ happy.

□(2) 晴れているので，私たちは野球をすることができます。

(sunny / baseball / it / we / is / because / play / can).

＿＿＿＿＿＿＿＿＿＿＿＿＿＿＿＿＿＿＿＿.

□(3) 私は音楽が好きなので，合唱部に入っています。

(music / chorus club / I / I / because / am / in / like / the).

＿＿＿＿＿＿＿＿＿＿＿＿＿＿＿＿＿＿＿＿.

□(4) 私は絵を描くことが好きなので画家になりたいです。

(I / I / an artist / because / , / like / want / be / to /

drawing).

＿＿＿＿＿＿＿＿＿＿＿＿＿＿＿＿＿＿＿＿.

⚠ミスに注意

becauseを含む部分が
文の最初にくるときはコ
ンマが必要だよ。

Unit 6

教科書の重要ポイント 不定詞〈副詞的用法〉　教科書 pp.80〜81

I'm glad <u>to hear</u> that. 〔私はそれを聞いてうれしいです〕

不定詞は「〜して…」と〈ある感情が起きた原因〉を表す。

I'm glad　to hear that.
私はうれしい　　それを聞いて

▼ 「〜して…」を表すよく使われる表現。

be glad to 〜	〜してうれしい	I'm glad to hear that. 〔私はそれを聞いてうれしいです〕
be sad to 〜	〜して悲しい	I'm sad to hear the news. 〔私はそのニュースを聞いて悲しいです〕
be sorry to 〜	〜して申し訳ない, 残念だ	I'm sorry to hear that. 〔私はそれを聞いて残念です〕
be happy to 〜	〜してうれしい	I'm happy to meet you. 〔私はあなたに会えてうれしいです〕
be surprised to 〜	〜して驚く	I was surprised to hear that. 〔私はそれを聞いて驚きました〕

Words & Phrases 次の日本語は英語に，英語は日本語にしなさい。

□(1) preparation （　　　　　　）

□(2) week （　　　　　　）

□(3) prize （　　　　　　）

□(4) glad （　　　　　　）

□(5) lose （　　　　　　）

□(6) match （　　　　　　）

□(7) 再び, もう一度, また ＿＿＿＿＿＿

□(8) (人を)驚かせるような, 意外な ＿＿＿＿＿＿

□(9) lose の過去形 ＿＿＿＿＿＿

□(10) win の過去形 ＿＿＿＿＿＿

□(11) 試験に受かる ＿＿＿＿＿＿

□(12) 〜に注意を払う ＿＿＿＿＿＿

1 日本語に合うように，（　）内から適切なものを選び，記号を○で囲みなさい。

テストによく出る!
「～して…」の文
不定詞で表すことができる。toのあとが動詞の原形であることに注意しよう。

□(1) ミキはそのニュースを聞いてうれしく思っています。

　　Miki is happy （ ア to hear　イ to heard ） the news.

□(2) あなたの友達と話せてうれしいです。

　　I'm glad （ ア to talk　イ talk ） with your friend.

□(3) 彼はその話を聞いて悲しかったです。

　　He （ ア was sad to　イ was sad ） hear the story.

□(4) 彼女は有名な歌手に会えて驚きました。

　　She was surprised （ ア to see　イ see ） the famous singer.

2 例にならい，それぞれの絵に合う「～して…」の文を完成させなさい。

例 **I'm happy to buy a new book.**

□(1) I'm surprised ＿＿＿＿＿＿ ＿＿＿＿＿＿ that.

□(2) I'm glad ＿＿＿＿＿＿ ＿＿＿＿＿＿ you again.

3 日本語に合うように，（　）内の語句を並べかえなさい。

⚠ミスに注意
日本語から，「～して…」の…の部分が現在形か，過去形かを考えよう。

□(1) あなたのお母さんに会えてうれしいです。

　　(see / to / I'm / glad / your / mother).

　　＿＿＿＿＿＿＿＿＿＿＿＿＿＿＿＿＿＿＿＿＿ .

□(2) サキはプレゼントをもらって驚いていました。

　　Saki (present / to / surprised / was / get / a).

　　Saki ＿＿＿＿＿＿＿＿＿＿＿＿＿＿＿＿＿＿＿ .

□(3) ジェーンはその写真を見て悲しかったです。

　　Jane (picture / the / see / to / sad / was).

　　Jane ＿＿＿＿＿＿＿＿＿＿＿＿＿＿＿＿＿＿＿ .

□(4) 彼らはその話を聞いて残念に思いました。

　　They (sorry / to / the / story / were / hear).

　　They ＿＿＿＿＿＿＿＿＿＿＿＿＿＿＿＿＿＿＿ .

〈新出語・熟語 別冊p.12〉

| 教科書の
重要ポイント | 不定詞〈形容詞的用法・副詞的用法〉 | 教科書 pp.82〜84 |

形容詞的用法

I need someone to help me. 〔私はだれか私を手伝ってくれる人が必要です〕
　　　　　私を手伝ってくれるだれか

Kota has a place to stay in New York. 〔コウタはニューヨークに滞在するための場所があります〕
　　　　　滞在するための場所

●名詞に説明を追加する働きがある。「〜するための」

副詞的用法

I study English to go abroad. 〔私は外国へ行くために英語を勉強します〕
　　　　　　　　外国へ行くために

Kota was there to help Ashim. 〔コウタはアシムを手伝うためにそこにいました〕
　　　　　　　　アシムを手伝うために

●目的を追加する働きがある。「〜するために」

副詞的用法

I'm glad to see you. 〔私はあなたに会えてうれしいです〕
　　　　　あなたに会えて

I was sad to hear that. 〔私はそれを聞いて悲しかったです〕
　　　　　　　それを聞いて

●感情の原因などを追加する働きがある。「〜して…」

ナルホド!

Words & Phrases 　次の日本語は英語に, 英語は日本語にしなさい。

☐(1) anyway 　　(　　　　　　　　)　　☐(6) standの過去形 ＿＿＿＿＿＿

☐(2) shrimp 　　(　　　　　　　　)　　☐(7) 触れること, 〜に触れる ＿＿＿＿＿＿

☐(3) living thing (　　　　　　　　)　　☐(8) 〜を紹介する ＿＿＿＿＿＿

☐(4) staff 　　(　　　　　　　　)　　☐(9) 〜に答える ＿＿＿＿＿＿

☐(5) starfish 　　(　　　　　　　　)　　☐(10) 質問, 問い ＿＿＿＿＿＿

1 日本語に合うように，（ ）内から適切なものを選び，記号を○で囲みなさい。

☐(1) 私はケーキを作るためのリンゴが2個必要です。

I need two apples（ ア to make　イ make ）a cake.

☐(2) 私は試験に合格するためにがんばりました。

I worked hard（ ア to pass　イ pass ）the exam.

☐(3) 彼女はそのニュースを聞いて悲しかったです。

She was sad（ ア to hear　イ to heard ）the news.

☐(4) 何か食べるものはありませんか。

Do you have anything（ ア to eat　イ eating ）?

2 例にならい，それぞれの絵に合う「～するための…がほしいです」という内容の文を完成させなさい。

注目!
「～するための…」の文…のあとに不定詞を続ける。

例 **I want a book to read on the train.**

☐(1) I want a dress ＿＿＿＿＿＿＿ ＿＿＿＿＿＿＿ at the party.

☐(2) I want a ball ＿＿＿＿＿＿＿ ＿＿＿＿＿＿＿ with my dog.

3 日本語に合うように，（ ）内の語句を並べかえなさい。

☐(1) 試合に勝つために練習をがんばりましょう！

(hard / win / the match / let's / practice / to)!

＿＿＿＿＿＿＿＿＿＿＿＿＿＿＿＿＿＿＿＿＿＿＿！

☐(2) 私の父は絵を描くために湖へ行きました。

(the lake / to / my father / went / pictures / to / draw).

＿＿＿＿＿＿＿＿＿＿＿＿＿＿＿＿＿＿＿＿＿＿＿.

☐(3) 私は有名な作家に会えてうれしかったです。

(happy / I / to / famous / a / writer / was / see).

＿＿＿＿＿＿＿＿＿＿＿＿＿＿＿＿＿＿＿＿＿＿＿.

☐(4) 彼女は今，書くためのものが必要です。

(write / to / she / something / needs) with now.

＿＿＿＿＿＿＿＿＿＿＿＿＿＿＿＿＿＿＿＿＿ with now.

Active Grammar 7

教科書の
重要ポイント | **接続詞** | 教科書 p.85

① 「〜するとき」を表す表現

Eri came by <u>when</u> Hajin was studying Japanese.

〔エリはハジンが日本語を勉強しているときに立ち寄りました〕

② 条件を表すときの表現

We can drive straight home <u>if</u> you are tired.

〔もしあなたが疲れているなら，私たちはまっすぐ家へ車で帰ることができます〕

③ 理由を述べるときの表現

Nick is learning Japanese <u>because</u> he wants to read manga.

〔ニックはマンガを読みたいので，日本語を学んでいます〕

▼ ①〜③の表現は，文の先頭に接続詞を持ってくることもできる。

　そのときは，文の間にコンマをつけるのを忘れないように注意する。

④ 具体的な内容を表す文をつなぐ表現

I think (that) you are a good coach. 〔私はあなたがよいコーチだと思います〕

I am sure (that) you will be a good teacher.

〔私はあなたがきっとよい先生になると確信しています〕

▼ 「〜だと…」を表す表現で使われる動詞

I know 〜	私は〜だと知っている	I know that you are smart. 〔私はあなたが賢いということを知っています〕
I believe 〜	私は〜だと信じている	I believe that you can do it. 〔私はあなたがそれをできると信じています〕
I say 〜	私は〜だと言っている	I said that I was home. 〔私は家にいると言いました〕

●すべての接続詞のあとは〈主語＋動詞〉の形が続くことに注意する。

ナルホド！

Words & Phrases 次の日本語は英語に，英語は日本語にしなさい。

☐(1) communicate (　　　　　　　　　)　　☐(2) 〜もまた，さらに ＿＿＿＿＿＿＿＿＿＿＿

1 日本語に合うように，（　）内から適切なものを選び，記号を〇で囲みなさい。

注目!

省略できる that
think that ～の that は
省略できる。

□(1) 私が宿題をしていたとき，お母さんが部屋に入ってきました。

My mother came into my room (ア when　イ if) I was doing my homework.

□(2) もしあなたが日本語を学びたいのなら，この本は役に立ちます。

(ア Because　イ If) you want to learn Japanese, this book will be useful.

□(3) 彼はすぐに来ると思います。

I think (ア that　イ this) he will come soon.

2 例にならい，それぞれの絵に合う「～だと思います」の文を完成させなさい。

⚠ ミスに注意

(1)主語はSheなので，thinkのままにしてしまわないように注意！

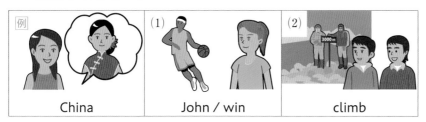

例 | China
(1) | John / win
(2) | climb

例 **I think she is from China.**

□(1) She ＿＿＿＿＿＿＿ John can ＿＿＿＿＿＿＿ the game.

□(2) They ＿＿＿＿＿＿＿ they can ＿＿＿＿＿＿＿ that mountain.

3 日本語に合うように，（　）内の語句を並べかえなさい。

□(1) 暑かったので，私はよく眠れませんでした。

I (was / because / it / sleep well / hot / couldn't).

I ＿＿＿＿＿＿＿＿＿＿＿＿＿＿＿＿＿＿＿＿＿＿.

□(2) 彼はピクニックに行ったときに川で泳ぎました。

(on / picnic / when / went / swam / a / in / he / he / the river).

＿＿＿＿＿＿＿＿＿＿＿＿＿＿＿＿＿＿＿＿＿＿.

□(3) 私は明日はきっと雨が降ると思います。

(it / that / will / rain / I'm / sure) tomorrow.

＿＿＿＿＿＿＿＿＿＿＿＿＿＿＿＿＿ tomorrow.

□(4) もしあなたが暇なら，お父さんを手伝ってください。

(, / if / free / please / help / are / you / your) father.

＿＿＿＿＿＿＿＿＿＿＿＿＿＿＿＿＿ father.

❶ 正しいものを 4 つの選択肢の中から選びなさい。

不定詞のそれぞれの働きを整理しよう。

□(1) I bought a carrot (　　) for dinner.

　　ア use　　イ to use　　ウ using　　エ be used

□(2) I'm glad (　　) you again.

　　ア see　　イ to see　　ウ seeing　　エ saw

□(3) I want to be a singer (　　) I like music.

　　ア because　　イ if　　ウ when　　エ that

□(4) (　　) it is rainy tomorrow, let's play at home.

　　ア Because　　イ If　　ウ Where　　エ That

❷ 日本語に合うように，＿＿＿に入る適切な語を書きなさい。

□(1) 私は医者になるために一生懸命に勉強しています。

　　I'm studying hard ＿＿＿＿＿＿＿ ＿＿＿＿＿＿＿ a doctor.

□(2) 夏が涼しいので，私は北海道が好きです。

　　I like Hokkaido ＿＿＿＿＿＿＿ ＿＿＿＿＿＿＿ is ＿＿＿＿＿＿＿ in summer.

□(3) 私はその小説を読んで悲しくなりました。

　　I was sad ＿＿＿＿＿＿＿ ＿＿＿＿＿＿＿ the novel.

□(4) 私は彼が新しい私たちの先生であることを知っています。

　　I know ＿＿＿＿＿＿＿ he ＿＿＿＿＿＿＿ our new teacher.

❸ 書く✍ (　　)内の指示にしたがって，英文を書きかえなさい。

□(1) It was rainy. I didn't go to the park.　（becauseを使って1文に）

＿＿＿＿＿＿＿＿＿＿＿＿＿＿＿＿＿＿＿＿＿＿＿＿＿＿＿＿＿＿＿＿

□(2) I was surprised. I saw him there.　（toを使って1文に）

＿＿＿＿＿＿＿＿＿＿＿＿＿＿＿＿＿＿＿＿＿＿＿＿＿＿＿＿＿＿＿＿

□(3) I bought a new computer. I will study English with it.　（toを使って1文に）

＿＿＿＿＿＿＿＿＿＿＿＿＿＿＿＿＿＿＿＿＿＿＿＿＿＿＿＿＿＿＿＿

□(4) Math is difficult.　（thinkを使って「私は～思います」という1文に）

＿＿＿＿＿＿＿＿＿＿＿＿＿＿＿＿＿＿＿＿＿＿＿＿＿＿＿＿＿＿＿＿

ヒント　❶(4)tomorrowは「明日」という意味。

　　　　❷(1)「～になる」はbe動詞で表す。

4 読む 次の会話文を読んで，あとの問いに答えなさい。

Tina : What was difficult about the job?

Kota : There were many students in the class, but I had to pay attention to each one. They all need help sometimes.

Eri : Was anything surprising?

Kota : Well, ①(have / a lot / of / to / do / teachers / preparation) for each class.

Ms. Brown : You learned a lot, didn't you? Do you want to do it again?

Kota : ②Yes!

Ms. Brown : ③(それを聞いてうれしいわ).

☐(1) 下線部①の( )内の語を並べかえなさい。

①_____

☐(2) 下線部②のYes!に続く英語を考えて書きなさい。

②Yes!_____

☐(3) 下線部③の( )の日本語に合う英文を書きなさい。

③_____.

5 話す 次の文を声に出して読み，問題に答え，答えを声に出して読んでみましょう。

アプリ

Sea otters are cute and popular animals. They sometimes cover their eyes with their paws.

They look shy but actually, they do that to warm their paws. They sometimes hold hands.

They don't want to drift apart when they are sleeping.

（注）sea otter　ラッコ　　paw　足　　actually　実は　　warm　～を温める　　drift apart　離れて漂流する

☐(1) When sea otters cover their eyes with their paws, how do they look?

— _____

☐(2) Why do sea otters hold hands?

— _____

ヒント　**4** (1)have to ～で「～する必要がある」という意味。
5 (1)足で目を覆うとき，どのように見えるか考えて答える。

❶ 下線部の発音が同じものには〇を，そうでないものには×を，解答欄に書きなさい。　9点

(1) st<u>a</u>ff　　　　　　　　(2) <u>a</u>ble　　　　　　　　(3) l<u>o</u>se
<u>a</u>nswer　　　　　　　　<u>a</u>nyway　　　　　　　　w<u>o</u>n

❷ 最も強く発音する部分の記号を解答欄に書きなさい。　9点

(1) at - ten - tion　　　　(2) com - mu - ni - cate　　　(3) in - tro - duce
　ア　イ　ウ　　　　　　　　ア　イ　ウ　エ　　　　　　　　ア　イ　ウ

❸ 日本語に合うように，＿＿に入る適切な語を書きなさい。　20点

(1) その本を手に入れる方法は2つあります。

There ＿＿＿ two ways ＿＿＿ ＿＿＿ that book.

よく出る (2) 私はあなたの誕生日パーティーに参加してとてもうれしかったです。

I was very ＿＿＿ ＿＿＿ ＿＿＿ your birthday party.

(3) そのケーキがとても甘かったので私はのどが渇いています。

I'm thirsty ＿＿＿ the ＿＿＿ ＿＿＿ very sweet.

(4) 私は子供のとき，歌手になりたかったです。

＿＿＿ ＿＿＿ ＿＿＿ a child, I wanted to be a singer.

❹ 日本語に合うように，（　）内の語句を並べかえなさい。　15点

(1) 私はおなかがすいていたのでハンバーガーを3つ食べました。

(, / hungry / ate / was / three / because / I / I) hamburgers.

(2) 私の母は服を買うためにショッピングモールへ行きました。

My mother (a shopping mall / clothes / buy / went / to / to / some).

(3) 私たちはその映画を見てとても驚きました。

We (movie / surprised / to / were / see / very / the).

❺ 次のミサのスピーチを読んで，あとの問いに答えなさい。　23点

　　I'd like to talk about my work experience.　I worked at a home for old people with Ryo, my classmate.　We chose there because we are interested in that kind of home.　We cleaned the rooms, talked (　①　) old people and helped them. One of them was Mr. Miyamoto.　He was very kind to us.　Because there were beautiful flowers in the small garden at that home, I took him to the garden to show him those flowers. I was glad he liked them. It was a great experience for me. Now Ryo and I want to be care workers in the future ②(   )(   ) old people. We are going ③(work) there again next March.

(注)chose　chooseの過去形　　care worker　介護福祉士

⑴（ ① ）に入る最も適切なものを1つ選び，記号を書きなさい。

　　ア and　　イ with　　ウ on

⑵ 下線部②が「高齢者を助けるために」という意味になるように，（　）に入る適切な語をそれぞれ書きなさい。

⑶ ③の（　）内の語を適切な形にしなさい。

差がつく ⑷ ミサとリョウは次にいつ高齢者用の施設に行くつもりですか。日本語で答えなさい。

点UP ❻ 書く 次のようなとき英語で何と言うか，（　）内の語数で書きなさい。表　24点

⑴ 相手と話せる喜びを伝えるとき。（6語）

⑵ 私は英語を勉強するためにアメリカに行ったと伝えるとき。（7語）

⑶ 相手が遅刻したので私は怒っていると伝えるとき。（7語）

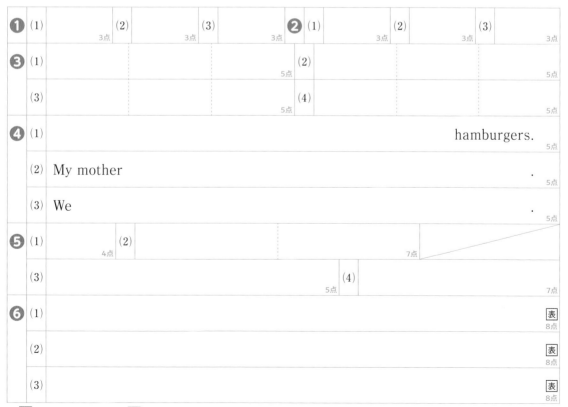

▶ 表 の印がない問題は全て 知 の観点です。

Unit 6 ~ Active Grammar 7

Let's Read 2

教科書の
重要ポイント | 副詞 never | 教科書 pp.86～89

I will never forget it. 〔私はそれを決して忘れないでしょう〕

neverは「決して～ない」という意味を表す！
▼ neverのあとには動詞の現在形や過去形が続く。

I never drink coffee. 〔私は決してコーヒーを飲みません〕

I never went to bed before eleven. 〔私は決して11時前に寝ませんでした〕

Tom never eats *natto*. 〔トムは決して納豆を食べません〕

ナルホド！

Words & Phrases 次の日本語は英語に，英語は日本語にしなさい。

☐(1) east （　　　　　　　　）　　☐(5) 言葉 ＿＿＿＿＿＿＿＿

☐(2) disaster （　　　　　　　　）　　☐(6) スケートをする ＿＿＿＿＿＿＿＿

☐(3) opinion （　　　　　　　　）　　☐(7) 高校 ＿＿＿＿＿＿＿＿

☐(4) everyday （　　　　　　　　）　　☐(8) speakの過去形 ＿＿＿＿＿＿＿＿

1 日本語に合うように，（ ）内から適切なものを選び，記号を○で囲みなさい。

☐(1) 私は決してその川で泳ぎません。

I (ア never イ not) swim in the river.

☐(2) 彼は決して遅刻することはありません。

He never (ア come イ comes) late.

2 日本語に合うように，（ ）内の語句を並べかえなさい。

☐(1) 彼らは決して諦めないでしょう。

(up / never / will / they / give).

＿＿＿＿＿＿＿＿＿＿＿＿＿＿＿＿＿＿＿＿＿＿ .

☐(2) 彼女は決して牛肉を食べません。

(eats / never / beef / she).

＿＿＿＿＿＿＿＿＿＿＿＿＿＿＿＿＿＿＿＿＿＿ .

ぴたトレ
1
要点チェック

Let's Read 2

時間 **15分**
解答 p.20

〈新出語・熟語 別冊p.13〉

教科書の
重要ポイント | **because of ～** | 教科書 pp.86 ～ 89

I was able to continue skating <u>because of</u> my supporters.
〔私は私の支援者のおかげでスケートをし続けることができました〕

〈because of ～〉で「～のおかげで，～のために」という意味を表す！

▼ because of ～のあとには名詞や動名詞が続く。

接続詞becauseのように〈主語＋動詞〉が続かないので注意。

The train stopped <u>because of</u> the earthquake.
〔地震のために電車は止まりました〕

The train stopped because the earth quake struck.
　　　　　　　　　　　　　　主語　　　　　　動詞

〔地震が起きたので電車は止まりました〕

Words & Phrases 次の日本語は英語に，英語は日本語にしなさい。

☐(1) understand （　　　　　　　　） ☐(5) 地域 ＿＿＿＿＿＿＿

☐(2) inspire （　　　　　　　　） ☐(6) 受け取る ＿＿＿＿＿＿＿

☐(3) mistake （　　　　　　　　） ☐(7) ～を始める ＿＿＿＿＿＿＿

☐(4) train（動詞）（　　　　　　　　） ☐(8) 最初は ＿＿＿＿＿＿＿

1 日本語に合うように，（　）内から適切なものを選び，記号を〇で囲みなさい。

☐(1) ユイは雨のために遅れました。

Yui was late（ ア because　イ because of ）the rain.

☐(2) 私は雨が降っていたので遅れました。

I was late（ ア because　イ because of ）it was raining.

2 日本語に合うように，（　）内の語句を並べかえなさい。

☐(1) 私は友達のおかげで祭りを楽しみました。

(enjoyed / because / the festival / I / my friends / of).

＿＿＿＿＿＿＿＿＿＿＿＿＿＿＿＿＿＿＿＿＿＿＿＿.

Let's Read 2

Let's Read 2

| 教科書の 重要ポイント | succeed in -ing | 教科書 pp.86〜89 |

When I'm at my best, I can <u>succeed in doing</u> some very difficult jumps.
〔私は最高の状態にあるとき，いくつかのとても難しいジャンプを成功することができます〕

〈succeed in -ing〉で「〜（すること）に成功する」という意味を表す！

succeed in   doing some very difficult jumps
「〜に成功する」   動名詞「いくつかのとても難しいジャンプをすること」

He <u>succeeded in getting</u> a driver's license. 〔彼は運転免許を取得することに成功しました〕
「〜に成功する」   「取得すること」

ナルホド！

Words & Phrases 次の日本語は英語に，英語は日本語にしなさい。

☐(1) Olympic (   )

☐(2) injure (   )

☐(3) various (   )

☐(4) 金の _____

☐(5) 他方では _____

☐(6) becomeの過去形 _____

1 日本語に合うように，（ ）内から適切なものを選び，記号を〇で囲みなさい。

☐(1) 私は試験に合格しました。

I succeeded (ア in イ on) passing the exam.

☐(2) 私たちは英語で通じ合うことに成功しました。

We succeeded in (ア communicate イ communicating)
in English.

2 日本語に合うように，（ ）内の語句を並べかえなさい。

☐(1) 彼はケーキを一人で作ることに成功するでしょう。

(he / himself / making / cakes / succeed / by / will / in).

_____.

☐(2) その子供は歩くことに成功しました。

(succeeded / walking / the child / in).

_____.

Let's Read 2

| 教科書の 重要ポイント | 〈ask＋人＋不定詞〉 | 教科書 pp.86〜89 |

You can also ask your family and friends to find it for you.

〔あなたはあなたのためにそれを見つけるよう，あなたの家族や友達に頼むこともできます〕

〈ask＋人＋不定詞〉は「(人)に〜するように頼む」という意味を表す！

ask	your family and friends	to find
頼む	(人)あなたの家族や友達に	見つけるように

ナルホド！

Words & Phrases 次の日本語は英語に，英語は日本語にしなさい。

☐(1) confident （　　　　　　）　　☐(5) 〜に挑む ＿＿＿＿＿＿＿

☐(2) mind （　　　　　　）　　☐(6) 限界，限度 ＿＿＿＿＿＿＿

☐(3) medal （　　　　　　）　　☐(7) 身ぶり ＿＿＿＿＿＿＿

☐(4) somehow （　　　　　　）　　☐(8) 〜の味方である ＿＿＿＿＿＿＿

1 日本語に合うように，（　）内から適切なものを選び，記号
を〇で囲みなさい。

☐(1) 私は父に夕食を作るよう頼みました。

I asked my father (ア to cook　イ cooking) dinner.

☐(2) 私は彼女にその大きな箱を持ってくるよう頼みました。

I asked (ア she　イ her) to bring that big box.

2 日本語に合うように，（　）内の語句を並べかえなさい。

☐(1) トムはマサオに電話をするよう頼みました。

Tom (call / Masao / asked / him / to).

Tom ＿＿＿＿＿＿＿＿＿＿＿＿＿＿＿＿＿.

☐(2) 私の母は私に祖母を訪ねるよう頼みました。

My mother (visit / asked / to / me / my grandmother).

My mother ＿＿＿＿＿＿＿＿＿＿＿＿＿＿＿＿＿.

☐(3) エミはジョンに5分待ってくださいと頼みました。

Emi (John / five minutes / wait / for / to / asked).

Emi ＿＿＿＿＿＿＿＿＿＿＿＿＿＿＿＿＿.

Let's Read 2

教科書の重要ポイント　世界を舞台に働く人々・職業診断のチャートを作ろう　教科書 pp.90 ～ 93

① 「～について話します」というときの表現

I'd like to tell you about her life story. 〔私は彼女の人生についてあなたに話したいと思います〕

「～したいです」(I'd = I wouldの略)

② 「～することに決めた」というときの表現

She decided to produce fashionable bags from jute.

「～を製造することに決めた」(不定詞の文)

〔彼女はジュートから流行のかばんを製造することに決めました〕

③ 「～ばかりでなく…も」というときの表現

It was not only beautiful but also very sharp. 〔それは美しいばかりでなくとても鋭いです〕

「～ばかりでなく」　　「…も」(「～どころか…」と訳すこともある。)

④ 「あなたはどちらを好みますか」というときの表現

Which do you prefer? 〔あなたはどちらを好みますか〕

(prefer「～を好む」の意味)

ナルホド!

Words & Phrases　次の日本語は英語に，英語は日本語にしなさい。

□(1) careful　（　　　　　　　　）

□(2) air　（　　　　　　　　）

□(3) till　（　　　　　　　　）

□(4) engineer　（　　　　　　　　）

□(5) store　（　　　　　　　　）

□(6) thinkの過去形　_____

□(7) 会社，商売　_____

□(8) 広まる　_____

□(9) 農場経営者，農場主　_____

□(10) ～を表現する　_____

1 日本語に合うように，（　）内から適切なものを選び，記号を○で囲みなさい。

□(1) 私はたくさん読書をしたいと思います。

I'd (ア like to　イ like) read many books.

□(2) 私は青色を好みます。

I (ア prefer　イ was) blue.

2 日本語に合うように，＿＿＿に適切な語を書きなさい。

☐(1) ミキは海外へ行くことに決めました。

Miki decided ＿＿＿＿＿＿ ＿＿＿＿＿＿ abroad.

☐(2) 肉だけではなく野菜も食べなさい。

You must eat not only meat ＿＿＿＿＿＿ ＿＿＿＿＿＿

vegetables.

☐(3) 私は映画を見に行きたいです。

I'd ＿＿＿＿＿＿ ＿＿＿＿＿＿ go to the movies.

3 例にならい，それぞれの絵に合う「～することに決めました」の文を完成させなさい。

テストによく出る!

「～することに決めました」の文 toのあとは必ず動詞の原形が続くよ。

例	(1)	(2)
go to bed	run	play

例 **He decided to go to bed before ten every day.**

☐(1) I decided ＿＿＿＿＿＿ ＿＿＿＿＿＿ along the river

every morning.

☐(2) He decided ＿＿＿＿＿＿ ＿＿＿＿＿＿ basketball in

high school.

4 日本語に合うように，（ ）内の語句を並べかえなさい。

☐(1) 私の職業体験についてあなたに話したいと思います。

(work / tell / like / I'd / you / to / my / experience / about).

＿＿＿＿＿＿＿＿＿＿＿＿＿＿＿＿＿＿＿＿＿＿.

☐(2) あなたはイヌとネコのどちらが好きですか。

(you / prefer / which / dogs / , / or / do) cats?

＿＿＿＿＿＿＿＿＿＿＿＿＿＿＿＿＿＿ cats?

☐(3) このモモは大きいだけでなくおいしいです。

(is / not / also / only / but / this peach / big / delicious).

＿＿＿＿＿＿＿＿＿＿＿＿＿＿＿＿＿＿＿＿.

☐(4) 私の姉はアメリカで勉強することを決めました。

(my / decided / study / America / in / sister / to).

＿＿＿＿＿＿＿＿＿＿＿＿＿＿＿＿＿＿＿＿.

① 正しいものを4つの選択肢の中から選びなさい。

今まで出てきた表現をきちんとおさえよう。

☐(1) I (　) eat *natto*.
　　ア no　イ never　ウ am not　エ not

☐(2) I was at home because (　) the bad weather.
　　ア in　イ at　ウ of　エ for

☐(3) I'd like (　) tell you about my grandmother's story.
　　ア a　イ to　ウ the　エ on

☐(4) I succeeded in (　) alone.
　　ア travel　イ traveled　ウ traveling　エ to travel

② 日本語に合うように，＿＿に入る適切な語を書きなさい。

☐(1) あなたはどちらを好みますか。
　　Which do ＿＿＿＿＿＿ ＿＿＿＿＿＿?

☐(2) 彼女は日本へ行くことに決めました。
　　She ＿＿＿＿＿＿ ＿＿＿＿＿＿ go to Japan.

☐(3) この家は新しいだけではなく大きいです。
　　This house is not ＿＿＿＿＿＿ new but ＿＿＿＿＿＿ big.

☐(4) 私の母は私に買い物に行くよう頼みました。
　　My mother asked ＿＿＿＿＿＿ ＿＿＿＿＿＿ go shopping.

③ 書く✎ 次の日本語を英語にしなさい。

☐(1) 彼は決して諦めません。

_____

☐(2) 私の姉はその本屋で働くことを決めました。

_____

☐(3) 私はトムに手伝ってくれるよう頼みました。

_____

ヒント　②(1)「〜を好む」はpreferで表す。
　　　　③(1)「諦める」はgive upで表す。

4 読む📖 次の文章を読んで，あとの問いに答えなさい。

One big event in my life was the Great East Japan Earthquake. I was 16 years old ①(   ) I experienced it in Sendai. When I saw the photos of the tsunami area, I felt very, very sad. I will never forget it. I also felt scared because the disaster took away everything so quickly. I didn't feel safe in my everyday life. I couldn't use the ice-skating rink, and I couldn't think about skating.

Then, people came ②(me / support / to). They came from a lot of places. ③They gave me a place to practice. I was glad to receive their help. I was able to continue skating because of my supporters.

☐(1) 下線部①が「私がそれを仙台で経験したとき」という意味になるように，( )に入る適切な語を書きなさい。

①＿＿＿＿＿＿＿＿＿＿＿＿

☐(2) 下線部②の( )内の語を正しく並べかえなさい。

②＿＿＿＿＿＿＿＿＿＿＿＿

☐(3) 下線部③の英文の日本語訳を完成させなさい。

彼らは私に(   )。

5 読む📖 次の英文を読んで，あとの問いに答えなさい。

At first, when my coach spoke, I couldn't understand. I couldn't tell him my opinions in English. When I didn't know a word, I used gestures. Sometimes I made mistakes, but I continued to try.

Now I can communicate with my coach somehow. When I want to say something to him, I can say it in English. On the other hand, my English is still limited. I sometimes feel I should learn more English.

☐(1) When he didn't know an English word, how did he tell his opinions?

— ＿＿＿＿＿＿＿＿＿＿＿＿

☐(2) What does he think about his English?

— ＿＿＿＿＿＿＿＿＿＿＿＿

4 5 羽生結弦　インタビュー記事より

ヒント　4 (2)「～するために」は不定詞で表せる。

Let's Read 2 ~ You Can Do It! 2

Unit 7 Amazing Australia (Part 1)

教科書の重要ポイント **比較級と最上級 (-er / the -est)** 教科書 pp.95〜97

Australia is larger than Japan. 〔オーストラリアは，日本より大きいです〕

〈比較級（〜）＋than …〉は，2つのものを比べて「…より〜」という意味を表す。

▼ 比較級の作り方

語尾に-erをつける	old → older, fast → fasterなど
eで終わる単語は-rをつける	large → largerなど
〈子音字＋y〉で終わる単語の場合，yをiに変えて-erをつける	easy → easierなど
〈短い母音＋子音字〉で終わる単語の場合，最後の子音字を重ねて-erをつける	hot → hotterなど

ナルホド!

Australia is the largest island in the world.

〔オーストラリアは，世界でいちばん大きい島です〕

〈the＋最上級（〜）（＋in[of]など＋…）〉は，3つ以上のものを比べて「（…の中で）いちばん〜」という意味を表す。

●最上級を作るには，必ずtheが必要である。

▼ 最上級の作り方

語尾に-estをつける	old → oldest, fast → fastestなど
eで終わる単語は-stをつける	large → largestなど
〈子音字＋y〉で終わる単語の場合，yをiに変えて-estをつける	easy → easiestなど
〈短い母音＋子音字〉で終わる単語の場合，最後の子音字を重ねて-estをつける	hot → hottestなど

ナルホド!

Words & Phrases　次の日本語は英語に，英語は日本語にしなさい。

□(1) beauty （　　　　　　　）

□(2) unique （　　　　　　　）

□(3) population （　　　　　　　）

□(4) southern （　　　　　　　）

□(5) 深い _____

□(6) 湖 _____

□(7) 川 _____

□(8) 自然の _____

1 日本語に合うように，（　）内から適切なものを選び，記号を〇で囲みなさい。

⚠ ミスに注意

(4)後ろの名詞が単数形ならin，複数形ならofを選ぼう。

☐(1) 私はお母さんよりも早く起きました。

I got up（ ア early　イ earlier ）than my mother.

☐(2) 彼女のかばんは私のよりも新しかったです。

Her bag was newer（ ア that　イ than ）mine.

☐(3) アメリカでいちばん長い川は何ですか。

What is（ ア the longer　イ the longest ）river in the U.S.?

☐(4) 富士山は日本でいちばん高い山です。

Mt. Fuji is the highest mountain（ ア in　イ of ）Japan.

2 例にならい，それぞれの絵に合う「…より～」の文を完成させなさい。

テストによく出る!

比較級の作り方

通常は語尾に-erをつける。

例 **This box is bigger than that box.**

☐(1) Masaru is running ＿＿＿＿＿＿ ＿＿＿＿＿＿ Ken.

☐(2) Cathy is ＿＿＿＿＿＿ ＿＿＿＿＿＿ Mai.

3 日本語に合うように，（　）内の語句を並べかえなさい。

☐(1) この家はあの家よりも古いです。

(is / this / that / than / house / house / older).

＿＿＿＿＿＿＿＿＿＿＿＿＿＿＿＿＿＿＿＿＿＿＿.

☐(2) あの映画館はこの映画館よりも広かったです。

(one / theater / larger / that / this / was / than).

＿＿＿＿＿＿＿＿＿＿＿＿＿＿＿＿＿＿＿＿＿＿＿.

☐(3) あなたは世界でいちばん小さな国を知っていますか。

(know / do / the / the / country / you / smallest / in)
world?

＿＿＿＿＿＿＿＿＿＿＿＿＿＿＿＿＿＿＿＿ world?

☐(4) ここがこの川でいちばん深い部分です。

This is (the / this / deepest / of / river / part).

This is ＿＿＿＿＿＿＿＿＿＿＿＿＿＿＿＿＿＿.

教科書の重要ポイント **比較級と最上級（more / the most）** 教科書 pp.98〜99

Rugby is <u>more</u> popular <u>than</u> soccer in Australia.
〔オーストラリアでは，ラグビーはサッカーより人気があります〕

〈more＋原級（〜）＋than＋...〉は，２つのものを比べて「…より〜」という意味を表す。

▼ 比較級の作り方には，p.102で学んだ-erを語尾につけるタイプのものと，本ページのように〈more＋原級〉で表すタイプのものがある。
原級で表すタイプは音節が２つ以上ある形容詞や副詞などがある。
例beautiful（美しい），famous（有名である），important（重要である），
quickly（すばやく）など

Which sport is <u>the most</u> popular in Australia?
〔オーストラリアでは，どのスポーツがいちばん人気がありますか〕

〈the most＋原級（〜）（＋in[of]など＋...）〉は，３つ以上のものを比べて「（…の中で）いちばん〜」という意味を表す。
●最上級を作るには，必ず<u>the</u>が必要である。

Words & Phrases　次の日本語は英語に，英語は日本語にしなさい。

□(1) difficult　（　　　　　　　　　）　　□(5) クイズ　＿＿＿＿＿＿＿＿

□(2) popular　（　　　　　　　　　）　　□(6) ラグビー　＿＿＿＿＿＿＿＿

□(3) interesting（　　　　　　　　　）　　□(7) フットボール　＿＿＿＿＿＿＿＿

□(4) must be　（　　　　　　　　　）　　□(8) 日本で　＿＿＿＿＿＿＿＿

1 日本語に合うように，（　）内から適切なものを選び，記号を〇で囲みなさい。

□(1) この花はあの花よりも美しいです。
This flower is（ ア more beautiful　イ beautiful ）than
that flower.

□(2) これがすべての問題の中でいちばん重要です。
This is the（ ア more important　イ most important ）of
all the problems.

テストによく出る！
比較級と最上級
比較級にはmore，最上級にはmostを使う。

104

2 例にならい，それぞれの絵に合う「(…の中で)いちばん～」の文を完成させなさい。

⚠ ミスに注意

mostを用いる最上級には the を忘れずにつけよう！

popular　famous　exciting

例 This book is the most popular in this bookstore.

☐(1) This girl is ＿＿＿＿＿ ＿＿＿＿＿ ＿＿＿＿＿ in this school.

☐(2) Rugby is ＿＿＿＿＿ ＿＿＿＿＿ ＿＿＿＿＿ sport for him.

3 日本語に合うように，（　）内の語句を並べかえなさい。

☐(1) この質問への解答がいちばん難しかったです。

(most / this / the / the answer to / was / difficult / question).

＿＿＿＿＿＿＿＿＿＿＿＿＿＿＿＿＿＿＿＿＿＿ .

☐(2) 歴史は数学よりおもしろいですか。

(interesting / math / history / is / than / more)?

＿＿＿＿＿＿＿＿＿＿＿＿＿＿＿＿＿＿＿＿＿＿ ?

☐(3) これは世界でいちばん有名な写真です。

(famous / this / in the world / most / the / is / photo).

＿＿＿＿＿＿＿＿＿＿＿＿＿＿＿＿＿＿＿＿＿＿ .

☐(4) 私は，英語がいちばん大切だと思います。

(English / think / the / is / important / most / I).

＿＿＿＿＿＿＿＿＿＿＿＿＿＿＿＿＿＿＿＿＿＿ .

☐(5) 野球とサッカー，あなたにとってどちらがよりわくわくしますか。

Which is (you / exciting / for / more), baseball or soccer?

Which is ＿＿＿＿＿＿＿＿＿＿＿＿＿＿＿＿＿＿＿＿ ,

baseball or soccer?

Unit7

ぴたトレ 1

要点チェック

Unit 7 Amazing Australia (Part 3)

時間 **15**分

解答 p.22

〈新出語・熟語 別冊p.14〉

教科書の 重要ポイント	**as ～ as ...**	教科書 pp.100～101

Uluru is <u>as</u> tall <u>as</u> Tokyo Tower. 〔ウルルは東京タワーと同じくらい高いです〕

〈as＋原級(元の形)＋as＋...〉は，2つのものを比べて「…と同じくらい～」という意味を表す。

▼ 原級

原級とは，形容詞や副詞の元の形(erやest，moreやmostがつかないもの)のことである。

ナルホド!

The statue of Liberty is <u>not as</u> tall <u>as</u> Tokyo Tower.

〔自由の女神像は東京タワーほど高くありません〕

〈not as＋原級(元の形)＋as＋...〉は，2つのものを比べて「…ほど～ではない」という意味を表す。

▼ not as ～ as ...と比較級の書き換え

not as ～ as ...の文は，意味を考え，比較級の文で表すこともできる。

例Science is <u>not as easy as</u> English. 〔理科は英語ほど簡単ではありません〕

English is <u>easier</u> than science. 〔英語は理科より簡単です〕

ナルホド!

Words & Phrases 次の日本語は英語に，英語は日本語にしなさい。

☐(1) pyramid (　　　　　　)　　　☐(5) 人形 _____

☐(2) exactly (　　　　　　)　　　☐(6) 値段が高い _____

☐(3) huge (　　　　　　)　　　☐(7) 岩 _____

☐(4) sacred (　　　　　　)　　　☐(8) 場所，遺跡 _____

1 日本語に合うように，(　)内から適切なものを選び，記号を○で囲みなさい。

⚠ミスに注意

「…と同じくらい～」は〈as＋原級＋as+...〉の語順に注意しよう。

☐(1) 私の弟は，あなたと同じくらいの年齢です。

My brother is (　ア as　イ same) old as you.

☐(2) この辞書は，あの辞書と同じくらい重いです。

This dictionary is as heavy (　ア than　イ as) that one.

2 日本語に合うように，＿＿＿に適切な語を書きなさい。

□(1) カナはサヤカほど背が高くありません。

Kana ＿＿＿＿＿＿＿ ＿＿＿＿＿＿＿ as tall as Sayaka.

□(2) 私はトムほどテニスがうまくありません。

I don't play tennis ＿＿＿＿＿＿ well ＿＿＿＿＿＿ Tom.

□(3) 彼はあなたと同じくらい野球を一生懸命に練習します。

He practices baseball ＿＿＿＿＿＿＿ ＿＿＿＿＿＿＿ as you.

3 例にならい，それぞれの絵に合う「…と同じくらい～」の文を完成させなさい。

例	(1)	(2)
big	tall	large

例 **This ball is as big as that ball.**

□(1) This building is ＿＿＿＿＿＿＿ ＿＿＿＿＿＿＿

＿＿＿＿＿＿＿ that building.

□(2) This room is ＿＿＿＿＿＿＿ ＿＿＿＿＿＿＿ ＿＿＿＿＿＿＿

that room.

4 日本語に合うように，（ ）内の語句を並べかえなさい。

□(1) 私の定規はあなたのと同じくらい長いです。

(ruler / is / as / as / long / my / yours).

＿＿＿＿＿＿＿＿＿＿＿＿＿＿＿＿＿＿＿＿＿＿＿＿＿.

□(2) 彼女はあなたと同じくらい速く走れますか。

(she / run / fast / as / as / you / can)?

＿＿＿＿＿＿＿＿＿＿＿＿＿＿＿＿＿＿＿＿＿＿＿＿＿?

□(3) 私のクラスでは，野球はサッカーほど人気がありません。

(baseball / soccer / as / as / is / popular / not) in my class.

＿＿＿＿＿＿＿＿＿＿＿＿＿＿＿＿＿＿＿＿ in my class.

□(4) 日本はドイツと同じくらい大きいです。

(Japan / Germany / as / as / is / large).

＿＿＿＿＿＿＿＿＿＿＿＿＿＿＿＿＿＿＿＿＿＿＿.

Unit 7 Goal 〜 Daily Life 7

> **教科書の重要ポイント** 町のとっておきの情報を伝えよう／観光案内 教科書 pp.102 〜 105

① 「最高の〜のひとつ」というときの表現

Yamanashi is <u>one of the best places</u> if you want to see beautiful views of Mt. Fuji.

「最高の〜のひとつ」 one of 〜の後ろにくる名詞は複数形にする。

〔山梨はもし富士山の美しい景色を見たいのなら最高の場所のひとつです〕

② 「〜がある」というときの表現

<u>There are</u> a lot of mountains, rivers, and hot springs in Nagano.

「〜がある」(be動詞はあとに続くものが単数形か複数形かで決まる)

〔長野にはたくさんの山，川，そして温泉があります〕

③ 「〜もまた」というときの表現

Nagano is <u>also</u> famous for soba, Japanese noodles.

「〜もまた」

〔長野は日本の麺であるそばもまた有名です〕

④ 人に「〜したらどうですか」とすすめるときの表現

<u>Why don't you</u> try them?

「〜したらどうですか」

〔それらを試したらどうですか〕

> **Words & Phrases** 次の日本語は英語に，英語は日本語にしなさい。

☐(1) tourist （　　　　　　）　　☐(8) 地球 ＿＿＿＿＿＿＿＿＿

☐(2) million （　　　　　　）　　☐(9) 果物 ＿＿＿＿＿＿＿＿＿

☐(3) treasure （　　　　　　）　　☐(10) 地元の ＿＿＿＿＿＿＿＿＿

☐(4) village （　　　　　　）　　☐(11) 文化 ＿＿＿＿＿＿＿＿＿

☐(5) dolphin （　　　　　　）　　☐(12) 野菜 ＿＿＿＿＿＿＿＿＿

☐(6) whale （　　　　　　）　　☐(13) 英雄 ＿＿＿＿＿＿＿＿＿

☐(7) prefecture （　　　　　　）　　☐(14) ブドウ ＿＿＿＿＿＿＿＿＿

1 日本語に合うように，（ ）内から適切なものを選び，記号を○で囲みなさい。

☐(1) 日本にはたくさんの温泉があります。

There（ ア is　 イ are ）a lot of hot springs in Japan.

☐(2) リョウは最高の野球選手のひとりです。

Ryo is（ ア one of the best　 イ best ）baseball players.

☐(3) 彼女はスポーツが好きです。彼もまたスポーツが好きです。

She likes sports. He（ ア also　 イ too ）likes sports.

☐(4) この新しいゲームをやってみたらどうですか。

（ ア How　 イ Why ）don't you play this new game?

2 例にならい，それぞれの絵に合う「～があります」の文を完成させなさい。

テストによく出る！
「～があります」の文
be動詞は続く名詞の数
によって決まる。

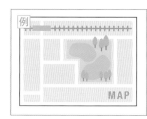 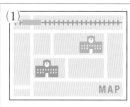 

例 **There is a big park in my town.**

☐(1) There ＿＿＿＿＿＿＿＿ two schools in my town.

☐(2) There ＿＿＿＿＿＿＿＿ a dog house in my house.

3 日本語に合うように，（ ）内の語句を並べかえなさい。

☐(1) その湖はリラックスするための最高の場所のひとつです。

(one of / the lake / places / relax / to / is / the best).

＿＿＿＿＿＿＿＿＿＿＿＿＿＿＿＿＿＿＿＿＿＿＿＿＿＿＿＿.

☐(2) この日本食を試してみたらどうですか。

(don't / this / food / why / you / Japanese / try)?

＿＿＿＿＿＿＿＿＿＿＿＿＿＿＿＿＿＿＿＿＿＿＿＿＿＿＿＿?

☐(3) この問題もまた難しかったです。

(difficult / question / this / also / was).

＿＿＿＿＿＿＿＿＿＿＿＿＿＿＿＿＿＿＿＿＿＿＿＿＿＿＿＿.

☐(4) この公園の近くには大きなプールが1つあります。

(a / there / big / is / near / this / pool) park.

＿＿＿＿＿＿＿＿＿＿＿＿＿＿＿＿＿＿＿＿＿＿＿ park.

ぴたトレ
1
要点チェック

Active Grammar 8

時間 **15**分

解答 p.22

〈新出語・熟語 別冊p.14〉

教科書の
重要ポイント **比較表現**

教科書 p.106

① 2つのものを比べて「…より〜」を表す文

Australia is <u>larger than</u> Japan. 〔オーストラリアは日本より大きいです〕
largeの比較級

Rugby is <u>more popular than</u> soccer in Australia.
popularの比較級

〔オーストラリアではラグビーはサッカーより人気があります〕

Tina runs <u>faster than</u> Eri. 〔ティナはエリよりはやく走ります〕
fastの比較級

② 3つ以上のものを比べて「(…で)いちばん〜」を表す文

Australia is <u>the smallest</u> continent <u>in</u> the world.
smallの最上級 「〜で」

〔オーストラリアは世界でいちばん小さい大陸です〕

Australian football is <u>the most popular</u> sport <u>in</u> Australia.
popularの最上級 「〜で」

〔オーストラリアンフットボールはオーストラリアでいちばん人気のあるスポーツです〕

Hajin runs <u>the fastest</u> <u>of</u> the four. 〔ハジンは4人の中でいちばんはやく走ります〕
fastの最上級 「〜の中で」

③ 2つのものを比べて「…と同じくらい〜」を表す文

Uluru is <u>as tall as</u> Tokyo Tower. 〔ウルルは東京タワーと同じくらい高いです〕
〈as＋原級＋as〉

The Statue of Liberty is <u>not as tall as</u> Tokyo Tower.
〈not as＋原級＋as〉「…ほど〜ではない」

〔自由の女神像は東京タワーほど高くはありません〕

Kota practiced <u>as hard as</u> Hajin. 〔コウタはハジンと同じくらい一生懸命練習しました〕
〈as＋原級＋as〉

＼ナルホド！／

Words & Phrases 次の日本語は英語に，英語は日本語にしなさい。

□(1) island ( ) □(2) 人口 _____

1 日本語に合うように，（　）内から適切なものを選び，記号を○で囲みなさい。

⚠ ミスに注意

最上級の「～（の中）で」を表すinとofの使い分けに注意しよう。

☐(1) ジョンは私たちの中でいちばん早く起きます。

John gets up the earliest（ ア of　イ in ）us all.

☐(2) この質問はあの質問と同じくらいやさしいです。

This question is（ ア as easy as　イ as difficult as ）that one.

☐(3) ミホはケンより人気があります。

Miho is（ ア more popular　イ popular ）than Ken.

2 例にならい，それぞれの絵に合う「…より～」の文を完成させなさい。

注目！

比較級の作り方

語尾に–erをつけるタイプと語の前にmoreをつけるタイプがある。

| 例 | (1) | (2) |
| long | beautiful | トム　tall　アキラ |

例 **My pencil is longer than yours.**

☐(1) This flower is ＿＿＿＿＿＿ ＿＿＿＿＿＿ than that one.

☐(2) Akira is ＿＿＿＿＿＿ ＿＿＿＿＿＿ Tom.

3 日本語に合うように，（　）内の語句を並べかえなさい。

☐(1) これは日本でいちばん高い塔ですか。

Is this (highest / the / in / tower) Japan?

Is this ＿＿＿＿＿＿＿＿＿＿＿＿＿＿＿＿ Japan?

☐(2) このスタジアムはあのスタジアムほど広くありません。

(as / as / stadium / one / not / this / that / is / large).

＿＿＿＿＿＿＿＿＿＿＿＿＿＿＿＿＿＿＿.

☐(3) アメリカ合衆国でいちばん人気のあるスポーツ選手は誰ですか。

(athlete / the / is / popular / who / in / most) the U.S.?

＿＿＿＿＿＿＿＿＿＿＿＿＿＿＿＿ the U.S.?

☐(4) これがすべての情報の中でいちばん重要です。

(all / is / most / this / important / the / of) the information.

＿＿＿＿＿＿＿＿＿＿＿＿＿＿＿＿ the information.

Active Grammar 8

111

① **正しいものを4つの選択肢の中から選びなさい。**

形容詞の長さによって比較級・最上級の表し方は違うね。

☐(1) This box is (　　) as that one.

ア as big　　イ bigger　　ウ biggest　　エ very big

☐(2) My brother is the (　　) in his class.

ア tall　　イ taller　　ウ tallest　　エ very tall

☐(3) I think this is (　　) important thing of all.

ア more　　イ most　　ウ the more　　エ the most

☐(4) This cat is (　　) big as that one.

ア as not　　イ not as　　ウ more　　エ the most

② **日本語に合うように，＿＿に入る適切な語を書きなさい。**

☐(1) この山は富士山よりも高いです。

This mountain is ＿＿＿＿＿＿＿＿ ＿＿＿＿＿＿＿＿ Mt. Fuji.

☐(2) 彼は私よりも興奮していました。

He was ＿＿＿＿＿＿＿＿ ＿＿＿＿＿＿＿＿ than I.

☐(3) 私のクラスでは柔道のほうが剣道よりも人気があります。

Judo is ＿＿＿＿＿＿＿＿ ＿＿＿＿＿＿＿＿ than kendo in my class.

☐(4) これは日本でいちばん有名な歌です。

This is the ＿＿＿＿＿＿＿＿ ＿＿＿＿＿＿＿＿ song in Japan.

③ 書く✎ **次の日本語を英語にしなさい。**

☐(1) あの建物は私たちの学校よりも大きいです。

＿＿＿＿＿＿＿＿＿＿＿＿＿＿＿＿＿＿＿＿＿＿＿＿＿＿＿＿＿＿＿＿＿＿＿

☐(2) この犬はすべての中でいちばん小さいです。

＿＿＿＿＿＿＿＿＿＿＿＿＿＿＿＿＿＿＿＿＿＿＿＿＿＿＿＿＿＿＿＿＿＿＿

☐(3) この写真は5枚の中でいちばん美しいです。

＿＿＿＿＿＿＿＿＿＿＿＿＿＿＿＿＿＿＿＿＿＿＿＿＿＿＿＿＿＿＿＿＿＿＿

☐(4) 私は母ほど忙しくはありません。

＿＿＿＿＿＿＿＿＿＿＿＿＿＿＿＿＿＿＿＿＿＿＿＿＿＿＿＿＿＿＿＿＿＿＿

ヒント　① (3)of allは「すべての中で」という意味。
　　　　③ (4)「～ほど…ない」はnot as ～ as ...で表す。

4 読む 次の英文を読んで，あとの問いに答えなさい。

Today, I want to tell you about my home country, Australia.

It's famous for its natural beauty and unique animals. Where's Australia? Do you know? It's in the southern hemisphere.

Some people say Australia is ①(いちばん大きな島) in the world. Others say it's the smallest continent. ②Australia is larger than Japan, but its population is smaller than Japan's. In fact, Australia's population is about one fifth of Japan's population.

☐(1) 下線部①の（ ）内の日本語を英語にしなさい。

① _____

☐(2) 下線部②の英文を日本語にしなさい。

②(　　　　　　　　　　　　　　　　　　　　　　　　　　　)

☐(3) オーストラリアは何で有名だと言っていますか。2つ日本語で答えなさい。

(　　　　　　　　　　　　)と(　　　　　　　　　　　　)

5 話す 次の文を声に出して読み，問題に答え，答えを声に出して読んでみましょう。

Ms. Bell : Look at this table. It shows the popular sports among junior high school students in Japan.

Sora : Soccer is the most popular among boys. I'm surprised to see that soccer is more popular than baseball.

Aoi : Tennis is the most popular among girls. Many girls belong to the tennis team in our school.

(注)table 表　　among　～の間で　　belong to ～　～に所属して

☐(1) How did Sora feel when he knew the popular sports among boys?

— _____

☐(2) What is the most popular sport among girls?

— _____

ヒント　**4**(1)「いちばん～」は最上級で表せる。
　　　　5(1)to不定詞は「～して…」という意味。

Unit 7 ～ Active Grammar 8

ぴたトレ
3
確認テスト

Unit 7 ～
Active Grammar 8

時間 30分 ／100点　合格 70点　解答 p.23

教科書 pp.95 〜 106

❶ 下線部の発音が同じものには〇を，そうでないものには×を，解答欄に書きなさい。　9点

(1) than
　　earth

(2) whale
　　lake

(3) fact
　　natural

❷ 最も強く発音する部分の記号を解答欄に書きなさい。　9点

(1) pop - u - la - tion
　　ア　イ　ウ　エ

(2) Aus - tra - lian
　　ア　　イ　　ウ

(3) ex - pen - sive
　　ア　　イ　　ウ

❸ 日本語に合うように，＿＿＿に入る適切な語を書きなさい。　15点

(1) あなたの車は彼女のよりも新しいですか。

　　Is your car ＿＿＿＿ ＿＿＿＿ hers?

(2) この動物園でいちばん小さな動物は何ですか。

　　What is ＿＿＿＿ ＿＿＿＿ animal ＿＿＿＿ this zoo?

よく出る (3) あなたにとっていちばんおもしろい教科は何ですか。

　　What is ＿＿＿＿ ＿＿＿＿ ＿＿＿＿ subject for you?

❹ 日本語に合うように，（　）内の語句を並べかえなさい。　15点

(1) この本はあれと同じくらい人気があります。

　　(popular / as / that one / as / this book / is).

(2) この中でいちばん重要な人物はだれですか。

　　Who (the most / man / here / important / is)?

(3) あなたの帽子は私のより高いです。

　　(expensive / mine / your hat / more / than / is).

❺ 読む📖 次のジョンとエリの会話文を読んで，あとの問いに答えなさい。　25点

John :　Eri, which movie do you want to see?

Eri :　Well, which movie is more popular, "Miracle Man" or "YOU"?

John :　I think "YOU" is ①＿（　　）（　　）（　　）"Miracle Man" among girls. Among boys, "Miracle Man" is the most popular. It's a SF movie.

Eri :　I see. I don't like SF movies so much. I like love stories. Is "YOU" a love story?

成績評価の観点　知…言語や文化についての知識・技能　表…外国語表現の能力

John : Yes, but I don't like it.

  Eri : OK, how about ②(watch) "Elephant's Secret"? You like animals!

John : That's right. I think the movie is the most interesting (③) all.

  Eri : Good. I love animals, too.

John : So, let's get the tickets.

(注)among 〜の間で

⑴ 下線部①が「〜より人気がある」という意味になるように，（ ）に適切な語を入れて，文を完成させなさい。

⑵ ②の（ ）内の語を適切な形に変えなさい。

⑶ （ ③ ）に入る最も適切なものを1つ選び，記号を書きなさい。

    ア in　　イ at　　ウ of

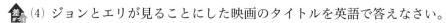 ⑷ ジョンとエリが見ることにした映画のタイトルを英語で答えなさい。

⑥ 書く！ **次のようなとき英語で何と言うか，（ ）内の語数で書きなさい。** 表　　27点

⑴ クラスでいちばん背が高いのは自分だと伝えるとき。（6語）

⑵ 相手よりも自分のほうが速く走れることを伝えるとき。（6語）

⑶ これは世界でいちばん有名な絵だと伝えるとき。（9語）

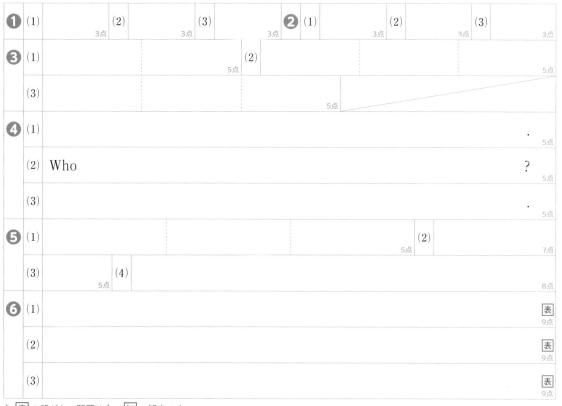

▶ 表 の印がない問題は全て 知 の観点です。

教科書の重要ポイント | **受け身の文** | 教科書 pp.107～109

It's still performed all over the world. 〔それは世界中で今もなお上演されています〕

「～され（てい）ます」は〈be動詞＋動詞の過去分詞〉の形で表す。

▼ 過去分詞は過去形と同じ形になるものと，異なる形になるもの，原形・過去形・過去分詞がすべて同じ形になるものがある。

〈過去形と同じ形〉

原形	過去形	過去分詞	原形	過去形	過去分詞
make	made	made	buy	bought	bought
study	studied	studied	use	used	used

〈過去形と異なる形〉

原形	過去形	過去分詞
write	wrote	written
speak	spoke	spoken

〈原形・過去形・過去分詞が同じ形〉

原形	過去形	過去分詞
cut	cut	cut
put	put	put

The songs were written by Rodgers and Hammerstein.

〔その曲はロジャーズとハマースタインによって書かれました〕

動作をした人やものを示すときは，過去分詞のうしろに〈by ～〉と続ける。

Words & Phrases 次の日本語は英語に，英語は日本語にしなさい。

□(1) Chinese （　　　　　　　　）

□(2) painting （　　　　　　　　）

□(3) song （　　　　　　　　）

□(4) writeの過去分詞 ＿＿＿＿＿＿＿＿

□(5) speakの過去分詞 ＿＿＿＿＿＿＿＿

□(6) buildの過去分詞 ＿＿＿＿＿＿＿＿

1 日本語に合うように，（ ）内から適切なものを選び，記号を○で囲みなさい。

⚠ **ミスに注意**

日本語から，be動詞は現在形か過去形かどちらを使うか見極めよう。

☐(1) この部屋は毎日掃除されます。

　　This room （ ア is cleaned　イ cleans ） every day.

☐(2) この椅子は50年前に作られました。

　　This chair （ ア is　イ was ） made fifty years ago.

☐(3) これらの本は先生によって読まれました。

　　These books （ ア are　イ were ） read by the teacher.

☐(4) この夕食はトムによって作られました。

　　The dinner was made （ ア in　イ by ） Tom.

2 例にならい，それぞれの絵に合う「～され（てい）ます」の文を完成させなさい。

テストによく出る！

「（人）によって」の表し方

「～され（てい）ます」の文で「誰によって」ということをはっきり示したい場合，〈by＋（人）〉で表す。

例	(1)	(2)
send	make	call
マリ	ジェーン	ヨシヒコ

例 **This letter was sent by Mari.**

☐(1) This cake was ＿＿＿＿＿ ＿＿＿＿＿ Jane.

☐(2) Yoshihiko is ＿＿＿＿＿ "Yoshi."

3 日本語に合うように，（ ）内の語句を並べかえなさい。

☐(1) この空港はお父さんによってデザインされました。

　　(designed / airport / this / by / was / my) father.

　　＿＿＿＿＿＿＿＿＿＿＿＿＿＿＿＿＿＿ father.

☐(2) いくつかの英単語が彼の帽子に書かれています。

　　(his / English / are / some / on / words / written / cap).

　　＿＿＿＿＿＿＿＿＿＿＿＿＿＿＿＿＿＿.

☐(3) あなたの家はいつ建てられましたか。

　　(built / was / house / when / your)?

　　＿＿＿＿＿＿＿＿＿＿＿＿＿＿＿＿＿＿?

☐(4) 彼女の本は1,000人を超える人々によって読まれました。

　　(more / books / read / than / her / were / by) 1,000 people.

　　＿＿＿＿＿＿＿＿＿＿＿＿＿＿＿ 1,000 people.

Unit 8

Unit 8 Staging a Musical (Part 2)

| 教科書の重要ポイント | make＋人・もの＋形容詞／call＋人・もの＋名詞 | 教科書 pp.110〜111 |

The stage <u>makes me</u> nervous. 〔舞台は私を緊張させます〕

〈make＋人・もの＋形容詞〉は「(人・もの)を〜にします」という意味を表す。

▼ (人・もの)の場合，代名詞の「〜を[に]」を表す形になる。固有名詞はそのまま入れる。

〜は	〜を[に]
I	me
you	you
he	him
she	her
it	it
we	us
they	them
Tom	Tom

We <u>call our cat</u> Felix. 〔私たちは私たちのネコをフェリックスとよびます〕

〈call＋人・もの＋名詞〉は「(人・もの)を(名詞)とよびます」という意味を表す。

▼ (人・もの)と名詞が同じであることに注意しよう。

We call our cat　Felix.
　　　私たちのネコ＝フェリックス

He calls me Natsu. 〔彼は私をナツとよびます〕
　　　私 ＝ ナツ

| Words & Phrases | 次の日本語は英語に，英語は日本語にしなさい。 |

☐(1) actually 　（　　　　　　　　）　　☐(3) 星 _____

☐(2) performance （　　　　　　　　）　　☐(4) 軽食 _____

1 日本語に合うように，（ ）内から適切なものを選び，記号を〇で囲みなさい。

⚠ ミスに注意

「～を[に]」の形をまちがえないようにしよう。

□(1) 速く走ることは私を疲れさせました。

　　 Running fast made (ア my　イ me) tired.

□(2) 何が彼女をそんなにもうれしくさせるのですか。

　　 What makes (ア her　イ hers) so happy?

□(3) この映画は彼らを興奮させるでしょう。

　　 This movie will make (ア they　イ them) excited.

□(4) 友達は私のことを「ハカセ」とよびます。

　　 My friends (ア are called　イ call) me "Hakase."

2 例にならい，それぞれの絵に合う「（人）を～にします[しました]」の文を完成させなさい。

注目!

感情を表す形容詞
angry「怒った」
excited「興奮して」
glad「うれしく思う」
nervous「緊張して」
surprised「驚いた」

例	(1)	(2)	(3)
happy	smart	surprised	excited

例 **Music makes the boy happy.**

□(1) Reading books ＿＿＿＿＿＿ Yuri ＿＿＿＿＿＿.

□(2) The news ＿＿＿＿＿＿ Takeshi ＿＿＿＿＿＿ then.

□(3) Talking with her friends always ＿＿＿＿＿＿ Cathy

　　 ＿＿＿＿＿＿.

3 日本語に合うように，（ ）内の語句を並べかえなさい。

□(1) その手紙はお母さんを悲しくさせました。

　　(letter / my mother / sad / the / made).

　　＿＿＿＿＿＿＿＿＿＿＿＿＿＿＿＿＿＿＿＿.

□(2) あなたはこの男性をなんとよびますか。

　　(call / what / this / do / man / you)?

　　＿＿＿＿＿＿＿＿＿＿＿＿＿＿＿＿＿＿＿＿?

□(3) 彼らはニューヨークを「ビッグアップル」とよびます。

　　(the "Big Apple" / call / New York / they).

　　＿＿＿＿＿＿＿＿＿＿＿＿＿＿＿＿＿＿＿＿.

□(4) 数学を勉強することは私を疲れさせます。

　　(math / tired / me / makes / studying).

　　＿＿＿＿＿＿＿＿＿＿＿＿＿＿＿＿＿＿＿＿.

Unit 8

ぴたトレ
1
要点チェック

Unit 8 Staging a Musical (Part 3)

時間 **15**分

解答 p.25

〈新出語・熟語 別冊p.15〉

教科書の
重要ポイント **want＋人＋不定詞**   教科書 pp.112〜113

She wants us to do our best. 〔彼女は私たちに全力を尽くしてほしいと思っています〕

「(人)に〜してほしい」は〈want＋(人)＋不定詞〉の形で表す。

▼ 〈want＋(人)＋不定詞〉の(人)と不定詞には,〈主語＋動詞〉の関係がある。

・〈want＋不定詞〉の場合→ I want to play the guitar. 〔私はギターをひきたいです〕
　　playという行為をするのは主語のI

・〈want＋(人)＋不定詞〉の場合→ I want him to play the guitar.
　　　　　　　playという行為をするのは(人)のhim　　〔私は彼にギターをひいてほしいです〕

▼ want以外にも同じ形で文を作れる動詞がある。

ask	I always ask Mika to play with me.
	〔私はいつもミカにいっしょに遊んでくださいと頼みます〕
	My father asked me to cook dinner.
	〔私の父は私に夕食を作るよう頼みました〕
tell	I will tell Mari to play the piano.
	〔私はマリにピアノをひくように言うでしょう〕
	Our teacher told us to be quiet.
	〔私たちの先生は私たちに静かにするよう言いました〕

ナルホド!

Words & Phrases 次の日本語は英語に,英語は日本語にしなさい。

□(1) blow 　　　（　　　　　　　）

□(2) magic tricks （　　　　　　　）

□(3) trumpet 　　（　　　　　　　）

□(4) instrument （　　　　　　　）

□(5) カメラ 　　　_____

□(6) blowの過去形 _____

□(7) みんな 　　　_____

□(8) 左右に 　　　_____

1 日本語に合うように，（　）内から適切なものを選び，記号を〇で囲みなさい。

テストによく出る!

wantの3つの形
〈want＋(もの)〉
「(もの)がほしい」
〈want＋不定詞〉
「〜したい」
〈want＋人＋不定詞〉
「(人)に〜してほしい」

☐(1) 私は姉に歌手になってもらいたいです。

I（ア want my sister to　イ want me my sister ）be a singer.

☐(2) あなたは彼らを手伝いたいですか。

Do you（ア want to help　イ want help ）them?

☐(3) エミはジョンに5分待ってくださいと頼みました。

Emi（ア asks　イ asked ）John to wait for five minutes.

☐(4) 父は私に早く家に帰るように言いました。

My father told me（ア to come　イ come ）home early.

2 例にならい，それぞれの絵に合う「(人)に〜してほしい」の文を完成させなさい。

例	(1)	(2)
play	visit	eat

例 **I want Ken to play the drums.**

☐(1) Mari ＿＿＿＿＿＿＿ Keiko to ＿＿＿＿＿＿＿ that temple.

☐(2) We ＿＿＿＿＿＿＿ John to ＿＿＿＿＿＿＿ *natto.*

3 日本語に合うように，（　）内の語句を並べかえなさい。

⚠ミスに注意

(3)「元気になる」のまとまりに注意！

☐(1) 私は彼にこのかばんを運んでほしいです。

(want / bring / to / him / this bag / I).

＿＿＿＿＿＿＿＿＿＿＿＿＿＿＿＿＿＿＿＿＿＿＿.

☐(2) 彼は彼女に電話をしてほしかったのです。

(her / he / wanted / call / to / him).

＿＿＿＿＿＿＿＿＿＿＿＿＿＿＿＿＿＿＿＿＿＿＿.

☐(3) ミカは私たちに元気になってくださいと頼みました。

(to / cheer / up / us / Mika / asked).

＿＿＿＿＿＿＿＿＿＿＿＿＿＿＿＿＿＿＿＿＿＿＿.

☐(4) あなたのお母さんはあなたに朝食を食べるよう言いました。

(you / your mother / eat / told / to / breakfast).

＿＿＿＿＿＿＿＿＿＿＿＿＿＿＿＿＿＿＿＿＿＿＿.

Unit 8

ぴたトレ 1
要点チェック

Unit 8 Goal ～
Active Grammar 9

時間 **15**分

解答 p.25

〈新出語・熟語 別冊p.15〉

教科書の重要ポイント 「私のお気に入りを紹介しよう」／受け身の文 教科書 pp.114～116

① 「～され（てい）ます」を表す文

This song <u>was written</u> in the 1980s. 〔この歌は1980年代に書かれました〕
〈be動詞＋過去分詞〉

▼ 動作をした人やものを示すときは，過去分詞の後ろにby ～と続ける。

The car was broken by my father. 〔車は父によって壊されました〕

② 「～され（てい）ますか」を表す文

<u>Was</u> that song <u>written</u> in the 1980s? 〔あの歌は1980年代に書かれましたか〕
be動詞　　　　　　　過去分詞

— Yes, it was. / No, it wasn't. 〔はい，書かれました。／いいえ，書かれていません〕

③ 「～され（てい）ません」を表す文

It <u>was</u>　<u>not written</u> in the 1980s. 〔それは1980年代に書かれませんでした〕
〈be動詞＋not＋過去分詞〉

▼ さまざまな過去分詞

原形	過去分詞	原形	過去分詞
see	seen	sell	sold
play	played	clean	cleaned
read	read	build	built
buy	bought	make	made
do	done	take	taken
go	gone	write	written

ナルホド！

Words & Phrases 次の日本語は英語に，英語は日本語にしなさい。

☐(1) trust （　　　　　　　　）

☐(2) totally （　　　　　　　　）

☐(3) role （　　　　　　　　）

☐(4) 孤独な ＿＿＿＿＿＿＿＿＿

☐(5) お互い ＿＿＿＿＿＿＿＿＿

☐(6) 魔女 ＿＿＿＿＿＿＿＿＿

1 日本語に合うように，（ ）内から適切なものを選び，記号を〇で囲みなさい。

⚠ ミスに注意

(1)「建てる」の過去分詞は過去形と同じ形だよ。

☐(1) 私たちの学校は50年前に建てられました。

Our school was （ ア build イ built ）fifty years ago.

☐(2) これらの箱は子供たちによって開けられました。

These boxes （ ア was opened イ were opened ）by children.

☐(3) この教科書はあなたの学校で使われていますか。

（ ア Is イ Was ）this textbook used in your school?

☐(4) ((3)に答えて)はい，使われています。

Yes, it （ ア is イ does ）.

2 例にならい，それぞれの絵に合う「～されました」の文を完成させなさい。

テストによく出る!

過去分詞の形
過去形と同じものと異なるものがある。

例 ジュディー clean	(1) アキラ play	(2) キャシー close

例 **This room was cleaned by Judy.**

☐(1) The drums are _____ _____ Akira.

☐(2) These windows were _____ _____ Cathy.

3 日本語に合うように，（ ）内の語句を並べかえなさい。

☐(1) 1台の大きなピアノがマユミによって買われました。

（ was / big / a / by / bought / piano ）Mayumi.

_____ Mayumi.

☐(2) 英語は日本で話されていますか。

（ spoken / is / in / English ）Japan?

_____ Japan?

☐(3) あの本はこの本屋では売られていませんでした。

（ was / book / sold / that / this / not / in ）bookstore.

_____ bookstore.

☐(4) この歌手はたくさんの人々によって愛されています。

This （ people / is / by / of / loved / a / singer / lot ）.

This _____ .

Unit 8 ~ Active Grammar 9

受け身の文は動作をした人が誰か明記されていないこともあるよ。

1 正しいものを4つの選択肢の中から選びなさい。

☐(1) This singer (　　) all over the world.

ア love　　イ loves　　ウ is loving　　エ is loved

☐(2) The news made (　　) happy.

ア he　　イ his　　ウ him　　エ they

☐(3) I want (　　) to play the piano.

ア she　　イ her　　ウ hers　　エ your

☐(4) This book was written (　　) Natsume Soseki.

ア of　　イ in　　ウ by　　エ at

2 日本語に合うように，＿＿＿に入る適切な語を書きなさい。

☐(1) このお寺はいつ建てられましたか。

When ＿＿＿＿＿＿＿＿ this temple ＿＿＿＿＿＿＿＿＿？

☐(2) この試合は私たちを興奮させました。

The game made ＿＿＿＿＿＿＿＿ ＿＿＿＿＿＿＿＿.

☐(3) 私はあなたにこの歌を歌ってほしいです。

I want ＿＿＿＿＿＿＿＿ ＿＿＿＿＿＿＿＿ sing this song.

☐(4) この食べ物を英語で何と呼びますか。

What do you ＿＿＿＿＿＿＿＿ this food in ＿＿＿＿＿＿＿＿？

3 書く♪ 次の日本語を英語にしなさい。

☐(1) この手紙はリカ(Rika)によって書かれました。

☐(2) 私の祖母は私のことを「あーちゃん(A-chan)」と呼びます。

☐(3) あなたは彼らにあなたの舞台に参加してほしいですか。

☐(4) 佐藤先生(Mr. Sato)は私たちに体育館へ行くように言いました。

④ 読む📖 **次の会話文を読んで，あとの問いに答えなさい。**

> *Tina :* Kota, Hajin, can you help us? We need more people.
>
> *Hajin :* I'm an athlete. I don't know anything about acting or dancing. Actually,
> ①(舞台はぼくを緊張させるんだ)!
>
> *Eri :* Don't worry. We can practice together.
>
> *Tina :* Kota, can you play the trumpet and dance on the stage?
>
> *Kota :* Well, I can try.
>
> *Tina :* Yes, let's try it. ②(exciting / it'll / performance / make / our / more)!

☐(1) 下線部①の(　)内の日本語を5語の英語にしなさい。

　　　①＿＿＿＿＿＿　＿＿＿＿＿＿　＿＿＿＿＿＿　＿＿＿＿＿＿　＿＿＿＿＿＿

☐(2) 下線部②の(　)内の語を正しく並べかえなさい。

　　　②＿＿＿＿＿＿＿＿＿＿＿＿＿＿＿＿＿＿＿＿＿＿＿＿＿＿＿＿＿＿＿＿＿!

☐(3) ハジンは何について何も知らないと言っていますか。2つ日本語で答えなさい。

　　　(　　　　　　　　　　　)と(　　　　　　　　　　　)

⑤ 話す🔊 **次の文を声に出して読み，問題に答え，答えを声に出して読んでみましょう。**

> *Interviewer :* First of all, why did you choose your work?
>
> *Dr. Takita :* I fell in love with wild animals in Africa. At first, I started as a
> volunteer. Then I joined a team of vets to save wild animals.
>
> *Interviewer :* What's happening in Maasai Mara?
>
> *Dr. Takita :* Elephants are killed for ivory. Poachers know ivory is sold at a
> high price.

(注)interviewer　インタビューする人　　Dr. Takita　滝田明日香さん(獣医師)
fall in love with　大好きになる　　wild　野生の　　save　救う　　Maasai Mara　マサイマラ国立保護区
kill　殺す　　ivory　象牙　　poacher　密猟者　　sold　sellの過去分詞

☐(1) Why did Dr. Takita join a team of vets?

　　　—＿＿＿＿＿＿＿＿＿＿＿＿＿＿＿＿＿＿＿＿＿＿＿＿＿＿＿＿＿＿＿＿＿

☐(2) Why do poachers kill elephants?

　　　—＿＿＿＿＿＿＿＿＿＿＿＿＿＿＿＿＿＿＿＿＿＿＿＿＿＿＿＿＿＿＿＿＿

ヒント　④(1)「(人)を～にする」はmake＋(人)＋形容詞の形で表せる。
　　　　⑤(2)密猟者にとって象は何が魅力だったのか考えよう。

ぴたトレ
3
確認テスト

Unit 8 ～
Active Grammar 9

時間 30分 /100点　合格 70点　解答 p.27

教科書 pp.107 ～ 116

❶ 下線部の発音が同じものには〇を，そうでないものには×を，解答欄に書きなさい。　9点

(1) scr**ea**m
sc**e**ne

(2) **a**ct
sn**a**ck

(3) r**o**le
c**oa**st

❷ 最も強く発音する部分の記号を解答欄に書きなさい。　9点

(1) ev - ery - body
　ア　　イ　　ウ

(2) per - form - ance
　ア　　イ　　ウ

(3) Chi - nese
　ア　　イ

❸ 日本語に合うように，＿＿に入る適切な語を書きなさい。　18点

(1) この建物はメアリーによって建てられたのですか。

_____ this building _____ _____ Mary?

(2) これらの魚は私の兄によって捕まえられました。

These fish were _____ _____ my brother.

(よく出る) (3) 私たちは彼に一緒にバスケットボールをしてほしいと頼みました。

We _____ _____ _____ play basketball together.

❹ 日本語に合うように，（　）内の語句を並べかえなさい。　12点

(1) これらの写真はどこで撮られましたか。

(pictures / where / were / these / taken)?

(2) この食べ物は英語で「フィッシュアンドチップス」と呼びます。

We ("fish and chips" / this food / call / English / in).

❺ 読む📖 次の英文を読んで，あとの問いに答えなさい。　25点

　　There are five members in Kenji's family: his parents, his sister Saori, Kenji, and their pet cat Tama.　They named him Tama because of his spots.　①Tama (　) (　) (　) Saori under a bridge three years ago.　Then she took Tama to her house.　But now Saori is a junior high school student, so she is very busy. She has club activities from Monday to Saturday.　So, Tama often plays with Kenji. Kenji is seven years old, and he comes back from school earlier than Saori. When Kenji gets home, he always takes care of Tama.　They play with a ball. Kenji throws the ball and Tama tries to catch it.　They enjoy playing this game.

成績評価の観点　知…言語や文化についての知識・技能　表…外国語表現の能力

They are like real brothers. ②<u>Tama always makes Kenji happy.</u> Kenji ③(want) to be with Tama as long as possible.

(注)name 名づける　　spot ぶち　　bridge 橋　　throw 投げる　　as long as possible できるだけ長く

(1) 下線部①が「タマはサオリによって見つけられました」という意味になるように，（　）に入る適切な語を書きなさい。

(2) 下線部②の意味を日本語で書きなさい。

(3) ③の（　）内の語を適切な形にしなさい。

(4) 本文の内容に合うものを１つ選び，記号を書きなさい。

　　ア　サオリはケンジより年下だ。　　　イ　サオリの部活動は土曜日にはない。
　　ウ　ケンジは中学生だ。　　　　　　　エ　ケンジとタマはボール遊びを楽しむ。

⑥ 書く✏ 次のようなとき英語で何と言うか，（　）内の語数で書きなさい。 表　　27点

(1) 相手が日本に来ることを望むとき。（7語）

(2) 目の前にいる鳥の英語での呼び名をたずねるとき。（8語）

(3) このかばんは自分の母によって作られたと伝えるとき。（7語）

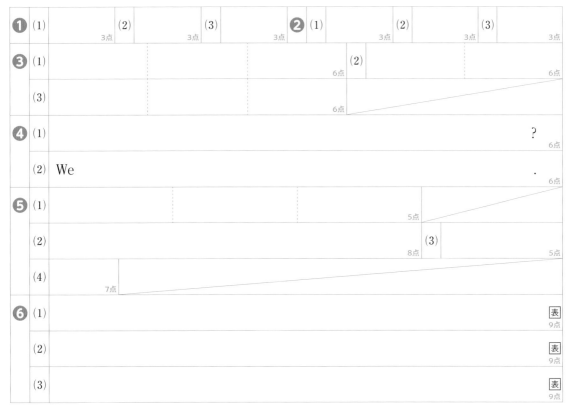

❶ (1)〔3点〕 (2)〔3点〕 (3)〔3点〕 ❷ (1) (2)〔3点〕 (3)〔3点〕〔3点〕

❸ (1)〔6点〕 (2)〔6点〕

(3)〔6点〕

❹ (1) ?〔6点〕

(2) We .〔6点〕

❺ (1)〔5点〕

(2)〔8点〕 (3)〔5点〕

(4)〔7点〕

❻ (1) 表〔9点〕

(2) 表〔9点〕

(3) 表〔9点〕

▶ 表 の印がない問題は全て 知 の観点です。

ぴたトレ
1
要点チェック

Let's Read 3

時間 **15**分
解答 p.27

〈新出語・熟語 別冊p.15〉

教科書の
重要ポイント
理由を表す表現
教科書 pp.120～123

That's why emojis are convenient for everyone.

〔それが絵文字がみんなに便利である理由です〕

That's why ～.で「それが～の理由です」という意味を表す！

▼ ほかにも理由を表す表現を確認しよう。

・<u>Because</u> it is convenient. 〔なぜならそれは便利だからです〕

・<u>To</u> use it. 〔それを使うためです〕

Words & Phrases 次の日本語は英語に，英語は日本語にしなさい。

☐(1) invent （　　　　　　　　） ☐(5) 辞書，辞典 ＿＿＿＿＿＿＿

☐(2) cellphone （　　　　　　　　） ☐(6) chooseの過去形 ＿＿＿＿＿＿＿

☐(3) expression （　　　　　　　　） ☐(7) 喜び，うれしさ ＿＿＿＿＿＿＿

☐(4) firstly （　　　　　　　　） ☐(8) 涙 ＿＿＿＿＿＿＿

1 日本語に合うように，（　）内から適切なものを選び，記号を○で囲みなさい。

☐(1) それが私たちがここに住む理由です。

That's（ ア why　イ what ）we live here.

☐(2) なぜなら私は音楽が好きだからです。

（ ア If　イ Because ）I like music.

2 日本語に合うように，（　）内の語句を並べかえなさい。

☐(1) それが彼が彼女と結婚したい理由です。

(wants / marry / to / her / he / why / that's).

＿＿＿＿＿＿＿＿＿＿＿＿＿＿＿＿＿＿＿.

☐(2) 友達に会うためです。

(my / to / friend / meet).

＿＿＿＿＿＿＿＿＿＿＿＿＿＿＿＿＿＿＿.

Let's Read 3

教科書の重要ポイント	接続詞as	教科書 pp.120〜123

Is it the same way <u>as</u> Japanese people do it? 〔それは日本人がするのと同じ方法ですか〕

接続詞asは「〜するように」という意味を表す！

Is it the same way   **as**   Japanese people do it?
「それは同じ方法ですか」   「〜するように」   「日本人がする」

▼ 文頭に置くこともできる！

As you know, she practices the violin very hard.
〔あなたが知っているように，彼女はバイオリンをとても一生懸命練習します〕

\ナルホド!/

Words & Phrases 次の日本語は英語に，英語は日本語にしなさい。

☐(1) pray （   ）   ☐(4) 会話 ＿＿＿＿＿＿＿

☐(2) positive （   ）   ☐(5) 違い，相違 ＿＿＿＿＿＿＿

☐(3) negative （   ）   ☐(6) 意味 ＿＿＿＿＿＿＿

1 日本語に合うように，（ ）内から適切なものを選び，記号を〇で囲みなさい。

☐(1) あなたは私が言うようにするべきです。

You should do (ア as イ when) I tell you.

☐(2) ご覧のとおり，ここにはたくさんの絵画があります。

(ア If イ As) you can see, there are many pictures.

2 日本語に合うように，（ ）内の語句を並べかえなさい。

☐(1) あなたが知っているように，京都は古い寺で有名です。

(Kyoto / famous / temples / , / you / know / is / for / as / old).

＿＿＿＿＿＿＿＿＿＿＿＿＿＿＿＿＿＿＿＿＿.

☐(2) お母さんがするように部屋を掃除しなければいけません。

(must / as / clean / does / you / your mother / your room).

＿＿＿＿＿＿＿＿＿＿＿＿＿＿＿＿＿＿＿＿＿.

ぴたトレ
1
要点チェック

Let's Read 3

時間 **15分**
解答 p.28

〈新出語・熟語 別冊p.15〉

教科書の
重要ポイント | 「～と…のどちらも」という表現 | 教科書 pp.120～123

It has a positive meaning in Japan, but in the United States, it has both positive and negative meanings.

〔日本ではよい意味がありますが，アメリカ合衆国では，それはよい意味と悪い意味のどちらもあります〕

〈both ～ and ...〉で「～と…のどちらも」という意味を表す！

It has <u>both</u> positive <u>and</u> negative meanings.
　　　　　「～よい意味と悪い意味のどちらも」

Words & Phrases 次の日本語は英語に，英語は日本語にしなさい。

☐(1) secondly (　　　　　　　)　　☐(4) 意味する ＿＿＿＿＿＿

☐(2) reflect (　　　　　　　)　　☐(5) 便利な，都合のよい，手ごろな ＿＿＿＿＿＿

☐(3) wedding (　　　　　　　)　　☐(6) スペイン ＿＿＿＿＿＿

1 日本語に合うように，（　）内から適切なものを選び，記号を○で囲みなさい。

☐(1) 私は肉と魚のどちらも好きです。

I like both meat (ア and　イ too) fish.

☐(2) カナもミキも私の友達です。

(ア Both　イ Each) Kana and Miki are my friends.

2 日本語に合うように，（　）内の語句を並べかえなさい。

☐(1) 佐藤先生は英語と日本語のどちらも話せます。

(English / Japanese / speak / Mr. Sato / can / both / and).

＿＿＿＿＿＿＿＿＿＿＿＿＿＿＿＿＿＿＿＿．

☐(2) 私は赤と青のどちらも好きです。

(like / blue / red / both / I / and).

＿＿＿＿＿＿＿＿＿＿＿＿＿＿＿＿＿＿＿＿．

〈新出語・熟語 別冊p.15〉

> 教科書の重要ポイント **助動詞 may** 教科書 pp.120～123

You have to be careful of these differences because they <u>may</u> cause problems.

〔それらは問題の原因となるかもしれないので、あなたはこれらの違いに気をつける必要があります〕

助動詞mayは「〜かもしれない」という意味を表す！
物事の可能性について「〜かもしれない」というときに使われる。

・He may come.　〔彼は来るかもしれない〕

・He may not come.　〔彼は来ないかもしれない〕

Words & Phrases 次の日本語は英語に，英語は日本語にしなさい。

☐(1) French　　(　　　　　)　　　☐(5) よく，たびたび　＿＿＿＿＿＿

☐(2) male　　　(　　　　　)　　　☐(6) 下の[に・へ・を]　＿＿＿＿＿＿

☐(3) clothing　(　　　　　)　　　☐(7) 時計　＿＿＿＿＿＿

☐(4) misunderstand (　　　　)　　☐(8) 生まれる　＿＿＿＿＿＿

1 日本語に合うように，（　）内から適切なものを選び，記号を○で囲みなさい。

☐(1) 今日は雪が降るかもしれません。

It (ア may　イ is) snow today.

☐(2) その話は本当かもしれません。

The story (ア may　イ will) be true.

2 日本語に合うように，（　）内の語句を並べかえなさい。

☐(1) 明日の試合は遅れるかもしれません。

(may / tomorrow's game / late / be).

＿＿＿＿＿＿＿＿＿＿＿＿＿＿＿＿＿＿＿＿.

☐(2) 彼女はトムのことを好きかもしれません。

(Tom / she / like / may).

＿＿＿＿＿＿＿＿＿＿＿＿＿＿＿＿＿＿＿＿.

ぴたトレ
1
要点チェック

World Tour 3 ～
You Can Do It! 3

時間
15分

解答
p.28

〈新出語・熟語 別冊p.15〉

教科書の重要ポイント | 世界遺産めぐり・日本のおもしろいものを紹介しよう | 教科書 pp.124～127

① 「もし～なら…すべきだ」を表す表現

If you come to Italy, you should visit the Vatican City.

〔もしイタリアに来たら，バチカン市国を訪れるべきです〕

② 「もし～なら…でしょう」を表す表現

If you are lucky, you will see rainbows over the falls.

〔もしあなたの運がよければ，滝の上に虹が見えるでしょう〕

③ 「～に位置している」を表す表現

It is located 2,430 meters above sea level. 〔それは海抜2,430メートルに位置しています〕

④ 「～された」を表す表現

It was built to protect the north of Chinese empire from enemy attack.

〔それは中国王朝の北側を敵の攻撃から守るために建てられました〕

⑤ 「～で有名だ」を表す表現

It's famous for its hot springs. 〔それはその温泉で有名です〕

⑥ 「～で作られている」を表す表現

It is made from a kind of potato. 〔それはいもの一種で作られています〕

This desk is made of wood. 〔この机は木で作られています〕

材料が本質的に変化しない場合はbe made of ～を使う

Words & Phrases 次の日本語は英語に，英語は日本語にしなさい。

□(1) Austria （　　　　　　　　　）

□(2) national （　　　　　　　　　）

□(3) wall （　　　　　　　　　）

□(4) be located （　　　　　　　　　）

□(5) インドネシア ＿＿＿＿＿＿＿＿

□(6) 滝 ＿＿＿＿＿＿＿＿

□(7) 国 ＿＿＿＿＿＿＿＿

□(8) 温泉 ＿＿＿＿＿＿＿＿

1 日本語に合うように，（ ）内から適切なものを選び，記号を〇で囲みなさい。

☐(1) もしあなたが日本に来たら富士山を見るべきです。

If you come to Japan, you（ ア will　イ should ）see Mt. Fuji.

☐(2) カナダはその自然で有名です。

Canada is famous（ ア at　イ for ）its nature.

☐(3) もしあなたの運がよければ，たくさんの星を見るでしょう。

If you're lucky, you（ ア will　イ may ）see many stars.

☐(4) そのホテルは湖のそばに位置しています。

The hotel is（ ア located　イ place ）by the lake.

2 例にならい，それぞれの絵に合う「～された」の文を完成させなさい。

テストによく出る!
「～された」の文
be動詞の過去形＋過去
分詞で表す。

例	(1)	(2)
build ／ 20年	paint	write

例 **This house was built twenty years ago.**

☐(1) This picture was ＿＿＿＿＿＿ by this girl.

☐(2) This book was ＿＿＿＿＿ by this man.

3 日本語に合うように，（ ）内の語句を並べかえなさい。

☐(1) チーズは牛乳から作られています。

(made / cheese / from / milk / is).

_____.

☐(2) もしフランスに来たら，チョコレートを食べるべきです。

(France / chocolate / come / eat / if / should / you / you / to).

_____.

☐(3) その像は丘の上に位置しています。

(statue / hill / on / the / the / located / is).

_____.

☐(4) イタリアはおいしい食事で有名です。

(Italy / food / famous / delicious / is / its / for).

_____.

① 正しいものを4つの選択肢の中から選びなさい。

□(1) Let's do that (　　) our teacher does.

　　ア in　　イ as　　ウ of　　エ for

□(2) Ice cream is made (　　) milk.

　　ア in　　イ at　　ウ of　　エ from

□(3) France is famous (　　) its art.

　　ア for　　イ to　　ウ in　　エ on

□(4) Tokyo Sky Tree was (　　) in 2012.

　　ア build　　イ built　　ウ to build　　エ building

文全体の意味がどうなるかを確かめてから，答えよう。

② 日本語に合うように，＿＿＿に入る適切な語を書きなさい。

□(1) 私の兄はサッカーも野球も上手です。

　　My brother is good at ＿＿＿＿＿＿ soccer ＿＿＿＿＿＿ baseball.

□(2) トムはこのイベントに来るかもしれません。

　　Tom ＿＿＿＿＿＿ ＿＿＿＿＿＿ to this event.

□(3) もし私たちの町に来たら，水族館を訪れるべきです。

　　If you come to our town, you ＿＿＿＿＿＿ ＿＿＿＿＿＿ the aquarium.

□(4) 私の父はアメリカで生まれました。

　　My father ＿＿＿＿＿＿ ＿＿＿＿＿＿ in the United States.

③ 次の日本語を英語にしなさい。

□(1) その博物館は市の南部に位置しています。

＿＿＿＿＿＿＿＿＿＿＿＿＿＿＿＿＿＿＿＿＿＿＿＿＿＿＿

□(2) 今夜は雨が降るかもしれません。

＿＿＿＿＿＿＿＿＿＿＿＿＿＿＿＿＿＿＿＿＿＿＿＿＿＿＿

□(3) もしあなたの運がよければ，たくさんの動物を見られます。

＿＿＿＿＿＿＿＿＿＿＿＿＿＿＿＿＿＿＿＿＿＿＿＿＿＿＿

ヒント　② (2)「〜かもしれない」は助動詞mayで表す。
　　　　③ (1)「位置する」は be located で表す。

4 読む 次の英文を読んで，あとの問いに答えなさい。

We like emojis because they show our feelings. In conversation, we can use facial expression and tone of voice. But showing our feelings in text is sometimes difficult. ①(それが～の理由です) emojis are convenient for everyone. ②They (are / lots of / in / used / world / the / by / people) in various situations. There are over 1,800 different emojis, for example, faces, animals, foods, and weather.

By the way, ③how do people in other countries use emojis? Is it the same way as Japanese people do it? The answer is no. There are some differences. What kind of differences are there?

☐(1) 下線部①の( )内の日本語を英語にしなさい。

①_____

☐(2) 下線部②の( )内の語を正しい英文になるように並べかえなさい。

② They _____ in various situations.

☐(3) 下線部③の英文の日本語訳を完成させなさい。

他の国の人々は(   )。

5 読む 次の英文を読んで，あとの問いに答えなさい。

Do you like to use emojis? Emojis were invented in Japan in 1999. They were inspired by Japanese manga and pictograms, and they were made for Japanese cellphones. Now, emojis are popular all over the world. Everyone knows the word "emoji."

☐(1) When and where were emojis invented?

— _____

☐(2) What inspired emojis?

— _____

ヒント 4 (2)〈be動詞＋過去分詞＋by ～〉の受け身の文の形にしよう。

\\ 定期テスト //

テスト前に
役立つ!

予想問題

テスト前に解いて,
わからない問題や
まちがえた問題は,
もう一度確認して
おこう!

チェック!

● テスト本番を意識し,時間を計って解きましょう。

● 取り組んだあとは,必ず答え合わせを行い,まちがえたところを復習しましょう。

● 観点別評価を活用して,自分の苦手なところを確認しましょう。

教科書の単元	本書のページ	教科書のページ
予想問題 1　Unit 1 ～ Daily Life 1	▶ pp.138 ～ 139	pp.9 ～ 29
予想問題 2　Unit 3 ～ Active Grammar 3	▶ pp.140 ～ 141	pp.31 ～ 40
予想問題 3　Unit 4 ～ Active Grammar 5	▶ pp.142 ～ 143	pp.51 ～ 74
予想問題 4　Unit 6 ～ You Can Do It! 2	▶ pp.144 ～ 145	pp.75 ～ 93
予想問題 5　Unit 7 ～ You Can Do It! 3	▶ pp.146 ～ 147	pp.95 ～ 127

リスニングテスト

アプリを使って,リスニング問題を解きましょう。

▶ pp.148 ～ 157
全10回

英作文にチャレンジ!

英作文問題に挑戦してみましょう。

▶ pp.158 ～ 160

英作文ができたら
パーフェクトだね!

❶ 読む📖 次の問題を読んで，質問に答えなさい。　　30点

> Hi, I'm Yusuke. I enjoyed our school trip last year. It was my first trip to Kyoto.
>
> On the first day, we ①(go) to Kiyomizu-Temple. It's a popular place, so many people were there. We ate *wagashi* near the temple. It was sweet and delicious. ②When we were eating *yokan*, we saw a little foreign girl. She was crying. I said to her, "What's wrong? Where is your parents?" She said, "I don't know." ③(help / we / her / to / wanted). We looked for her parents for about thirty minutes. At last, there they were! They were also looking for her. We were relieved and went to the hotel. When we went to the restaurant in the hotel, the family was there. We were so surprised. Her mother talked to our teacher, "Your students are very kind." We were shy but ④very happy.
>
> (注)Kiyomizu-Temple 清水寺　　sweet 甘い　　yokan 羊羹　　foreign 外国の　　cry 泣く
> 　　at last ついに　　there they were そこに彼らはいた　　relieved 安心した　　hotel ホテル

(1) 下線部①について，(go)を適切な形に直しなさい。

(2) 下線部②を訳しなさい。

(3) 下線部③が意味の通る英文になるように，( )内の語を並べかえなさい。

(4) 下線部④のようにユウスケたちが感じたのはなぜですか。日本語で書きなさい。

(5) ユウスケが修学旅行でしたことの順にア～エを並べて，記号を書きなさい。
　　ア 羊羹を食べた。　　　イ 迷子の女の子の両親を見つけた。
　　ウ 清水寺へ行った。　　エ 夕食を食べた。

❷ 次の文の( )内の語を適切な形にしなさい。　　20点

(1) John was (take) a bath then.

(2) I (get) up at five yesterday.

(3) Did you enjoy (walk) in New York?

(4) I want (go) to Canada.

❸ 日本語に合うように，＿＿＿に適切な語を書きなさい。　　18点

(1) 彼女は将来，医者になりたいです。
　　She ＿＿＿ ＿＿＿ ＿＿＿ a doctor in the future.

(2) メアリーは日本の本を読むのが好きです。
　　Mary likes ＿＿＿ ＿＿＿ ＿＿＿.

成績評価の観点　知…言語や文化についての知識・技能　表…外国語表現の能力

(3) 私が料理をしていたとき，トム(Tom)が家に帰ってきました。

_____ _____ was cooking, _____ came home.

❹ 次の語句を並べかえて，文を完成させなさい。

(1) 私があなたをよんだとき，あなたは何をしていましたか。

(called / you / doing / what / when / I / were) you?

(2) あなたは彼が東京での暮らしを楽しんでいると思いますか。

(in / he / do / enjoys / think / living / you) Tokyo?

❺ 書く✎ 次のようなとき英語で何と言うか，（ ）内の指示にしたがって書きなさい。

表 18点

(1) トム(Tom)が昨年，10歳だったと伝えるとき。（7語で）
(2) 自分がテニスをすることが好きだと伝えるとき。（動名詞を使って4語で）

❶	(1)			4点		
	(2)					6点
	(3)					6点
	(4)					7点
	(5)	→	→	→		7点
❷	(1)		5点	(2)		5点
	(3)		5点	(4)		5点
❸	(1)					6点
	(2)					6点
	(3)					6点
❹	(1)			you?		7点
	(2)			Tokyo?		7点
❺	(1)					表 9点
	(2)					表 9点

▶ 表 の印がない問題は全て 知 の観点です。

❶ 　　/30点　❷ 　　/20点　❸ 　　/18点　❹ 　　/14点　❺ 　　/18点

Unit 3 ～ Active Grammar 3

時間
30
分 ／100点
合格
70
点
解答
p.30

① 読む📖 次の問題を読んで，質問に答えなさい。　　　　　　　　　21点

> *Saki :* Hi, Tom. Are you free next Saturday?
> *Tom :* Hi, Saki. Yes, I'll be free. Why?
> *Saki :* Our baseball team is going to have a match with Higashi junior high school. (　①　) don't you go with me?
> *Tom :* Sounds fun! I'd love to. ②What time will it begin?
> *Saki :* At ten. I think it will end till noon.
> *Tom :* Good. Where and what time will we meet?
> *Saki :* How about nine forty-five in front of the ABC park? They are going to play the match at the ground in that park.
> *Tom :* I see. Will they play games ③(rains / if / it)?
> *Saki :* No. If they don't play the match, I'll tell you before you leave home.
> *Tom :* Thank you. Anyway, I believe that the weather will be fine.
>
> (注)match 試合　I'd love to. 喜んで。　end 終わる　till ～までに　ground グラウンド
> anyway どっちにしろ

(1) (　①　)に入る最も適切なものを下のア～エから１つ選び，その記号を書きなさい。

　　ア What　　イ Why　　ウ How　　エ When

(2) 下線部②を訳しなさい。

(3) 下線部③が意味の通る英文になるように(　)内の語を並べかえなさい。

(4) サキとトムはいつ，どこで待ち合わせをしますか。空欄に適切な数字と日本語を書きなさい。

　　土曜日の９時(　　)分にＡＢＣ公園の(　　)で待ち合わせ

② 日本語に合うように，＿＿に適切な語を書きなさい。　　　　　　　14点

(1) もしあなたが京都に来るなら，あなたを有名な神社へ連れて行きますよ。

　　＿＿＿ ＿＿＿ come to Kyoto, ＿＿＿ take you to the famous shrine.

よく
出る (2) もし明日晴れたら，公園を走ります。

　　＿＿＿ ＿＿＿ is sunny tomorrow, ＿＿＿ run in the park.

③ 書く✏ (　)内の指示に従って，英文を書きかえなさい。　　　　　27点

(1) Is she going to visit that temple?　（「いいえ，違います。」と答える文に）

(2) What do you do?　（tomorrowをつけて未来のことをたずねる文に）

(3) They are going to play tennis.　（否定文に）

❹ **次の語句を並べかえて，文を完成させなさい。** 18点

(1) 私の姉は来年，ブラジルに住むつもりです。

(is / live / Brazil / my sister / going / in / to) next year.

(2) もしあなたが疲れているなら，私が皿を洗います。

(I / you / tired / wash / if / are / the dishes / will).

点UP ❺ 書く✎ **次のようなとき英語で何と言うか，（　）内の指示にしたがって書きなさい。** 表 20点

(1) 彼らは土曜日に野球の練習をするだろうと伝えるとき。（willを使って6語で）

(2) もし明日晴れたら公園に行こうと誘うとき。（10語で）

❶	(1)		4点
	(2)		5点
	(3)		6点
	(4)	6点	
❷	(1)		7点
	(2)		7点
❸	(1)		9点
	(2)		9点
	(3)		9点
❹	(1)	next year.	9点
	(2)	．	9点
❺	(1)		表 10点
	(2)		表 10点

▶ 表 の印がない問題は全て 知 の観点です。

❶ 　　/21点　❷ 　　/14点　❸ 　　/27点　❹ 　　/18点　❺ 　　/20点

Unit 4 ~ Active Grammar 5

❶ 読む📖 次の問題を読んで，質問に答えなさい。 24点

Hi, I'm Yuri. I'm going to talk about my city. I moved to this city two years ago. Now I like this city.

There is a big park in my city. ☐ A ☐ The park is famous for its autumn leaves. They are so beautiful in fall. We have a festival in ①that season. We can eat many kinds of food. ☐ B ☐ Last year, my father ②(buy) me *yakisoba*. It was delicious. There are some rules ③(enjoy / the festival / to). We must take the garbage home because there is no garbage can in the park. ☐ C ☐ And ④we must not play with balls. Some children and elderly people may be in danger. We have to follow the rules.

Also, in the festival, the brass band from our school plays some songs. They are so good. ☐ D ☐ I enjoy the festival very much every year.

(注)move to ~　~へ引っ越す　be famous for ~　~で有名な　autumn leaves　紅葉　rule　ルール
take the garbage home　家にごみを持ち帰る　there is no ~　1つも~ない　garbage can　ごみ箱
elderly people　高齢者　in danger　危険に　follow　~を守る

(1) 下線部①のthat seasonとはどの季節のことか。日本語で書きなさい。

(2) 下線部②について，(buy)を適切な形に直しなさい。

(3) 下線部③が「祭りを楽しむための」という意味になるように( )内の語を並べかえなさい。

(4) 下線部④を訳しなさい。

(5) 本文中の ☐ A ☐ ~ ☐ D ☐ のいずれかに，You should go and listen to them.という1文を補います。どこに補うのが最も適切ですか。 ☐ A ☐ ~ ☐ D ☐ の中から1つ選び，その記号を書きなさい。

❷ 次の文の( )内の語を適切な形にしなさい。ただし，1語とは限りません。また，変える必要のないものはそのまま書くこと。 18点

(1) She has to (cook) breakfast this week.

(2) There (be) beautiful flowers in this garden.

(3) I want a book (read) on the train.

❸ 書く✐ ( )内の指示に従って，英文を書きかえなさい。 21点

(1) There are <u>nine</u> students in the classroom. （下線部をoneにして）

よく出る (2) Tom has to study Japanese. （否定文に）

(3) He gave a new bag. （「彼女に」という意味を加えて）

　成績評価の観点　知…言語や文化についての知識・技能　表…外国語表現の能力

❹ 次の語句を並べかえて，文を完成させなさい。　　　　　　　21点

(1) その机の上にはリンゴが何個ありますか。

　　How (there / the desk / are / many / on / apples)?

(2) あなたは今，このコンピュータを使う必要はありません。

　　(this / you / use / have / computer / don't / to) now.

(3) 私たちは何か食べるものが欲しいです。

　　(something / eat / to / want / we).

❺ 次のようなとき英語で何と言うか，（　）内の指示にしたがって書きなさい。 表
　　　　　　　16点

(1) 彼は英語を勉強しなければならないと伝えるとき。（mustを使って4語で）

(2) テーブルの上に1冊の本があると伝えるとき。（7語で）

❶	(1)			(2)		
			3点			3点
	(3)					6点
	(4)					6点
	(5)		6点			
❷	(1)			(2)		
			6点			6点
	(3)		6点			
❸	(1)					7点
	(2)					7点
	(3)					7点
❹	(1)	How			?	7点
	(2)				now.	7点
	(3)				.	7点
❺	(1)					表 8点
	(2)					表 8点

▶ 表 の印がない問題は全て 知 の観点です。

❶　　/24点　　❷　　/18点　　❸　　/21点　　❹　　/21点　　❺　　/16点

143

❶ 読む📖 次の問題を読んで，質問に答えなさい。　　23点

> Hi, I'm Satoshi. I want to be a computer scientist in the future. I got this dream when I was ten years old. On my tenth birthday, my grandfather bought me a new computer. ①It was not for family, for me only. I was so glad to get it and I played with it a lot. With the computer, I can play some games, listen to some music, search on the Internet, and so on.
>
> One day, I read an article on the Internet. It was about AI. Near future, computers can learn many things and can be like a doctor, a teacher, a carpenter, and so on. ②(I / to / surprised / read / was / it). I want to help people with computer technology someday. So, I decided to be a computer scientist. ③I should study a lot to be a computer scientist. Thank you for listening.
>
> (注)for me only 自分専用で　search on the Internet インターネットで調べる　article 記事
> AI 人工知能　near future 近い将来　carpenter 大工　technology 技術

(1) 下線部①が指すものを文中から3語で抜き出しなさい。

(2) 下線部②を意味が通る英文になるように並べかえなさい。

(3) 下線部③を訳しなさい。

(4) サトシは記事から，コンピュータは学習するとどのような職業のようになれると知りましたか。例であげているものを日本語で3つ書きなさい。

❷ 次の文の（ ）内の語を適切な形にしなさい。ただし，1語とは限りません。　21点

(1) I went to that shop (buy) new shoes.

(2) We were sad (hear) that news.

(3) I need a sweater (wear) in winter.

❸ 日本語に合うように，＿＿に適切な語を書きなさい。　21点

(1) ジョンは早く起きたのでとても眠いです。

John is very ＿＿＿＿ ＿＿＿＿ he got up ＿＿＿＿.

(2) 彼はテレビでサッカーの試合を見るために早く家に帰りました。

He went home early ＿＿＿＿ ＿＿＿＿ the soccer game on TV.

差がつく (3) 父は手伝ってくれる誰かを必要としています。

My father needs ＿＿＿＿ ＿＿＿＿ ＿＿＿＿ him.

④ 日本語に合うように，（　）内の語を並べかえなさい。 21点

(1) マイクは今日，新しい本を買うためのお金を持っています。

　　(some money / a new book / buy / has / Mike / to) today.

(2) 私は疲れたので早く寝たいです。

　　(I / I / because / am / want / go / to bed / tired / early / to).

(3) サラは日本語を学ぶために日本へ来ました。

　　(learn / came / Japan / Japanese / to / Sarah / to).

⑤ 次のようなとき英語で何と言うか，（　）内の指示にしたがって書きなさい。 表

14点

(1) 相手に会えてうれしいと伝えるとき。（5語で）

(2) 何か飲み物が欲しいと伝えるとき。（somethingを使って5語で）

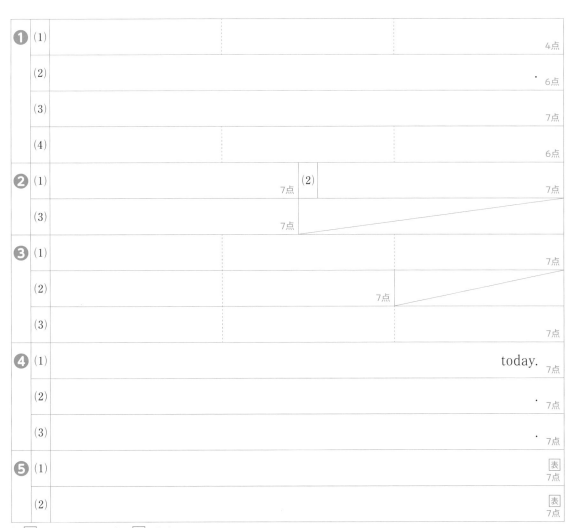

▶ 表 の印がない問題は全て 知 の観点です。

① 　　　 /23点　② 　　　 /21点　③ 　　　 /21点　④ 　　　 /21点　⑤ 　　　 /14点

Unit 7 ～ You Can Do It! 3

---

❶ 読む📖 次の問題を読んで，質問に答えなさい。　24点

Emily :	Hi, Toshi. What are you doing?
Toshi :	Hi, Emliy. I'm writing a report about the popular sports ranking in my class.
Emily :	(　①　) interesting! Tell me about it, please.
Toshi :	Sure. Basketball is the most popular in my class. I like it, too. I'm on the basketball team.
Emily :	I know. How about tennis? I like tennis.
Toshi :	It is not as popular as basketball, but it's more popular than soccer. Many girls like tennis.
Emily :	I see. Practicing tennis is very hard but it makes me excited.
Toshi :	That's nice. I want to play it someday. Is it difficult?
Emily :	Yes, a little. But ②(want / to / you / I / tennis / play) with me. Tennis is enjoyable sport even if you become old. ③It is loved by all generations.
Toshi :	Good. I want you to teach me tennis. How about this weekend? I can borrow my sister's racket.
Emily :	Wonderful! Let's call out some friends to do that together.

(注)report レポート　ranking ランキング　enjoyable 楽しい　even if たとえ～でも
generation 世代　call out 声をかける

(1) (　①　)に入る最も適切なものを，下のア～エから１つ選び，その記号を書きなさい。

　ア Like　　イ Sounds　　ウ More　　エ The

(2) 下線部②を意味の通る英文になるように（　）内の語を並べかえなさい。

(3) 下線部③を訳しなさい。

(4) トシはエミリーに何をお願いしましたか。日本語で答えなさい。

---

❷ 次の文の（　）内の語を適切な形にしなさい。ただし，１語とは限りません。　21点

(1) New York is (visit) by a lot of people every year.

(2) When will your concert be (start)?

よく出る (3) Who is (old) of these five people?

---

❸ 書く✏ （　）内の指示にしたがって，英文を書きかえなさい。　21点

(1) Mr. Natsume wrote these books.　（下線部を主語にして）

(2) They don't speak Japanese.　（下線部を主語にして）

---

(3) Takuya is tall. （「彼のクラスの中でいちばん～」という意味の文に）

❹ 日本語に合うように，（　）内の語を並べかえなさい。　　　16点

(1) 英語は日本語と同じくらい大切です。

　（ English / Japanese / as / as / important / is ）.

(2) バスケットボールが私たちのクラスでいちばん人気があります。

　（ popular / in / class / basketball / the most / our / is ）.

点UP

❺ 書く✏ 次のようなとき英語で何と言うか，（　）内の指示にしたがって書きなさい。　　表　18点

(1) アキラはシュンより走るのが速いことを伝えるとき。（5語で）

(2) この歌は世界中で愛されていると伝えるとき。（8語で）

❶ (1)		4点
(2)	But　　　　　　　　　　　　　　　with me.	6点
(3)		6点
(4)		8点
❷ (1)	7点 (2)	7点
(3)	7点	
❸ (1)		7点
(2)		7点
(3)		7点
❹ (1)		・8点
(2)		・8点
❺ (1)		表 9点
(2)		表 9点

▶ 表 の印がない問題は全て 知 の観点です。

❶　　/24点　❷　　/21点　❸　　/21点　❹　　/16点　❺　　/18点

/ 20点

解答 p.35

❶ これから４つの英文を読みます。それぞれの内容が絵に合っていれば〇を, 合っていなければ×を書きなさい。英文は２回読まれます。 (3点×4) ポケ リス♪ ❶

(1)		(2)		(3)		(4)	

❷ ジェーンとケンは10年前の市と現在の市の２枚の地図を見ながら話しています。 これから２人の対話文と, その内容についての２つの質問文を放送します。質問の答えとして最も適切なものをア〜エの中から１つずつ選び, 記号で答えなさい。英文は２回読まれます。 (4点×2) ポケ リス♪ ❷

(1) ア Two.
　　イ Three.
　　ウ Four.
　　エ Five.

(2) ア Yes, there is.
　　イ No, there isn't.
　　ウ Yes, there was.
　　エ No, there wasn't.

(1)		(2)	

❶ これから3つの対話文を読みます。それぞれの内容に合う絵を1つずつ選び，記号で答えなさい。英文は2回読まれます。

(4点×3)

(1)

(2)

(3)

(1)		(2)		(3)	

❷ これからリカがジェーンに残した留守番電話のメッセージの英文と，その内容についての2つの質問文を放送します。質問の答えとして最も適切なものをア〜エの中から1つずつ選び，記号で答えなさい。英文は2回読まれます。

(1)　ア　Next Saturday.
(4点×2)
　　　イ　Yesterday.
　　　ウ　At one thirty.
　　　エ　At three.

(2)　ア　She will clean the room.
　　　イ　She will buy a CD for Aya.
　　　ウ　She will make a cake.
　　　エ　She will take pictures.

(1)		(2)	

❶ これから 3 つの英語文を読みます。それぞれの内容が絵に合っていれば○を, 合っていなければ×を書きなさい。英文は 2 回読まれます。

(4点×3) ポケ リス♪ ❺

(1)

(2)

(3)
Ken
Sam

(1)		(2)		(3)	

❷ これから放送するサリーとマコトの対話文を聞いて, その内容に合うものをア〜カの中から 2 つ選び, 記号で答えなさい。英文は 2 回読まれます。

ア Makoto wants to write a letter for Mr. Smith.

(4点×2) ポケ リス♪ ❻

イ Makoto will send a letter to Mr. Smith tomorrow.

ウ Makoto and Sally are going to give Mr. Smith a cake.

エ Mr. Smith will go back to his county next week.

オ Sally is going to give Mr. Smith some flowers.

カ Sally wants to buy some presents for Mr. Smith.

／20点　解答 p.37

❶ これから 3 つの対話文を読みます。それぞれの内容に合う絵を 1 つずつ選び、記号で答えなさい。英文は 2 回読まれます。 (4点×3) ポケリス♪ ❼

(1)

ア　イ　ウ　エ

(2)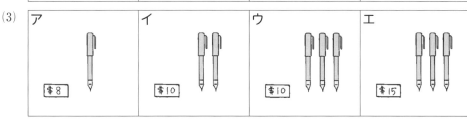

ア　イ　ウ　エ

(3)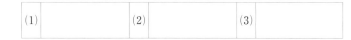

ア　イ　ウ　エ

(1)		(2)		(3)	

❷ これから放送するタクヤの書いた英文を聞いて、その内容に合わないものをア～カの中から 2 つ選び、記号で答えなさい。英文は 2 回読まれます。

(4点×2) ポケリス♪ ❽

ア　Takuya went to the hospital to see his grandmother yesterday.

イ　Takuya bought some flowers for his grandmother before he visited her.

ウ　Takuya's grandmother was in bed when he went to her room.

エ　Takuya's grandmother was happy because she liked the flowers.

オ　Takuya talked a lot about his family with his grandmother.

カ　Takuya will bring flowers again when he visits his grandmother next time.

/ 20点

解答
p.37

❶ これから4つの対話文を読みます。それぞれの内容に合う絵を1つずつ選び, 記号で答えなさい。英文は2回読まれます。

(2点×4)

ポケ **9**
リス♪

(1)		(2)		(3)		(4)	

❷ これから放送する英文を聞いて, メモの(1)〜(4)に入る適切な日本語を書きなさい。英文は2回読まれます。

(3点×4)

ポケ **10**
リス♪

〈メモ〉
・タクヤは(　(1)　)ことが好きだ。
・タクヤは先月(　(2)　)ために京都へ行った。
・タクヤは(　(3)　)ことが楽しかった。
・タクヤはまた(　(4)　)と思っている。

(1)		(2)	
(3)		(4)	

❶ これから 3 つの英文を読みます。それぞれの内容が絵に合っていれば○を，合っていなければ×を書きなさい。英文は 2 回読まれます。

(4点×3) ポケ ⑪ リス♪

(1)

(2) 土曜日

(3) 日曜日

(1)		(2)		(3)	

❷ これから放送するメアリーとリョウの対話文を聞いて，その内容に合うものをア～カの中から 2 つ選び，記号で答えなさい。英文は 2 回読まれます。

ア Mary is going to see the movie with John tomorrow.

(4点×2) ポケ ⑫ リス♪

イ Ryo doesn't have to do his homework before the movie.

ウ Ryo will go to the movie tomorrow morning.

エ Ryo has to go to Mary's house at one o'clock tomorrow.

オ Mary and John will meet at Ryo's house tomorrow.

カ Ryo will go to the station at two o'clock tomorrow.

❶ これから 4 つの対話文を読みます。それぞれの内容に合う絵を 1 つずつ選び,
記号で答えなさい。英文は 2 回読まれます。

(2点×4)

ポケ
リス♪ ⑬

(1)		(2)		(3)		(4)	

❷ これから放送するアヤのスピーチを聞いて, メモの(1)～(4)に入る適切な日本語
を書きなさい。英文は 2 回読まれます。

(3点×4)

ポケ
リス♪ ⑭

〈メモ〉
・アヤの夢は(　(1)　)になることだ。
・アヤは(　(2)　)ことが大好きだ。
・先月の文化祭では,多くの人々が(　(3)　)ことを楽しんだ。
・アヤは将来,(　(4)　)を作りたいと思っている。

(1)		(2)	
(3)		(4)	

❶ これから4つの英文とその内容についての質問文を放送します。質問の答えとして最も適切なものをそれぞれの絵のア～ウの中から1つずつ選び，記号で答えなさい。英文は2回読まれます。

(3点×4)　ポケ リス♪ ⑮

(1)

(2)

(3)

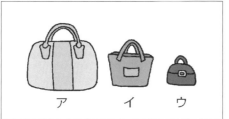

(4)

(1)		(2)		(3)		(4)	

❷ これからコウジとベッキーの対話文を放送します。そのあとに対話文の内容について4つの質問文を読みます。質問の答えとして正しくなるように，それぞれの英文の空欄に英語を1語ずつ書きなさい。英文は2回読まれます。

(1) She likes (　　　　　　) the (　　　　　　).

(2) (　　　　　) is.

(3) (　　　　　), he (　　　　　).

(4) Becky's (　　　　) does.

(2点×4)　ポケ リス♪ ⑯

(1)		(2)	
(3)		(4)	

解答
p.40

／20点

❶ これから 3 つの英文を読みます。それぞれの内容に合う絵を 1 つずつ選び，記号で答えなさい。英文は 2 回読まれます。

（4点×3）

ポケ
リス♪ ⑰

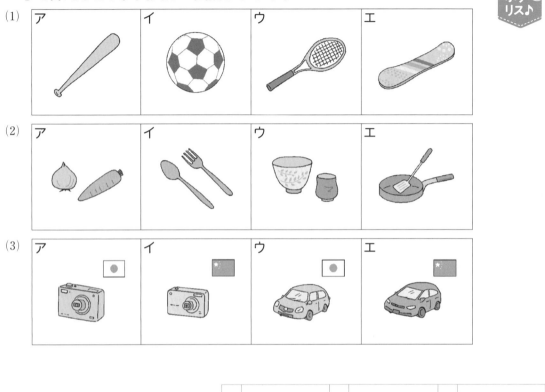

(1) ア　イ　ウ　エ

(2) ア　イ　ウ　エ

(3) ア　イ　ウ　エ

(1)		(2)		(3)	

❷ これからジョンとアヤの対話文を放送します。対話文を聞いて(1)〜(4)の質問に日本語で答えなさい。英文は 2 回読まれます。

（2点×4）

ポケ
リス♪ ⑱

(1) アヤは夏休みにだれと京都に行きましたか。

(2) アヤが京都で訪れた寺は約何年前に建てられましたか。

(3) どのような人々がたくさん京都を訪れますか。

(4) ジョンは日本のどんなものに興味がありますか。

(1)		(2)	
(3)		(4)	

リスニングテスト⑩ 1年間の総まとめ

／20点　解答 p.41

❶ これから2つの対話文とその内容についての質問文を放送します。質問の答えとして最も適切なものをア～エの中から1つずつ選び，記号で答えなさい。英文は2回読まれます。

(4点×2)　ポケリス♪19

(1) ア Baseball.
　イ Basketball.
　ウ Tennis.
　エ Soccer.

(2) ア To take care of animals.
　イ To teach science.
　ウ To help sick people.
　エ To study math.

(1)		(2)	

❷ これから放送するカナとマイクの対話文を聞いて，表の(1)～(6)に入る適切な日本語を書きなさい。英文は2回読まれます。

(2点×6)　ポケリス♪20

〈マイクの東京での予定〉	
金曜日	((1))で((2))を見る
土曜日	((3))で((4))を見る
日曜日	((5))で((6))を見る

(1)		(2)	
(3)		(4)	
(5)		(6)	

❶ 次の 1 ～ 3 の絵は Kana についてのあるできごとを表したものです。順番どおり
に場面の展開を考えて50語程度の英文にまとめなさい。

(注) grow　～を育てる

❷ 自分のお気に入りの場所や行ってみたい場所について紹介する文を，どういっ
た場所なのかがわかる文を少なくとも2つ入れて，40語程度で書きなさい。

❸ ゆりさんは友人と環境のために何ができるかを話し合って家族にも協力してもらおうと思っています。次の〔メモ〕はそのときに書き留めたものです。あなたがゆりさんなら，どのように家族に説明しますか。＜条件＞に従って英語で書きなさい。

〔メモ〕　Protect the environment!
・修理できるものは新しいものを買わずに修理する。　・地産地消品を買う。
・マイ○○を持つようにする。（マイ箸，マイ水筒，マイバッグ）
・移動は自転車や徒歩でする。　・水を大切に使う。
・海岸清掃イベント(beach cleaning event)に参加する。
・食べ物を残さない。

(注)protect　～を保護する，守る　　environment　環境

＜条件＞〔メモ〕に書かれた7つのうち2つを選び，書くこと。ただし，文の数や語の数はいくつでもよい。

❹ バケットリスト(bucket list)を作ってみましょう。これは死ぬまでにしたいこと，達成したいことをリストにしたもののことです。まず目標年齢を決めて，それまでにしてみたいことを，その理由も含めて60語程度の英文にまとめなさい。ただし，英文の数はいくつでもよく，符号(, . ! " "など)は語数に含めません。

159

❺ 次の架空のアニメーションの登場人物の特徴をイラストから想像し，これらの
人物について述べる英文を３つ書きなさい。ただし，それぞれの文に必ず比べ
る表現を使うこと。

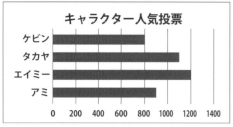

(1)	
(2)	
(3)	

❻ 次のイラストの女の子のセリフを，吹き出しの中のイラストに合うように考え
て30語程度で書きなさい。

教科書ぴったりトレーニング

〈光村図書版・ヒア ウィ ゴー！2年〉

この解答集は取り外してお使いください。

Unit 1 ～ Active Grammar 1

pp.6～7 ぴたトレ**1**

Words & Phrases

(1)ジェットコースター　(2)恐ろしい，怖い
(3)どこかへ[で]　(4)ここに　(5)rode
(6)night　(7)view　(8)fantastic

1 (1)イ　(2)イ　(3)ア　(4)イ

2 (1)was　(2)were

3 (1)Was the homework difficult(?)
(2)Did you join the tennis team(?)
(3)I took many pictures of the flower(.)
(4)My father was very busy(yesterday.)

解き方

1 (1)studyの過去形はstudied。　(2)goの過去形はwent。　(3)主語がSheなのでwas。
(4)主語が複数なのでwere。

2 (1)「その本はよかったです。」　(2)「そのイヌたちはかわいかったです。」

3 (1)「～でしたか」なので〈Was + 主語 + ～?〉の形。主語はthe homework。「難しい」はdifficult。　(2)「～しましたか」なので〈Did + 主語 + 動詞の原形(+ ～)?〉の形。「そのテニスチームに加わる」はjoin the tennis team。　(3)「～しました」なので過去形。「写真を撮った」はtook pictures。　(4)「～だった」なのでbe動詞の過去形。

pp.8～9 ぴたトレ**1**

Words & Phrases

(1)トーナメント　(2)名誉なこと，光栄なこと
(3)番組　(4)2日前(に)　(5)今朝　(6)radio
(7)then　(8)coach　(9)last night
(10)look for

1 (1)ア　(2)イ　(3)イ　(4)イ

2 (1)was reading　(2)were swimming

3 (1)(We) were listening to music(.)
(2)My sister was taking a bath then(.)
(3)I was having dinner(.)
(4)What were you doing at nine last night(?)

1 (1)現在進行形なのでbe動詞はam。　(2)isの過去形はwas。　(3)主語がTheyなのでwere。　(4)主語が複数なのでwere。

2 (1)「その女の子は本を読んでいました。」
(2)「その男の子たちは川で泳いでいました。」

3 (1)「～していました」なので〈be動詞の過去形 + 動詞の-ing形〉の形。主語はweなのでbe動詞はwere。「～を聞く」はlisten to ～。
(2)主語はMy sisterなのでbe動詞はwas。「お風呂に入る」はtake a bath。　(3)「夕食を食べる」はhave dinner。　(4)「～していましたか」なので〈Was[Were] + 主語 + 動詞の-ing形～?〉の形。冒頭に疑問詞Whatを置く。

pp.10～11 ぴたトレ**1**

Words & Phrases

(1)怒った，腹を立てた　(2)不安で，緊張して
(3)興奮して，わくわくして
(4)ひまで，手が空いて　(5)漫画雑誌[本]
(6)today　(7)sunny　(8)gift　(9)come by
(10)ask ～ for ...

1 (1)ア　(2)イ　(3)ア　(4)イ

2 (1)when　(2)When　(3)when

3 (1)when he　(2)When

4 (1)(We) got lost when we visited (Osaka.)
(2)Take off your cap when you are
(home.)
(3)It was cloudy when we went to (the
beach.)
(4)When my mother is free, she plays
(with our dog.)

解き方

1 「～するとき，…」は接続詞whenを使う。

2 「～するとき，…」は接続詞whenを使う。文頭に置く場合，大文字にすることに注意する。

3 (1)「彼は若いときに北海道に住んでいました。」　(2)「私がマンガ雑誌[本]を読んでいるとき，私の父は料理をしていました。」

英語 1

(1)「〜するとき，…」なので〈文A＋when＋
文B.〉の形。「道に迷う」はget lost。 (2)「帽
子を取る」はtake off your cap。 (3)「曇っ
ていた」はit was cloudy。 (4)「暇な」は
free。「イヌと遊ぶ」はplay with our dog。
「私の母は暇なとき」が文頭にくるのでコン
マ〈,〉を文の途中に置く。

pp.12〜13 ぴたトレ **1**

Words & Phrases

(1)驚いた (2)〜を注文する (3)パンフレット
(4)myself (5)evening (6)cloudy

1 (1)イ (2)イ (3)イ (4)ア

2 (1)Was (2)Were

3 (1)Was your mother a teather(?)
(2)My sister was playing the piano then(.)
(3)Tom didn't cook dinner(yesterday.)
(4)Mary and I were reading books
then(.)

解き方 **1** (1)過去形なのでDid。 (2)過去進行形なので
was。 (3)過去進行形なので〈Were＋主語＋
動詞の-ing形〜?〉。 (4)過去形なのでwas。
2 (1)「メアリーはニューヨークにいましたか。」
(2)「その花々は美しかったですか。」
3 (1)「〜でしたか」なので〈Was＋主語＋〜?〉
の形。主語はyour mother。 (2)「〜してい
ました」なので過去進行形の形。 (3)「〜しま
せんでした」なので一般動詞の過去形の否定
文。 (4)「〜していました」なので過去進行形。

pp.14〜15 ぴたトレ **2**

1 (1)ウ (2)イ (3)イ (4)イ

2 (1)went to (2)Were, writing
(3)when, eat[have] (4)When, was

3 (1)Yuki lived with her family in this city.
(2)My life in Yokohama was fun.
(3)Was Tom listening to music?
(4)When he came to my house, I was
watching TV.[I was watching TV when
he came to my house.]

4 (1)was studying (2)By the way
(3)来月

5 (1)He gives a part of his face to them.
[He gives them a part of his face.]
(2)He is Baikinman.[It is Baikinman.]

解き方 **1** (1)「リョウタは昨日，英語を勉強しました。」
yesterday「きのう」があるので過去形。
studyの過去形はstudied。 (2)「今朝あな
たはパンを食べましたか。」this morning
「今朝」があるので過去形。疑問文のときは
Didが主語の前にくる。 (3)「あなたは私が
あなたを訪ねたときに，友達と話していま
したか」主語のあとに動詞の-ing形がある
ので過去進行形。主語がyouなのでWere。
(4)「私は昨夜，数学の勉強をしていました。」
last night「昨夜」があるので過去の文。
2 (1)「〜へ行きました」の過去形はwent to 〜。
(2)「〜していましたか」なので過去進行形の
疑問文の形。主語がyouなのでbe動詞は
Were。「書く」はwriting。 (3)「〜するとき，
…」なので接続詞whenを使う。 (4)「〜した
とき，…していました」なので接続詞when
を使い，後ろの文は過去進行形の形。
3 (1)「ユキはこの市で家族といっしょに住んで
いました。」liveの過去形はlived。 (2)「私の
横浜での生活は楽しかったです」isの過去形
はwas。 (3)「トムは音楽を聞いていました
か。」〈Was＋主語＋動詞の-ing形〜?〉の形
を作る。 (4)「彼が私の家に来たとき，私はテ
レビを見ていました。」〈When＋主語＋動詞
＋〜，主語＋動詞＋….〉または〈主語＋動詞
＋…＋when＋主語＋動詞＋〜.〉の形にする。
4 (1)「〜をしていた」なので過去進行形の形。
「勉強する」はstudy。 (2)「ところで」はBy
the way。 (3)Eriの最後の発言で「学校の
バスケットボールのトーナメントは来月行
われるのよね?」とたずね，それに対して
Hajinが「その通りだ。」と答えているので，
来月が正解。
5 (1)「アンパンマンが空腹の人を見つけたとき，
何をしますか。」Aoiの最初の発言の最終文
を参照。 (2)「アンパンマンのライバルは誰
ですか。」Emilyの質問とAoiの答えを参照。

全訳

アオイ：アンパンマンは独特な英雄です。彼の
　　　　顔はあんぱんです。彼が空腹の人を見
　　　　つけたとき，彼は彼の顔の一部を彼ら
　　　　にあげます。
エミリー：彼はとてもやさしい英雄なのね。こ
　　　　の黒と紫のキャラクターは何?
アオイ：彼はバイキンマンよ。彼はトラブル
　　　　メーカーでアンパンマンのライバルな
　　　　の。

① (1)○ (2)× (3)×

② (1)イ (2)ア (3)イ

③ (1)Was it, last (2)read this book
(3)was talking, then

④ (1)What were they doing (then?)
(2)(He) called me when he got lost(.)

⑤ (1)was walking
(2)When I was playing with my friends in the park
(3)(例)ポチと友達になって，いつでも彼に会えるから。
(4)(例)犬がけがをして弱っていたから。

⑥ (1)Where did you visit?
(2)The math homework was difficult.
(3)I was doing my homework.

解き方

① (1)「ジェットコースター」「指導する」
(2)「夜」「ラジオ」 (3)「晴れた」「〜前」

② (1)(3)2番目の音節を強く読む。 (2)最初の音節を強く読む。 (1)「すばらしい」 (2)「トーナメント」 (3)「驚いた」

③ (1)「〜でしたか」＝be動詞の過去の疑問文。天気を表す文の主語はit。 (2)readの過去形はread。 (3)「〜していました」＝過去進行形の文。

④ (1)What+過去進行形の疑問文の形。 (2)「道に迷う」はget lost。

⑤ (1)「〜していました」なので過去進行形の文を作る。 (2)接続詞whenが文頭に来る形の文を作る。 (3)Why?でたずねられたら，理由について答える。最後から2文目参照。
(4)3文目に彼(＝犬)が傷ついて弱っていたとある。Soは前の文を受けて結果を表す。

全訳

4月24日土曜日(晴れ)
ぼくはタクとゴロウと川沿いを歩いていました。ぼくたちは犬を1匹見つけました。彼は傷ついて弱っていたので，ぼくたちは彼を獣医へ連れて行きました。獣医はとても親切でした。その犬は恥ずかしがり屋だけどとてもかわいかったです。ぼくは彼が欲しいけど，ぼくたちは犬を飼えません。ぼくは彼が心配です。
4月30日金曜日(くもり)
ぼくが公園で友達と遊んでいたとき，そのイヌを見ました。彼は年配の女性と一緒でした。彼は元気そうでした。ぼくは女性に「こんにちは，この子は元気ですか？」と話しかけました。彼女は「ええ．ありがとう。彼がいなくなったとき，彼は元気ではなかったけれど何人かの少年が彼を助けてくれたの。」と言いました。ぼくは「それはぼくです！友達とぼくが獣医に彼を連れて行きました。ぼくたちは彼を心配していました。」と言いました。彼女は「まあ，本当にありがとう！彼の名前はポチというのよ。」と言いました。ぼくはポチと友達になり，いつでもポチに会えるようになりました。ぼくはとても嬉しいです。

⑥ (1)場所をたずねるときは疑問詞Whereを使う。一般動詞の過去の文の疑問文の形を続ける。 (2)主語をThe math homeworkとし，be動詞の過去の文で表す。 (3)何かをしていた最中は過去進行形の文で表す。

英作文の採点ポイント

□単語のつづりが正しい。（3点）
□（　）内の語数で書けている。（3点）
□(1)語順が正しい。 (2)過去形(be動詞)が正しく使えている。 (3)過去進行形が正しく使えている。（3点）

Unit 2 〜 Daily Life 1

Words & Phrases

(1)初心者 (2)簡単な，容易な，楽な
(3)最近，ついこの間 (4)〜をパスする
(5)problem (6)important (7)thing
(8)What's wrong?

① (1)イ (2)ウ (3)ア (4)イ

② (1)like talking (2)like watching

③ (1)I enjoyed talking with (Lisa.)
(2)Is playing the piano fun for you(?)
(3)(The important) thing is studying hard(.)
(4)(What) did you cook recently(?)

解き方

① (1)「料理をすること」はcooking。 (2)「(野球)をすること」はplaying。 (3)be good at -ingで「〜することが上手である」という意味。 (4)主語になる動名詞は単数扱いなのでis。

② (1)「私たちは話すことが好きです。」 (2)「彼らは映画を見ることが好きです。」

(1)「～するのを楽しむ」はenjoy＋-ingで表す。　(2)「ピアノを弾くこと」playing the pianoを主語にした疑問文の形にする。(3)「熱心に」はhard。　(4)「最近」はrecently。

pp.20～21　ぴたトレ1

Words & Phrases

(1)警官　(2)点数　(3)シェフ，料理長
(4)バスの運転手　(5)通訳(者)　(6)doctor
(7)more　(8)stop　(9)pilot　(10)shoot

1 (1)イ　(2)イ　(3)ア　(4)ウ

2 (1)want, play　(2)wants, be

3 (1)(Bob) likes to stay in his house(.)
(2)I want to go home early(.)
(3)(What) do you want to be (in the future?)
(4)(I) wanted to be a baker(.)

解き方
1 (1)「～に行きたい」はwant to go to ～。
(2)「～することが好き」はlike to ～。
(3)「本を読むこと」はto read books。
(4)「～になりたい」はwant to be ～。
2 (1)「私はピアノを弾きたいです。」　(2)「彼女は医者になりたいです。」
3 (1)「～するのが好き」はlike to ～で表す。
(2)「家に帰る」はgo home。　(3)「～になりたい」はwant to be ～。　(4)「パン屋」はa baker。

pp.22～23　ぴたトレ1

Words & Phrases

(1)みんな　(2)～を絵の具で描く　(3)自転車
(4)おめでとう。　(5)job　(6)difficult
(7)thanks to　(8)be proud of

1 (1)ア　(2)イ　(3)ア　(4)ア

2 (1)think, book, difficult
(2)think, are brothers

3 (1)I think this is her bicycle(.)
(2)I don't think it is a bear(.)
(3)I'm sure that you like this book(.)
(4)I think that your job is nice(.)

解き方
1 (1)「～だと思う」はthink (that) ～。　(2)「～でないと思う」はdon't think (that) ～。
(3)thatが省略されている形。　(4)thatのあとは主語と動詞が続く。

2 (1)「私はこの本は難しいと思います。」
(2)「私は彼らが兄弟だと思います。」
3 (1)「～だと思う」はthink (that) ～で表す。この文はthatが省略されている。　(2)「～でないと思う」はdon't think (that) ～で表す。　(3)「きっと～だと思う」はI'm sure (that) ～で表す。　(4)「～だと思う」はthink (that) ～で表す。この文はthatが省略せずに使われている。

pp.24～25　ぴたトレ1

Words & Phrases

(1)小説　(2)勝つ　(3)castle
(4)What kind of

1 (1)ア　(2)イ　(3)イ　(4)イ

2 (1)like to draw　(2)likes singing

3 (1)(Miki's dream) is to be a doctor(.)
(2)You are good at cooking(.)
(3)(I) think reading books is important(.)
(4)What kind of food do you like(?)

解き方
1 (1)「ケーキを焼くこと」はbaking cakes。
(2)動名詞が主語にくる場合は単数扱い。
(3)「～に行きたい」はwant to go to ～。
(4)finishは動名詞を目的語にとる動詞。
2 (1)「私たちは絵を描くことが好きです。」
(2)「彼女は歌を歌うことが好きです。」
3 (1)「～になること」はto be ～で表す。
(2)be good at -ingで「～することが得意だ」という意味。　(3)think (that) ～のthatが省略された文。thinkのあとに「本を読むこと」reading booksが続く。　(4)「どんな種類の～？」はWhat kind of ～?で表す。

pp.26～27　ぴたトレ1

Words & Phrases

(1)バス停　(2)1時　(3)何時に
(4)どこで[に・へ]　(5)go cycling
(6)go fishing　(7)go to a movie
(8)go to the library

1 (1)ア　(2)ウ　(3)ア　(4)イ

2 (1)help me　(2)you play

3 (1)May I speak to Mika(?)
(2)This is Alice speaking(.)
(3)(I) want to go to a movie (tomorrow afternoon.)

(4)How about two o'clock in front of the station(?)

1 (1)「～に代わっていただけますか」はMay I speak to ～?。 (2)自分が話していることを伝えるときはThis isで始める。 (3)「どうしたの」はWhat's up?。 (4)「何時に～」はWhat time ～。

2 (1)「私を手伝ってくれませんか。」 (2)「私とテニスをしてくれませんか。」

3 (1)「～に代わっていただけますか」はMay I speak to ～?。 (2)自分が話していることを伝えるときはThis isで始める。 (3)「映画へ行く」はgo to a movie。 (4)「～ではどうですか」はHow about ～?。

pp.28〜29 ぴたトレ2

① (1)イ (2)エ (3)イ (4)エ

② (1)think (2)I know that
(3)like baking
(4)important thing, to study

③ (1)I want to sing the[that] song.
(2)Do you think (that) this book is difficult?
(3)I don't enjoy cooking.
(4)May I speak to Saki, please?

④ (1)think
(2)you like playing basketball now
(3)誇りにしています

⑤ (1)He is going to visit New Zealand.
(2)She recommends a Maori village.

① (1)「ユミは彼女の友達と話すのを楽しみました。」 enjoyは目的語に動名詞をとる動詞。 (2)「私は今部屋を掃除したいです。」wantは目的語に不定詞をとる動詞。 (3)「私の趣味は絵を描くことです。」「～すること」にあたる動名詞を選ぶ。 (4)「私は英語は面白いと思います。」 thinkのあとにはthatが続く。

② (1)「～と思います」はthink。この文ではthatが省略されている。 (2)「～だと知っている」はknow (that) ～で表す。空欄の数から,この文はthatを省略せずに入れる。 (3)「～することが好き」はlike+不定詞あるいはlike+動名詞。空欄の数より,ここでは動名詞を入れる。 (4)「大事なこと」はthe important thing,「勉強すること」はto

studyを使うと,空欄の数に合う。

③ (1)「～したい」はwant to ～で表す。「その歌を歌う」はsing the[that] song。 (2)「～だと思いますか」はDo you think (that) ～?の形で表す。thatのあとは主語+動詞+～の順になることに注意する。 (3)「～することを楽しむ」はenjoy+動名詞で表す。ここでは否定文にするのでI don'tに続ける。「料理すること」はcooking。 (4)電話で誰かに代わってほしいときは,May I speak to ～?で表す。

④ (1)「～だと思う」なのでthinkを入れる。この文はthatが省略されている。 (2)「～するのが好き」はlike+動名詞で表す。「バスケットボールをする」はplay basketball。 (3)be proud of ～で「誇りにしている」という意味。

⑤ (1)「ソラは夏休みにどこを訪れる予定ですか」Soraの2番目の発言を参照。 (2)「ベル先生がすすめる場所はどこですか」Soraの3番目の発言の質問とMs. Bellの答えを参照。

ソラ:すみません,ベル先生。
ベル先生:こんにちは,ソラ。どうしましたか?
ソラ:ぼくは夏休みの間にニュージーランドを訪れる予定です。
ベル先生:まあ,それはいいわね!ニュージーランドはいい国よ。あなたは気に入るでしょう。
ソラ:ニュージーランドでどの場所がおすすめですか?
ベル先生:マオリ村はどうかしら?あなたはマオリ族について学べるわ。

pp.30〜31 ぴたトレ3

① (1)○ (2)× (3)×

② (1)イ (2)ア (3)ア

③ (1)want to wash
(2)doesn't think, is

④ (1)(My) daughter wants to be a teacher in the future(.)
(2)Do you think she is his sister(?)

⑤ (1)dancing
(2)want to be a nurse
(3)think, is, nice (4)パイロット[操縦士]

⑥ (1)I want to play soccer with you.
(2)I like playing soccer.
(3)I think that this pencil is mine.

解き方
① (1)「パン屋」「絵の具で描く」 (2)「小説」「さらに多くの」 (3)「パスする」「バス」

② (1)2番目の音節を強く読む。 (2)(3)最初の音節を強く読む。 (1)「重要な」 (2)「科学者」(3)「難しい」

③ (1)「～したい」はwant＋不定詞で表す。(2)「～ではないと思います」はdon't think (that) ～で表す。主語がHeなのでdoesn'tにすることに注意。

④ (1)「～になりたい」はwant to be ～で表す。「将来」はin the future。 (2)「～だと思いますか」はDo you think (that) 主語＋動詞＋～?の形で表す。

⑤ (1)直前のBethの発言に「あなたはダンスをすることが得意ですか。」とあり，それに対して答えている。 (2)「～になりたい」の意味のwant to be ～の形を作る。 (3)「～だと思う」はthink (that) ～で表す。 (4)Bethの4番目の発言参照。

全訳
ベス：こんにちは，ナンシー。あなたの夢は何？
ナンシー：まあ，こんにちは，ベス。私の夢はダンサーになることよ。
ベス：すてきね。あなたはダンスが得意なの？
ナンシー：そんなにうまくはないけれど，それが大好きなの！
ベス：いいわね。私はきっとあなたはいいダンサーになれると思うわ。
ナンシー：ありがとう。それで，あなたは？あなたは何になりたいの？
ベス：私は5歳のとき，パイロットになりたかったわ。小学生のとき，私は漫画家になりたかったわ。そして今，私は看護師になりたいの。
ナンシー：わあ。あなたはたくさん夢があったのね。なぜ今は看護師になりたいの？
ベス：去年，私は1週間入院したの。足を骨折したの。そのとき，一人の看護師さんがとても優しくて友好的だったの。私は病院にいても悲しくなかったわ。だから，私は彼女のようになりたいの。
ナンシー：それはあなたにとって，素敵な思い

出なのね？
ベス：ええ。私は看護師は素敵な仕事だと思うわ。

⑥ (1)「～したい」はwant to ～で表す。「あなたと一緒に」はwith you。 (2)「～するのが好き」はlike＋不定詞あるいはlike＋動名詞で表す。ここでは，指定された語数に合わせて動名詞を選ぶ。 (3)「～だと思う」はthink (that) ～で表す。ここでは指定された語数に合わせてthatを省略せずに使う。

英作文の採点ポイント
□単語のつづりが正しい。（4点）
□（ ）内の語数で書けている。（3点）
□(1)語順が正しい。 (2)動名詞・不定詞が正しく使えている。 (3)接続詞thatが正しく使えている。（3点）

Unit 3 ～ Active Grammar 3

pp.32～33　　　　　　　　　　ぴたトレ1

Words & Phrases
(1)像 (2)自由 (3)明後日 (4)tomorrow
(5)tennis (6)I'd like to ～.
① (1)ア (2)ア (3)ア (4)ア
② (1)are going, play (2)is going, read
③ (1)I'm going to meet him(.)
(2)Tom is going to bring some of his (CDs.)
(3)Are you going to go on a trip(?)
(4)I'm going to see the movie(.)

解き方
① (1)「～するつもり」はbe going to ～で表す。主語がyouなのでbe動詞はare。 (2)Iで答えるのでbe動詞はam。 (3)主語がheなのでbe動詞はis。 (4)heで答えるのでbe動詞はisn't。
② (1)「私たちはテニスをするつもりです。」(2)「彼は本を読むつもりです。」
③ (1)「～するつもり」はbe going to ～で表す。 (2)「～を持ってくる」はbring。「～を何枚か」はsome of ～。 (3)「旅行に出かける」はgo on a trip。 (4)「映画を見る」はsee the movie。

Words & Phrases

(1)着く，到着する　(2)〜を忘れる
(3)定期航空便，フライト　(4)雪の　(5)予報
(6)weather　(7)finish　(8)cloud　(9)rain
(10)airport

1　(1)イ　(2)イ　(3)イ

2　(1)will eat　(2)will go　(3)will play

3　(1)(Today, my) father will cook dinner(.)
　(2)It will be cloudy and cold (tomorrow.)
　(3)Will you arrive at Osaka this
　　afternoon(?)
　(4)Will he buy the computer(?)

解き方
1　(1)「〜でしょう」はwill 〜。be動詞の原形
　　はbe。　(2)(3)「〜でしょう」はwill 〜。
2　(1)「トムはスパゲッティを食べるでしょう。」
　　(2)「ジェーンとリョウは駅へ行くでしょう。」
　　(3)「私たちは明日テニスをするでしょう。」
3　(1)「〜でしょう」はwill 〜で表す。「夕食を
　　作る」はcook dinner。　(2)天気を表す主語
　　はit。　(3)この文の「〜しますか」は未来のこ
　　となのでWill you 〜?で表す。「〜に着く」
　　はarrive at 〜。　(4)主語が3人称単数でも
　　willの形は変わらない。

Words & Phrases

(1)乗客，旅客　(2)乗り込む　(3)客室乗務員
(4)スーツケース　(5)劇場　(6)believe
(7)drive　(8)pizza　(9)straight　(10)go for

1　(1)イ　(2)イ　(3)ア

2　(1)If it's　(2)If it

3　(1)I, if you　(2)If he, interested
　(3)If, you can

4　(1)If you are free tomorrow, let's go
　　fishing together(.)
　(2)I can help you if you are (busy.)

解き方
1　(1)(2)(3)「もし〜なら，…」はif 〜。Ifのあと
　　には，主語＋動詞＋〜が続く。
2　(1)「もし雪が降るなら，私は本を読むでしょ
　　う。」　(2)「もし晴れるなら，私は公園で遊ぶ
　　でしょう。」
3　(1)「もし〜なら，…」はif 〜で表す。　(2)「も
　　し〜なら，…」はif 〜で表す。「〜に興味が

ある」はbe interested in 〜。　(3)「もし〜
なら，…」はif 〜で表す。「贈り物をもらう」
はget this gift。「もらえる」なのでgetの
前にcanを入れる。

4　(1)If 〜が文頭にくる文を作る。「釣りに行
　　く」はgo fishing。コンマを忘れないよう
　　に注意。　(2)if 〜が文の途中にくる文を作
　　る。

Words & Phrases

(1)衣服　(2)〜を借りる　(3)情報　(4)笑う
(5)shop[store]　(6)tonight
(7)take 〜 to ...　(8)arrive at

1　(1)ア　(2)イ　(3)ア　(4)イ

2　(1)is going, play　(2)is going, swim
　(3)am going, climb

3　(1)They will have a picnic (tomorrow.)
　(2)When will she read my e-mail(?)
　(3)I'm going to get up at six (tomorrow.)

解き方
1　(1)(3)「〜するつもり」はbe going to 〜。be
　　動詞は主語によって変える。　(2)「(これか
　　ら)〜します」はwill 〜。　(4)will notは
　　won'tと短縮する。
2　(1)「トムは野球をするつもりです。」　(2)「彼
　　女はプールで泳ぐつもりです。」　(3)「私は富
　　士山を登るつもりです。」
3　(1)「〜でしょう」はwill 〜で表す。「ピクニッ
　　クをする」はhave a picnic。　(2)疑問詞
　　whenにwillの疑問文の形を続ける。　(3)「〜
　　するつもりです」はbe going to 〜で表す。

1　(1)ア　(2)イ　(3)イ　(4)エ

2　(1)Will, cook[make]　(2)Is, going to
　(3)If you are　(4)will live

3　(1)She is going to buy a new computer.
　(2)I will go to school with my brother.
　(3)Will Jane be a teacher at the school?
　(4)If you are thirsty, drink some water.
　　[Drink some water if you are thirsty.]

4　(1)I'm[I am] going to stay here(.)
　(2)What are you going to do(?)
　(3)見たいです

5　(1)It's about a manhole toilet.

(2)We have to open the manhole.

❶ (1)「私は今日の午後にサッカーをするつもりです。」 主語に合わせてbe動詞はam。
(2)「カナとユイは一緒に英語を勉強するつもりです。」 主語が複数なのでbe動詞はare。 (3)「リカは来月奈良を訪れます。」willのあとは動詞の原形が続く。 (4)「もし明日晴れたら、テニスをしましょう。」「もし〜なら、…」はifを使う。

❷ (1)「今日の夕食」と未来のことを話しているのでwillを使う。 (2)「〜するつもりです」はbe going to 〜で表す。主語がJohnなのでbe動詞はis。 (3)「もし〜なら、…」はif 〜で表す。ifのあとは主語＋動詞の形が続く。 (4)「〜でしょう」はwillを使って表す。willのあとは動詞の原形が続く。

❸ (1)「彼女は新しいコンピュータを買うつもりです。」主語がSheなのでbe動詞はis。 (2)「私は弟と一緒に学校へ行きます。」willのあとは動詞の原形が続く。 (3)「ジェーンはその学校で先生になりますか。」〈Will＋主語＋動詞の原形〜?〉の形を作る。 (4)「もしあなたがのどが渇いていたら、水を飲みなさい。」〈If＋主語＋動詞＋〜，主語＋動詞＋….〉または〈主語＋動詞＋…＋if＋主語＋動詞＋〜.〉の形にする。

❹ (1)「〜するつもりです」なのでbe going toを使う。「ここにいる」はstay here。 (2)「何を〜するつもりですか」は〈What＋be動詞＋主語＋going to 〜?〉で表す。 (3)want to seeは「見たい」という意味。

❺ (1)「この記事は何についてですか。」1文目を参照。 (2)「もしあなたがマンホールトイレを使いたかったら、最初に何をしなければなりませんか。」3文目を参照。

これはマンホールトイレです。私は実験を見ました。もし、あなたがマンホールトイレを使いたかったら、まず最初にマンホールを開けなければなりません。次に、その上に便座を置きます。そして、その上にテントを張ります。それからあなたはトイレを使うことができます。

pp.42〜43 ぴたトレ3

❶ (1)× (2)〇 (3)×

❷ (1)ウ (2)イ (3)ウ

❸ (1)Are, to, am (2)Will, be, won't

❹ (1)They will go camping tomorrow(.)

(2)Where will Sayaka run(?)
(3)(Please) eat this if you are hungry(.)

❺ (1)Kyoto
(2)美しい川と古い寺
(3)If it is sunny (4)冬のキャンプ

❻ (1)How will the weather be tomorrow?
(2)If it's sunny tomorrow, let's play in the park. (Let's play in the park if it's sunny tomorrow.)
(3)I'm going to study English in the library tomorrow.

❶ (1)「天気」「劇場」 (2)「着く」「運転する」 (3)「信じる」「今夜」

❷ (1)(3)3番目の音節を強く読む。 (2)2番目の音節を強く読む。 (1)「お土産」 (2)「明日」 (3)「情報」

❸ (1)「あなたはあの寺を訪れるつもりですか。」「はい。」 (2)「明日の東京は風が強いでしょうか。」「いいえ、そうではないでしょう。」

❹ (1)「〜でしょう」はwill 〜で表す。「キャンプをする」はgo camping。 (2)「どこを〜しますか。」は〈Where＋will＋主語＋動詞の原形〜?〉で表す。 (3)「もし〜なら、…」はifを使って表す。「お腹が空いている」はhungry。

❺ (1)2文前のリョウの発言に「京都を旅行するつもりです」とあり、京都について「とても好きだ」と言っていると考える。 (2)リョウの最初の発言の2文目を参照。be famous for 〜で「〜で有名である」の意味。 (3)「もし〜なら、…」は〈if＋主語＋動詞＋〜，主語＋動詞＋…〉で表す。天気を表す主語はit。 (4)Mr. Smithの最後の発言の最終文参照。

スミス先生：リョウ、あなたは冬休みの間に何をするつもりですか。
リョウ：ぼくは京都を旅行するつもりです。美しい川と古い寺で有名です。ぼくはその場所がとても好きです。また、ぼくの祖父と祖母がそこに住んでいるので、彼らのもとも訪れます。
スミス先生：いいね。ナナ、君はどう？
ナナ：私はおじとテニスをするつもりです。彼はそれがとても得意です。
スミス先生：彼はあなたの家に滞在するつもりですか？

ナナ：いいえ，ちがいます。彼は午後9時前に
　　　は家に帰ります。
スミス先生：ジョージ，あなたの予定を私たち
　　　　　　に教えてくれますか？
ジョージ：はい。ぼくは友達とスキーに行くつ
　　　　　もりです。楽しみにしています。ス
　　　　　ミス先生，あなたはどうですか？冬
　　　　　休みの間に何をするつもりですか？
スミス先生：そうですね。もし晴れたら，私は
　　　　　　キャンプへ行くつもりです。冬の
　　　　　　キャンプはすばらしいですよ。
ジョージ：いいですね。

⑥ (1)天気をたずねるときは疑問詞Howを使う。
明日のことなのでwillを使う。be動詞の原
形はbe。　(2)「もし〜なら，…」は〈If＋主語
＋動詞〜，主語＋動詞…〉または〈主語＋動
詞…＋if＋主語＋動詞〜〉で表す。語数が変
わらないので，ifは文頭でも文中でもよい。
(3)「〜するつもりだ」はbe going to 〜で表す。

英作文の採点ポイント
□単語のつづりが正しい。（3点） □（　）内の語数で書けている。（2点） □(1)語順が正しい。　(2)接続詞ifが正しく使えて いる。　(3)未来の表現(be going to...)が正し く使えている。（3点）

Let's Read 1 〜 Daily Life 3

p.44　　　　　　　　　　ぴたトレ1

Words & Phrases

(1)成長する，大きくなる，育つ　(2)赤ちゃん
(3)町　(4)娘　(5)find　(6)found　(7)said
(8)ran

1 (1)ア　(2)ア
2 (1)I want to drink a cup of tea(.)
(2)I am proud of you(.)

解き方 1 (1)「〜の勝者」はthe winner of 〜で表す。
(2)「〜の写真」はa picture of 〜で表す。
2 (1)「〜したい」はwant to 〜。「1杯の紅茶」
はa cup of tea。　(2)「〜を誇りに思う」は
be proud of 〜。

p.45　　　　　　　　　　ぴたトレ1

Words & Phrases

(1)〜を置いて[残して]いく　(2)男の子，少年

(3)起こる，生じる　(4)(男の)部下　(5)begin
(6)began　(7)grew　(8)fell

1 (1)イ　(2)イ
2 (1)(I said to him, ") Help me, please(.")
(2)(Aya asked me, ") Where is the
key(?")

解き方 1 (1)「言いました」なので過去形で表す。
(2)「疲れている」なので現在形で表す。
2 (1)「手伝ってください」はHelp me, please。
meのあとのコンマを忘れないように注意。
(2)「〜はどこですか」はWhere 〜?で表す。

p.46　　　　　　　　　　ぴたトレ1

Words & Phrases

(1)すばやく，ただちに　(2)傷ついた　(3)死ぬ
(4)outside　(5)take care of
(6)take part in[join]

1 (1)イ　(2)イ
2 (1)They enjoyed playing tennis(.)

解き方 1 (1)「〜し終える」はfinish＋動名詞で表す。
(2)「〜するのをやめる」はstop＋動名詞で表
す。
2 (1)「〜して楽しむ」はenjoy＋動名詞で表す。

p.47　　　　　　　　　　ぴたトレ1

Words & Phrases

(1)ついに，やっとのことで，ようやく
(2)心，感情　(3)毛，髪の毛
(4)〜を感動させる　(5)kick　(6)dream
(7)felt　(8)once upon a time

1 (1)ア　(2)ア
2 (1)This shirt is too small for me(.)
(2)This math homework is too easy for
him(.)

解き方 1 (1)「大きすぎる」はtoo big。　(2)「古すぎる」
はtoo old。
2 (1)「小さすぎる」はtoo small。　(2)「簡単す
ぎる」はtoo easy。

p.48　　　　　　　　　　ぴたトレ1

Words & Phrases

(1)観光　(2)country

1 (1)イ　(2)イ
2 (1)(Please) call me "Akkie"(.)

(2)(About) 50 years ago, my grandparents got married(.)

解き方 ① (1)「~することが好き」はlike +動名詞で表す。 (2)「ゲームをすること」はplaying computer games。

② (1)「~を…と呼んで」はcall ~ …で表す。 (2)「50年前」は50 years ago。「結婚した」は get married。

Words & Phrases

(1)大きさ (2)パン (3)large (4)thirsty

① (1)ア (2)イ

② (1)Shall I bring water(?)
(2)Would you like coffee(?)

解き方 ① (1)「~してくれませんか」はWill you ~?で表す。 (2)「~をお願いします」はCan I have ~?で表す。

② (1)「~しましょうか」はShall I ~?で表す。 (2)「~はいかがですか」はWould you like ~?で表す。

① (1)ウ (2)ア (3)イ (4)エ

② (1)stopped playing (2)want to
(3)Would you (4)taking photos[pictures]

③ (1)Will[Can] you buy that[the] red T-shirt?
(2)I finished doing my homework.
(3)That[The] bag is too big[large] for me.
(4)I began[started] studying English at seven.[I began[started] to study English at seven.]

④ (1)sad
(2)If you make it
(3)心を感動させました

⑤ (1)A (thirsty) crow did.
(2)He found a pitcher.
(3)It is in the pitcher.

解き方 ① (1)「ユミは彼女の犬の世話をします。」take care of ~で「~の世話をする」という意味。 (2)「私はそのイベントに参加したいです。」take part in ~で「~に参加する」という意味。 (3)「新しいかばんを買ってください！これは古すぎます。」too ~で「~すぎる」と

いう意味。 (4)「ユウスケは昨日公園を走りました。」走るの過去形はran。

② (1)「~をやめる」はstop +動名詞で表す。 (2)「~したい」はwant to ~で表す。 (3)「~はいかがですか」はWould you like ~?で表す。 (4)「~すること」は不定詞あるいは動名詞で表す。ここでは空欄の数から動名詞を選ぶ。

③ (1)「~してくれませんか」はWill[Can] you ~?で表す。 (2)「~し終える」はfinish +動名詞で表す。 (3)「~すぎる」はtoo +形容詞で表す。 (4)「~し始める」はbegin[start] +動名詞で表す。過去形なのでbegan[started]にする。

④ (1)Don't be ~で「~しないで」という意味。悲しいはsad。 (2)「もし~なら，…」は〈If +主語+動詞+～，主語+動詞+…〉で表す。 (3)moveは「~を感動させる」という意味。

⑤ (1)「誰が水差しを見つけましたか。」1文目を参照。 (2)「カラスは水差しの中に何を見つけましたか。」1～2文目を参照。 (3)「どこにほんの少しの水がありましたか。」6文目を参照。

全訳 あるのどが渇いたカラスが水差しを見つけました。彼は水がその中に入っているのを見つけました。彼はとても嬉しかったです。しかし彼はその水を飲むことができませんでした。彼のくちばしはそれに届きませんでした。水差しにはほんの少しの水しかありませんでした。「私はこれを飲めない，でもとてものどが渇いている。」

Unit 4 ～ Active Grammar 4

Words & Phrases

(1)フェリー，連絡船 (2)砲台
(3)~を確かめる (4)island (5)make a plan
(6)check out

① (1)ア (2)イ (3)イ (4)イ

② (1)is, chair (2)are, bottles

③ (1)There are some trees in (the park.)
(2)(There) is a nice restaurant by the pond(.)
(3)(There) is a small house at the corner(.)

(4)Let's make a plan for next weekend(.)

解き方 ① (1)「1冊の本」は単数なのでbe動詞はis.
(2)「何個かのボール」は複数なのでbe動詞は
are。 (3)「〜の近くに」はnear。 (4)Are
there 〜?で聞かれているので，No, there
aren't.で答える。

② (1)「テーブルのそばに1つの椅子がありま
す。」 (2)「その箱の中に3本の瓶がありま
す。」

③ (1)「〜があります」はThere is[are] 〜.で表
す。「何本かの木」は複数なのでbe動詞は
are。 (2)「〜があります」はThere is[are]
〜.で表す。「1件のレストラン」は単数なの
でbe動詞はis。 (3)「その角に」はat the
corner。 (4)「計画を立てる」はmake a plan。

---

pp.54〜55 ぴたトレ**1**

Words & Phrases

(1)手 (2)船 (3)旗 (4)hold (5)past
(6)history

① (1)イ (2)ア (3)ア (4)ア

② (1)his friend (2)Tom, mug[cup]

③ (1)The man bought her a small doll(.)
(2)My grandmother showed me old
pictures(.)
(3)We are going to give him a birthday
present(.)
(4)What did you give him(?)

解き方 ① (1)「彼に」はhim。 (2)「私に」はme。 (3)
「(人)に話をする」はtell。 (4)「あげる」は
give。

② (1)「ソウタは彼の友達にチョコレートを買い
ました。」 (2)「エミはトムにマグカップを買
いました。」

③ (1)「(人)に(もの)を買う」はbuy＋(人)＋(も
の)で表す。 (2)「(人)に(もの)を見せる」は
show＋(人)＋(もの)で表す。 (3)「(人)に
(もの)をあげる」はgive＋(人)＋(もの)で
表す。 (4)「彼に」は代名詞の目的格のhim
を使う。

---

pp.56〜57 ぴたトレ**1**

Words & Phrases

(1)いつでも，いつも
(2)何か，何かあるもの[こと] (3)運動
(4)場所 (5)market (6)bookstore (7)cafe

---

(8)come back

① (1)イ (2)ア (3)イ (4)ア

② (1)to read (2)guitar to

③ (1)Can you give me anything to drink(?)
(2)I have a lot of things to do(.)
(3)There are many things to see in
Kyoto(.)
(4)I have something to wear in winter(.)

解き方 ① (1)「食べるもの」は「食べるためのもの」と考
え，不定詞で表す。 (2)「読む本」は「読む
ための本」と考え，不定詞で表す。 (3)「言う
こと」は「言うべきこと」と考え，不定詞で表
す。 (4)「〜すべき」は不定詞で表す。

② (1)「私は読むための本を持っています。」
(2)「エミは弾くためのギターを持っていま
す。」

③ (1)「何か飲むもの」は「飲むための何か」と考
え，anything to drinkで表す。 (2)「する
こと」は「すべきこと」と考え，things to
doで表す。 (3)「見るべきもの」はthings to
seeで表す。 (4)「何か着るもの」は「着るた
めの何か」と考え，something to wearで
表す。

---

p.58 ぴたトレ**1**

Words & Phrases

(1)コンサート，音楽会，演奏会 (2)nature

① (1)ア (2)ア

② (1)We can enjoy some attractions such
as barbecue and (camping.)

解き方 ① (1)「まず」はfirstで表す。 (2)「さらに」は
alsoで表す。

② (1)「〜などの」はsuch asで表す。「魅力ある
こと」はattractions。

---

pp.59〜60 ぴたトレ**1**

Words & Phrases

(1)この辺りで (2)〜に沿って (3)左
(4)subway (5)street (6)Excuse me.

① (1)ア (2)イ (3)ア (4)ア

② (1)you tell (2)you call

③ (1)(Will) you get off at the next bus
stop(?)
(2)(How) long does it take to the post
office(?)

(3)Could you tell me the way to the
police station(?)

(4)(Which train) did you take to get to
(Ueno?)

解き方 1 (1)「降りる」はget off。 (2)「〜までの道の
り」はthe way to 〜で表す。 (3)かかる時
間はHow long 〜?でたずねる。 (4)「〜に
乗る」はtakeで表す。

2 (1)「このレストランへの道のりを教えていた
だけますか。」 (2)「今夜,私に電話していた
だけますか。」

3 (1)「降りる」はget off。バス停はbus stop。
(2)かかる時間はHow long 〜?でたずねる。
(3)「〜までの道のり」はthe way to 〜で表
す。 (4)「〜に乗る」はtakeで表す。「…に着
くまでの〜」は〜 get to …。

p.61 ぴたトレ**1**

Words & Phrases

(1)〜を送る (2)gave

1 (1)ア (2)ア

2 (1)I gave her some oranges(.)

解き方 1 (1)「〜するのを楽しむ」はenjoy+動名詞で
表す。 (2)「私に」は代名詞meを使う。

2 (1)「(人)に(もの)をあげる」はgive+(人)+
(もの)の語順で表す。

pp.62〜63 ぴたトレ**2**

1 (1)ウ (2)イ (3)ア (4)ア

2 (1)you, bag (2)finished doing
(3)Are, any

3 (1)Are there many books in (the
library?)

(2)How long does it take to (get to the
school?)

(3)(Can you) give me anything to eat(?)

(4)We'll buy her a birthday present(.)

4 (1)Is there a ferry to the island
(2)sounds
(3)たくさんの劇場があります

5 (1)A team of junior high school students
in Osaka did.

(2)It will be helpful for sign language
users.

解き方 1 (1)「私たちの学校の前に大きな家がありま
す。」There is 〜で「〜がある」という意味。
(2)「私にその本を見せてくれますか。」show
me 〜で「私に〜を見せて」という意味。
(3)「駅までの道のりを教えていただけます
か。」Could you 〜?で「〜していただけま
すか」という意味。 (4)「私は学ぶべきことが
たくさんあります。」things to learnで「学
ぶべきこと」という意味。

2 (1)「(人)に(もの)をあげる」はgive+(人)+
(もの)で表す。 (2)「〜し終える」はfinish
〜 ingで表す。 (3)「〜がありますか」はIs
there 〜?で表す。「何か」はany。

3 (1)「〜がありますか」はAre there 〜?で表
す。 (2)かかる時間はHow long 〜?で表す。
(3)「(人)に(もの)をあげる」はgive+(人)+
(もの)で表す。「何か食べるもの」は「何か食
べるためのもの」と考え,不定詞を使い,
anything to eatとする。

4 (1)「〜はありますか」はIs there 〜?でたず
ねる。フェリーはferry。 (2)「それはいい
ですね。」はThat sounds good.と表す。
(3)There are 〜.は「〜があります」という
意味。theatersは劇場。

5 (1)「誰がロボットを開発しましたか。」2文目
を参照。 (2)「ロボットは誰の役に立ちます
か。」最終文を参照。

全訳 そのロボットは企業の製品ではありませ
んでした。大阪の中学生のグループが開発しま
した。彼らにとってロボットをプログラムする
のは難しかったです。彼らは一生懸命それに取
り組みました。彼らは手話を使う人々にとって
それが役に立つと信じています。

pp.64〜65 ぴたトレ**3**

1 (1)× (2)× (3)×

2 (1)ア (2)イ (3)イ

3 (1)there, there are (2)to do

4 (1)Show me your pictures (, please.)
(2)How many students are there in your
class(?)

5 (1)Is there a police station around (here?)
(2)About twenty minutes.
(3)(例) 3番目の角
(4)present[gift]

6 (1)There are five parks in this city.

(2)Could you tell me the way to the park?

(3)It takes about thirty minutes.

解き方
❶ (1)「島」「船」 (2)「自然」「市場」 (3)「運動」「コンサート」

❷ (1)最初の音節を強く読む。 (2)(3)2番目の音節を強く読む。 (1)「歴史」 (2)「例」 (3)「魅力あるもの」

❸ (1)「あなたの部屋にはいくつかの椅子がありますか。」「はい，あります。」 (2)「今日，暇ですか。テニスをしましょう。」「ごめんなさい，いそがしいんです。今日，私にはたくさんのするべきことがあります。」

❹ (1)「(人)に(もの)を見せる」はshow + (人) + (もの)で表す。 (2)「何人の～がいますか」はHow many ～ are there?で表す。

❺ (1)「この近くに警察署はありますか。」という意味の文にする。 (2)男性の3番目の発言を参照。 (3)女性の最初の発言を参照。 (4)「(人)に(もの)を買う」はbuy + (人) + (もの)で表す。

全訳
スーザン：すみません。この近くに警察署はありますか。

男性：はい，あります。ABC警察署ですね。

スーザン：どこにありますか。私はこの場所をよく知らなくて。

男性：大きな図書館の近くにありますが，少しここからは遠いです。

スーザン：ここからどのくらいかかりますか。

男性：約20分です。すみません，行かなくてはなりません。

スーザン：わかりました，ありがとうございます。

～5分後～

スーザン：すみません。私はABC警察署に行きたいのですが，私はその場所を知りません。どこにありますか。

女性：この通り沿いに歩いて，3番目の角を左に曲がります。そうしたら，あなたの右側に見えるでしょう。

スーザン：わかりました。ありがとうございます。ところで，おもちゃを買うのによい店はありますか。

女性：XYZ店がいいと思います。警察署の隣にあります。

スーザン：ありがとうございます。私は妹にプ

レゼントを買うつもりです。

❻ (1)「～がある」はThere is[are] ～.で表す。5つの公園という複数の内容について表すのでbe動詞はareを使う。 (2)道を聞くときはCould you tell me the way to ～?で表す。 (3)かかる時間を表すときの主語はitを使う。「(時間が)かかる」はtake。

英作文の採点ポイント
□単語のつづりが正しい。（3点）
□（ ）内の語数で書けている。（3点）
□(1)There [is]are ～.の文が正しく使えている。 (2)(3)道案内に関する表現が正しく使えている。（4点）

Unit 5 ～ Active Grammar 5

pp.66～67　　　　　　ぴたトレ1

Words & Phrases
(1)議論，討論 (2)揺れる，振動する
(3)集団，グループ (4)郵便局
(5)～にアイロンをかける (6)bathroom
(7)close (8)quietly (9)door (10)get down

❶ (1)イ (2)ア (3)イ (4)ア

❷ (1)have to run (2)has to write

❸ (1)has, read (2)Do, have
(3)don't have to (4)doesn't have to

❹ (1)We have to leave the station (at nine.)
(2)Ryo doesn't have to go to bed (early today.)
(3)(I) have to stay home until three o'clock(.)
(4)(She) doesn't have to go to the museum(.)

解き方
❶ (1)「～する必要がある」はhave to ～。
(2)「～する必要はない」は主語がJudyなのでdoesn't have to ～。 (3)主語が3人称単数なのでhas to ～。 (4)toのあとは動詞の原形が続く。

❷ (1)「あなたは走る必要があります。」
(2)「ジェーンは手紙を書く必要があります。」

❸ (1)「～する必要がある」はhave to ～で表す。主語が3人称単数なのでhas to ～。 (2)疑問文はDoを文頭に置く。 (3)「～する必要はない」はdon't[doesn't] have to ～。

(4)主語が3人称単数なのでdoesn't have to ～で表す。

4 (1)「～する必要がある」はhave to ～。「～を出発する」はleave。 (2)「～する必要はない」はdon't[doesn't] have to ～。 (3)「～する必要がある」はhave to ～。「～まで」はuntil。 (4)「～する必要はない」はdon't[doesn't] have to ～。

pp.68〜69 ぴたトレ1

Words & Phrases

(1)～を守る，保護する (2)首 (3)木，樹木 (4)台風 (5)腕 (6)safe (7)head (8)push (9)hold on (10)go into

1 (1)イ (2)イ (3)ア (4)ア
2 (1)must be quiet (2)must walk
3 (1)I must go to the hospital(.)
(2)You must not drink water here(.)
(3)(Miki) must take care of the cat(.)
(4)(You) must not swim in the river(.)

解き方 1 (1)「～してはいけない」はmust not ～。must notはmustn'tと短縮する。 (2)「～する必要はない」はdon't[doesn't] have to ～。 (3)「～しなければならない」はmust ～。 (4)mustのあとは動詞の原形が続く。
2 (1)「あなたたちは静かにしなければなりません。」 (2)「彼女は毎朝歩かなければなりません。」
3 (1)「～しなければならない」はmust ～。 (2)「～してはいけない」はmust not ～。 (3)「～しなければならない」はmust ～。「～の世話をする」はtake care of ～。 (4)「～してはいけない」はmust not ～。

pp.70〜71 ぴたトレ1

Words & Phrases

(1)非常事態，緊急事態 (2)避難 (3)懐中電灯 (4)笛 (5)prepare (6)useful (7)become[be] (8)member

1 (1)イ (2)ア (3)ア (4)イ
2 (1)should (2)should read (3)shouldn't (4)should listen
3 (1)should raise (2)should make
4 (1)(Sayaka) should clean her room(.)
(2)You should visit Kyoto in fall(.)

(3)You should take a bath (now.)
(4)(He) should not play baseball here(.)

解き方 1 (1)「～すべきです」はshould ～。shouldのあとは動詞の原形が続く。 (2)「～すべきではない」はshould not ～。should notはshouldn'tと短縮する。 (3)shouldは「～したほうがよい」という助言の意味も表す。 (4)shouldのあとは動詞の原形が続く。
2 (1)疑問詞のある疑問文では，疑問詞のあとにshould＋主語＋動詞 ～の順に置く。 (2)「～したほうがよい」はshouldで表す。「読む」はread。 (3)「～すべきではない」はshould not[shouldn't]で表す。ここでは空欄の数から短縮形を使う。 (4)「～すべきです」はshould ～。「聞く」はlisten to ～。
3 (1)「ミキは授業中に手を挙げるべきです。」 (2)「トモヤは彼の母のためにケーキを作るべきです。」
4 (1)「～すべきです」はshould ～。主語が3人称単数でも形は変わらない。 (2)「～すべきです」はshould ～。 (3)「～すべきです」はshould ～。「お風呂に入る」はtake a bath。 (4)「～すべきではない」はshould not ～。

p.72 ぴたトレ1

Words & Phrases

(1)～に参加する，加わる (2)薬，薬剤 (3)volunteer (4)reason

1 (1)イ (2)ア
2 (1)I would like to make something for someone(.)
(2)Tom doesn't think he should join the event(.)

解き方 1 (1)「～と思いません」はdon't think (that) ～で表す。 (2)everyoneは単数扱いなのでbe動詞はisを使う。
2 (1)「～したいと思います」はwould like to ～で表す。「人のためになるもの」はsomething for someone。 (2)「～ではないと思います」はdon't think (that) ～で表す。主語が3人称単数なのでdon'tをdoesn'tにする。

p.73 ぴたトレ1

Words & Phrases

(1)痛む，痛い (2)(手の)指 (3)meeting

(4)explain

1 (1)ア (2)イ

2 (1)He looks pale(.)
(2)My daughter doesn't have a
headache(.)

解き方 1 (1)「薬を飲む」はtake medicineで表す。
(2)take care of ～は「～の世話をする」と
いう意味だが，Take care of yourself.は
「お大事にしてください。」という意味。
2 (1)「～のように見える」はlook ～で表す。
主語が3人称単数なのでlooksに変えて使
う。 (2)「頭痛がある」はhave a headache
で表す。

pp.74～75 ぴたトレ1

Words & Phrases

(1)もちろん，その通り，承知しました
(2)hunt

1 (1)イ (2)ア (3)ア (4)ア

2 (1)Can[Will], read
(2)Can[Will], write

3 (1)(I) must study for tomorrow's test(.)
(2)Can they speak Japanese(?)
(3)May I come in(?)
(4)Would you like something to drink(?)

解き方 1 (1)「～してくれませんか」は依頼。Can you
～?で表す。 (2)「～でしょう」は未来。will
～で表す。天気を表す主語はitを使う。
(3)「～すべきです」は義務。shouldで表す。
(4)「～してくれませんか」は依頼。Will you
～?で表す。
2 (1)「この本を読んでくれませんか。」 (2)「日
本語であなたの名前を書いてくれません
か。」
3 (1)「～しなければならない」は義務。mustで
表す。「明日のテストのため」はfor tomorrow's
test。 (2)「～できますか」は能力をたずねる
のでCan ～?で表す。 (3)「～してもいいで
すか」は許可を求める表現。May I ～?で表
す。 (4)「～はいかがですか」はすすめる表現。
Would you like ～?で表す。「何か飲むも
の」はsomething to drink。

pp.76～77 ぴたトレ2

1 (1)イ (2)ア (3)ウ (4)イ

2 (1)has to (2)must (3)should get up
(4)should take

3 (1)We don't[do not] have to buy carrots.
(2)You look pale.
(3)You should go home.
(4)Ken must[has to] stay in his
house[stay home] today.

4 (1)can
(2)Do we have to take[bring] our bags?
(3)確認する必要があるでしょう

5 (1)They gathered at a little village in
Spain.
(2)They started to throw tomatoes at
each other.

解き方 1 (1)「私は毎朝公園を走る必要があります。」
have to ～で「～する必要がある」という意
味。 (2)「あなたはのどが渇いたときに水を
飲まなければいけません。」mustで「～しな
ければいけない」という意味。 (3)「リサに代
わっていただけますか。」May I ～?で「～し
てもいいですか」という許可を求める意味。
(4)「私はあなたがこの本を読んだほうがよい
と思います。」shouldで「～したほうがよい」
という意味。
2 (1)「～する必要がある」はhave to ～で表す。
主語が3人称単数なのでhas to ～とする。
(2)「～しなければいけない」はmustで表す。
(3)「～すべきです」はshouldで表す。
shouldのあとは動詞の原形が続く。 (4)「～
したほうがよい」はshouldで表す。「薬を
飲む」はtake medicine。
3 (1)「～する必要がない」はdon't have to ～
で表す。「ニンジン」はcarrots。 (2)「～の
ように見える」はlookで表す。 (3)「～すべ
きです」はshouldで表す。「家に帰る」はgo
home。 (4)「～しなければならない」は
must[have to]で表す。「家にいる」はstay
in his house。
4 (1)「～ができます」は可能のcanで表す。
(2)「～する必要がありますか。」はDo we
have to ～?で表す。「かばんを持っていく」
はtake our bags。 (3)have to ～で「～す
る必要がある」という意味。checkは「確認
する」という意味。
5 (1)「どこに大勢の人々が集まりますか。」2文
目を参照。 (2)「その祭りで人々は何を始め

ましたか。」3文目を参照。

全訳 ある日，私は驚くべき祭りをテレビで見ました。たくさんの人々がスペインの小さな村に集まりました。彼らはトマトをお互いに投げ始め，彼らはすぐにトマトジュースで真っ赤になりました。私はその祭りを見て興奮しました。

pp.78〜79 **ぴたトレ3**

❶ (1)× (2)× (3)○

❷ (1)イ (2)ウ (3)イ

❸ (1)Can[May] I borrow
(2)must not, baseball (3)doesn't have to

❹ (1)(You) must keep quiet in the hospital(.)
(2)Mika should cook dinner tonight(.)

❺ (1)イ
(2)I have a lot of things to (do today.)
(3)have to cook[make]
(4)(例)テストは来週だから。

❻ (1)I have a fever.
(2)You must help your mother.
(3)You must not run.

解き方
❶ (1)「〜を準備する」「無事な」 (2)「冷静な」「揺れる」 (3)「浴室」「アニメ」
❷ (1)(3)2番目の音節を強く読む。 (2)3番目の音節を強く読む。 (1)「議論」 (2)「ボランティア」 (3)「台風」
❸ (1)「〜してもいいですか。」はCan I 〜?で表す。「借りる」はborrow。 (2)「〜をしてはいけない」はmust notで表す。 (3)「〜する必要はない」はdon't have to 〜で表す。主語が3人称単数なのでdon'tではなくdoesn'tを使う。
❹ (1)「〜しなければならない」はmustで表す。「静かにしている」はkeep quiet。 (2)「〜すべきです」はshouldで表す。
❺ (1)「あなたは具合が悪く見えます。」という意味の文にする。「〜に見える」はlookで表す。 (2)「私はすべきことがたくさんあります。」という意味の文にする。 (3)「〜する必要がある」はhave to 〜で表す。 (4)ベスの最後の発言に注目。テストは来週なので今日勉強する必要はないと言っている。

全訳
ベス：こんにちは，ナンシー。あなたは顔色が悪そうに見えるわ。具合が悪いの？

ナンシー：まあ，こんにちは，ベス。私は熱があるの。

ベス：保健室に行くべきだわ。一緒に行きましょう。

ナンシー：ありがとう。でも私は今日すべきことがたくさんあるの。

ベス：それらは何なの？

ナンシー：まず，私は部活のミーティングに出る必要があるわ。

ベス：まあ，分かったわ。私はメンバーに伝えておくわ。他には何があるの？

ナンシー：今日は母が家にいないから，弟のために夕食を作る必要があるの。

ベス：あなたは何か食べるものを買ったほうがいいわ。あなたは料理する必要はないわ。

ナンシー：ありがとう。あともうひとつ，私は数学の勉強をしないといけないわ。私たちは明日テストがあるわ。

ベス：まあ，心配しなくていいわよ。テストは来週よ。あなたは今日勉強する必要はないわ。あなたは家に帰ってよく寝ないといけないわ！

❻ (1)「熱がある」はhave a feverで表す。
(2)「〜しなければいけない」はmustで表す。「母親を手伝う」はhelp your mother。
(3)「〜してはいけない」はmust not 〜で表す。

英作文の採点ポイント
□単語のつづりが正しい。(4点)
□( )内の語数で書けている。(2点)
□(1)体調不良に関する表現が正しく使えている。 (2)(3)mustの文が正しく使えている。(4点)

Unit 6 〜 Active Grammar 7

pp.80〜81 **ぴたトレ1**

Words & Phrases
(1)ネパール語 (2)ガールフレンド (3)凧
(4)〜と話す，〜に相談する (5)language
(6)abroad (7)make friends (8)fly

① (1)ア (2)イ (3)イ

② (1)to buy (2)to learn (3)to meet[see]

③ (1)to run (2)to read

④ (1)Ryo studies English to work in New York(.)
(2)I bought a dictionary to read that

English book(.)

(3)My sister studies hard to be a
    teacher(.)

(4)I came here to say thank you(.)

解き方

■1 (1)「～するための」は不定詞で表す。
    (2)(3)「～するために」は不定詞で表す。

■2 (1)「買うために」はto buy。 (2)「学ぶために」
    はto learn。 (3)「会うために」はto meet[see]。

■3 (1)「私は公園を走るために6時に起きます。」
    (2)「私は新聞を読むために6時に起きます。」

■4 (1)「～するために」は不定詞で表す。「ニュー
    ヨークで働く」はwork in New York。
    (2)「～するために」は不定詞で表す。 (3)「先
    生になる」はbe a teacher。 (4)「お礼を言
    う」はsay thank you。

---

pp.82~83 ぴたトレ1

Words & Phrases

(1)図工 (2)子供 (3)～について話す
(4)立ち続ける (5)1日に3回
(6)communicate (7)teach (8)children
(9)be able to ～[can] (10)help ～ with ...

■1 (1)ア (2)イ (3)ア (4)イ

■2 (1)because (2)Because
    (3)because he

■3 (1)because, like (2)because I

■4 (1)Because I saw a lot of flowers, I was
    (happy.)
    (2)We can play baseball because it is
    sunny(.)
    (3)I am in the chorus club because I like
    music(.)
    (4)Because I like drawing, I want to be
    an artist(.)

解き方

■1 (1)(4)「～なので」はbecauseで表す。
    (2)(3)becauseのあとは主語＋動詞が続く。

■2 (1)「～なので」はbecauseで表す。
    (2)becauseは文頭にくる場合もある。
    (3)becauseのあとは主語＋動詞が続く。

■3 (1)「私は動物が好きなので，獣医になりたい
    です。」 (2)「私は料理が好きなので，料理長
    になりたいです。」

■4 (1)「～なので」はbecauseで表す。文頭に
    becauseが来るときは文の途中にコンマを
    入れる。 (2)「～なので」はbecauseで表す。

---

(3)「～部に入っている」はbe in the ～ club
    で表す。 (4)「～になりたい」はwant to be
    ～で表す。

pp.84~85 ぴたトレ1

Words & Phrases

(1)準備(すること) (2)週 (3)賞
(4)うれしく思う (5)～で負ける，敗れる
(6)試合 (7)again (8)surprising (9)lost
(10)won (11)pass the exam
(12)pay attention to ～

■1 (1)ア (2)ア (3)ア (4)ア

■2 (1)to hear (2)to meet

■3 (1)I'm glad to see your mother(.)
    (2)(Saki) was surprised to get a
    present(.)
    (3)(Jane) was sad to see the picture(.)
    (4)(They) were sorry to hear the story(.)

解き方

■1 (1)不定詞は必ず動詞の原形にする。
    (2)(3)(4)「～して…」は不定詞で表す。

■2 (1)「私はそれを聞いて驚いています。」
    (2)「私はあなたたちに再び会えてうれしいで
    す。」

■3 (1)(3)(4)「～して…」は不定詞で表す。 (2)「プ
    レゼントをもらう」はget a present。

---

pp.86~87 ぴたトレ1

Words & Phrases

(1)それにもかかわらず，それでもやはり
(2)エビ (3)生物 (4)職員，従業員，スタッフ
(5)ヒトデ (6)stood (7)touch
(8)introduce (9)answer (10)question

■1 (1)ア (2)ア (3)ア (4)ア

■2 (1)to wear (2)to play

■3 (1)Let's practice hard to win the
    match(!)
    (2)My father went to the lake to draw
    pictures(.)
    (3)I was happy to see a famous writer(.)
    (4)She needs something to write (with
    now.)

解き方

■1 (1)「～するための…」は不定詞で表す。
    (2)「～するために」は不定詞で表す。 (3)「～
    して…」は不定詞で表す。 (4)「何か食べるも

の」は「何か食べるためのもの」と考え，anything to eatで表す。

2 (1)「私はパーティーで着るためのドレスが欲しいです。」　(2)「私は犬と遊ぶためのボールが欲しいです。」

3 (1)「～するために」は不定詞で表す。「試合に勝つ」はwin the match。　(2)「～するために」は不定詞で表す。「絵を描く」はdraw pictures。　(3)「～して」は不定詞で表す。「有名な作家」はa famous writer。　(4)「～するための」は不定詞で表す。

Words & Phrases

(1)気持ちを伝え合う，理解し合う，意思疎通をする

(2)also

1 (1)ア　(2)イ　(3)ア

2 (1)thinks, win　(2)think, climb

3 (1)(I) couldn't sleep well because it was hot(.)
(2)He swam in the river when he went on a picnic(.)
(3)I'm sure that it will rain (tomorrow.)
(4)If you are free, please help your (father.)

解き方

1 (1)「～するとき」はwhenで表す。　(2)「もし～なら…」はifで表す。　(3)「～だと思う」はthink (that) ～で表す。

2 (1)「彼女はジョンが試合に勝つと思っています。」　(2)「彼らは自分たちがあの山に登ることができると思っています。」

3 (1)「～ので」はbecauseで表す。「よく眠る」はsleep well。　(2)「～するとき」はwhenで表す。「ピクニックへ行った」はwent on a picnic。　(3)「きっと～だと思います」はbe sure (that) ～で表す。　(4)「もし～なら…」はifで表す。ifが文頭にくる場合は，文の途中にコンマを入れる。

1 (1)イ　(2)イ　(3)ア　(4)イ

2 (1)to be[become]　(2)because it, cool
(3)to read　(4)that, is

3 (1)I didn't go to the park because it was

rainy.[Because it was rainy, I didn't go to the park.]
(2)I was surprised to see him there.
(3)I bought a new computer to study English.
(4)I think (that) math is difficult.

4 (1)teachers have to do a lot of preparation
(2)(例) I want to do it again.
(3)I'm glad[happy] to hear that(.)

5 (1)They look shy.
(2)Because they don't want to drift apart when they are sleeping.

解き方

1 (1)「私は夕食で使うためのニンジンを買いました。」「～するための…」は不定詞で表す。　(2)「私はあなたに再び会えてうれしいです。」「～して…」は不定詞で表す。　(3)「私は音楽が好きなので歌手になりたいです。」「～なので」はbecauseで表す。　(4)「もし明日雨が降ったら，家で遊びましょう。」「もし～なら，…」はifで表す。

2 (1)「～するために」は不定詞で表す。　(2)「～なので」はbecauseで表す。becauseのあとは主語＋動詞が続く。　(3)「～して」は不定詞で表す。　(4)「～だと知っている」はknow (that) ～で表す。この文ではthatを省略せず使う。

3 (1)「雨が降っていたので，私は公園へ行きませんでした。」という文にする。「～ので」はbecauseで表す。　(2)「私はそこで彼に会って驚きました。」という文にする。「～して…」は不定詞で表す。　(3)「私は英語を勉強するために新しいコンピュータを買いました。」という文にする。「～するために」は不定詞で表す。　(4)「私は数学が難しいと思います。」という文にする。「～と思う」はthink (that) ～で表す。

4 (1)「先生たちはたくさんの準備をする必要があります。」という文にする。「～する必要がある」have to ～。「たくさんの準備」はa lot of preparation。　(2)直前のDo you want to do it again?に対してYes!と答えているので，I want to do it again.とすると意味が通る。　(3)「～して…」は不定詞で表す。

5 (1)「ラッコが彼らの足で彼らの目を覆うとき，

どのように見えますか。」3文目を参照。
(2)「なぜラッコは手をつかみますか。」最終文を参照。

全訳 ラッコはかわいくて人気のある動物です。彼らはときどき彼らの足で彼らの目を覆います。彼らは恥ずかしがっているように見えますが，実は彼らは足を温めるためにそれをしています。彼らはときどき手をにぎります。彼は寝ている間に離れて漂流したくないのです。

pp.92〜93 **ぴたトレ3**

❶ (1)○ (2)× (3)×
❷ (1)イ (2)イ (3)ウ
❸ (1)are, to get (2)happy[glad] to join
(3)because, cake was (4)When I was
❹ (1)Because I was hungry, I ate three
(hamburgers.)
(2)(My mother) went to a shopping mall
to buy some clothes(.)
(3)(We) were very surprised to see the
movie(.)
❺ (1)イ (2)to help (3)to work
(4)次の[来年の]3月
❻ (1)I'm happy[glad] to talk to[with] you.
(2)I went to America to study[learn]
English.
(3)I am angry because you were late.

解き方
❶ (1)「職員」「〜に答える」 (2)「できる，能力がある」「いずれにしても」 (3)「負ける」「勝った」
❷ (1)(2)2番目の音節を強く読む。 (3)3番目の音節を強く読む。 (1)「注意」 (2)「気持ちを伝え合う」 (3)「紹介する」
❸ (1)「〜があります」はThere is[are] 〜.で表す。two waysと複数の語句が続くのでbe動詞はareを使う。 (2)「〜して…」は不定詞で表す。「〜に参加する」はjoin。 (3)「〜なので」はbecauseで表す。becauseのあとは主語＋動詞が続く。 (4)「〜するとき」はwhenで表す。「子供のとき」はwhen I was a child.
❹ (1)「〜なので」はbecauseで表す。 (2)「〜するために」は不定詞で表す。「服を買う」はbuy some clothes。 (3)「〜して…」は不定詞で表す。

❺ (1)talk with 〜で「〜と話す」という意味。
(2)「〜するために」は不定詞で表す。「助ける」はhelp。 (3)be going to 〜の文だと考える。 (4)最終文を参照。

全訳 私は職業体験について話したいと思います。私は高齢者向けの住宅で，クラスメイトのリョウと働きました。私たちはそのような住宅に興味があったので，そこを選びました。私たちは部屋の掃除をし，高齢者の方たちと話し，彼らの手伝いをしました。宮本さんという方がいました。彼はとても私たちに優しかったです。その住宅の小さな庭には美しい花があったので，私は彼にその花を見せるために，庭に連れて行きました。彼がそれを気に入ってくれて私はうれしかったです。これは私にとってとてもすばらしい経験でした。今，リョウと私は将来高齢者を助けるために働く介護福祉士になりたいと思っています。私たちは次の3月にまたそこで働くつもりです。

❻ (1)「〜して…」は不定詞で表す。「〜と話す」はtalk with 〜。 (2)「〜するために」は不定詞で表す。 (3)「〜ので」はbecauseで表す。「怒っている」はI am angry。「あなたが遅刻した」はyou were late。

英作文の採点ポイント
□単語のつづりが正しい。（3点）
□( )内の語数で書けている。（2点）
□(1)語順が正しい。 (2)不定詞の文が正しく使えている。 (3)becauseの文が正しく使えている。（3点）

Let's Read 2 〜 You Can Do It! 2

p.94 **ぴたトレ1**

Words & Phrases
(1)東，東方 (2)災害 (3)意見，考え
(4)毎日の，日々の，日常の (5)word
(6)skate (7)high school (8)spoke
❶ (1)ア (2)イ
❷ (1)They will never give up(.)
(2)She never eats beef(.)

解き方
❶ (1)「決して〜ない」はneverで表す。
(2)neverのあとは主語に合わせた形の動詞にする。
❷ (1)「決して〜ない」はneverで表す。「諦める」

はgive up。 (2)「決して～ない」はneverで表す。「牛肉」はbeef。

Words & Phrases

(1)理解する，～がわかる　(2)～を鼓舞する

(3)間違い，誤り

(4)トレーニングをする，訓練を受ける

(5)area(s)　(6)receive　(7)start[begin]

(8)at first

1 (1)イ　(2)ア

2 (1)I enjoyed the festival because of my friends(.)

解き方 1 (1)「～のために」はbecause of ～で表す。
(2)「～なので…」はbecauseで表す。
2 (1)「～のおかげで」はbecause of ～で表す。

Words & Phrases

(1)オリンピック　(2)～を痛める，傷つける

(3)さまざまな　(4)gold

(5)on the other hand　(6)became

1 (1)ア　(2)イ

2 (1)He will succeed in making cakes by himself(.)

(2)The child succeeded in walking(.)

解き方 1 「～に成功する」はsucceed in ～ingで表す。
2 (1)「一人で」はby himself。 (2)succeedの過去形はsucceeded。

Words & Phrases

(1)自信がある，自信に満ちた

(2)～を気にする　(3)メダル

(4)何とかして，どうにかして

(5)challenge　(6)limit　(7)gesture

(8)be on one's side

1 (1)ア　(2)イ

2 (1)(Tom) asked Masao to call him(.)

(2)(My mother) asked me to visit my grandmother(.)

(3)(Emi) asked John to wait for five minutes(.)

解き方 1 (1)「(人)に…することを頼む」はask＋(人)＋to …で表す。 (2)(人)にあたる部分は代名詞の目的格を使う。
2 (1)「(人)に…することを頼む」はask＋(人)＋to …で表す。 (2)「祖母を訪ねる」はvisit my grandmother。 (3)「5分待つ」はwait for five minutes。

Words & Phrases

(1)注意深い，慎重な　(2)空気　(3)～まで

(4)エンジニア，技師　(5)店　(6)thought

(7)business　(8)spread　(9)farmer

(10)express

1 (1)ア　(2)ア

2 (1)to go　(2)but also

(3)like to

3 (1)to run　(2)to play

4 (1)I'd like to tell you about my work experience(.)

(2)Which do you prefer, dogs or (cats?)

(3)This peach is not only big but also delicious(.)

(4)My sister decided to study in America(.)

解き方 1 (1)「～したいです」はwould like to ～で表す。 (2)「～を好む」はpreferで表す。
2 (1)「～することに決める」はdecide to ～で表す。「海外へ行く」はgo abroad。 (2)「～だけではなく…も」はnot only ～ but also …で表す。 (3)「～したいです」はI'd like to ～.で表す。
3 (1)「私は毎朝川沿いを走ることを決めました。」 (2)「彼は高校でバスケットボールをすることを決めました。」
4 (1)「～したいです」はwould like to ～で表す。「職業体験」はwork experience。
(2)「どちらが好きですか？」はWhich do you prefer ～?で表す。 (3)「～だけではなく…も」はnot only ～ but also …で表す。 (4)「～することに決める」はdecide to ～で表す。

1 (1)イ　(2)ウ　(3)イ　(4)ウ

② (1)you prefer　(2)decided to
　(3)only, also　(4)me to
③ (1)He never gives up.
　(2)My sister decided to work at the
　　bookstore.
　(3)I asked Tom to help me.
④ (1)when　(2)to support me
　(3)練習するための場所をくれました
⑤ (1)He used gestures.
　(2)He thinks (that) his English is still
　　limited.

解き方
① (1)「私は決して納豆を食べません。」「決して
　～ない」はneverで表す。　(2)「私は悪天候
　のために家にいました。」「～のために」は
　because of ～で表す。　(3)「私はあなたに
　私の祖母の話をしようと思います。」「～し
　ようと思います」はwould like to ～で表
　す。　(4)「～に成功する」はsucceed in -ing
　で表す。
② (1)「～を好む」はpreferで表す。　(2)「～する
　ことに決める」はdecide to ～で表す。
　(3)「～だけではなく…」はnot only ～ but
　also …で表す。　(4)「(人)に…を頼む」は
　ask＋(人)＋to …で表す。(人)にあたる部
　分は代名詞の目的格を使う。
③ (1)「決して～ない」はneverで表す。「あき
　らめる」はgive up。　(2)「～することに決め
　る」はdecide to ～で表す。「本屋で働く」
　はwork at the bookstore。　(3)「(人)に…
　を頼む」はask＋(人)＋to …で表す。(人)
　にあたる部分は代名詞の場合には目的格を
　使うが固有名詞の場合は形を変える必要は
　ない。
④ (1)「～するとき」は接続詞whenを使う。
　(2)「人々は私を支援するために来ました。」と
　いう文にする。「～するために」は不定詞で
　表す。　(3)gave＋(人)＋(もの)は「(人)に
　(もの)をあげた」という意味。place to
　practiceは「～するための」の不定詞を使っ
　ている。「練習するための場所」とする。
⑤ (1)「英単語がわからなかったとき，彼はどの
　ように自分の意見を伝えましたか。」2～3
　文目を参照。　(2)「彼は自分の英語について
　どう思っていますか。」7文目を参照。

Unit 7 ～ Active Grammar 8

pp.102～103　　　　　　　　ぴたトレ1

Words & Phrases
(1)美しさ　(2)唯一の，独特の　(3)人口
(4)南の　(5)deep　(6)lake　(7)river
(8)natural
① (1)イ　(2)イ　(3)イ　(4)ア
② (1)faster than　(2)taller than
③ (1)This house is older than that house(.)
　(2)That theater was larger than this
　　one(.)
　(3)Do you know the smallest country in
　　the (world?)
　(4)(This is) the deepest part of this
　　river(.)

解き方
① (1)「…より～」は比較級で表す。　(2)「…より
　～」は比較級で表す。than mineで「私のも
　のよりも」という意味。　(3)「いちばん～」は
　最上級で表す。　(4)「～で」はinで表す。
② (1)「マサルはケンより速く走っています。」
　(2)「キャシーはマイより背が高いです。」
③ (1)「…より～」は比較級で表す。「古い」の比
　較級はolder。　(2)「…より～」は比較級で表
　す。「大きい」の比較級はlarger。　(3)「いち
　ばん～」は最上級で表す。「小さい」の最上級
　はthe smallest。　(4)「いちばん～」は最上
　級で表す。「深い」の最上級はthe deepest。

pp.104～105　　　　　　　　ぴたトレ1

Words & Phrases
(1)難しい，困難な
(2)人気のある，評判のよい
(3)興味を引き起こす，おもしろい
(4)～に違いない　(5)quiz　(6)rugby
(7)football　(8)in Japan
① (1)ア　(2)イ
② (1)the most famous　(2)the most exciting
③ (1)The answer to this question was the
　　most difficult(.)
　(2)Is history more interesting than
　　math(?)
　(3)This is the most famous photo in the
　　world(.)

(4)I think English is the most
  important(.)
(5)(Which is) more exciting for you
  (, baseball or soccer?)

解き方 **1** (1)「…より〜」は比較級で表す。beautifulの
比較級はmore beautiful。 (2)「いちばん
〜」は最上級で表す。importantの最上級
はthe most important。

2 (1)「この少女はこの学校でいちばん有名で
す。」 (2)「ラグビーは彼にとっていちばんわ
くわくするスポーツです。」

3 (1)「いちばん〜」は最上級で表す。「難しい」
の最上級はthe most difficult。 (2)「…よ
り〜」は比較級で表す。「おもしろい」の比較
級はmore interesting。 (3)「いちばん〜」
は最上級で表す。「有名な」の最上級はthe
most famous。 (4)「いちばん〜」は最上級
で表す。「大切だ」の最上級はthe most
important。 (5)「…より〜」は比較級で表
す。excitingの比較級はmore exciting。

Words & Phrases

(1)ピラミッド (2)ちょうど，まさしく
(3)巨大な (4)神聖な (5)doll (6)expensive
(7)rock (8)site

1 (1)ア (2)イ
2 (1)is not (2)as, as (3)as hard
3 (1)as tall as (2)as large as
4 (1)My ruler is as long as yours(.)
(2)Can she run as fast as you(?)
(3)Baseball is not as popular as soccer
  (in my class.)
(4)Japan is as large as Germany(.)

解き方 **1** (1)(2)「…と同じくらい〜」はas＋原級(〜)＋
as …で表す。

2 (1)(2)「…ほど〜ではない」はnot as＋原級
(〜)＋as …で表す。 (3)「…と同じくらい
〜」はas＋原級(〜)＋as …で表す。「一生
懸命に」はhard。

3 (1)「この建物はあの建物と同じくらい高いで
す。」 (2)「この部屋はあの部屋と同じくらい
広いです。」

4 (1)「…と同じくらい〜」はas＋原級(〜)＋as
…で表す。「定規」はruler。 (2)「…と同じく

らい〜」はas＋原級(〜)＋as …で表す。
(3)「…ほど〜ではない」はnot as＋原級(〜)
＋as …で表す。「人気がある」はpopular。
(4)「…と同じくらい」はas＋原級(〜)＋as
…で表す。「大きい」はlarge。

Words & Phrases

(1)観光客 (2)100万(の) (3)宝物，重要品
(4)村，村落 (5)イルカ (6)クジラ (7)県
(8)earth (9)fruit (10)local (11)culture
(12)vegetable (13)hero (14)grape

1 (1)イ (2)ア (3)ア (4)イ
2 (1)are (2)is
3 (1)The lake is one of the best places to
  relax(.)
(2)Why don't you try this Japanese
  food(?)
(3)This question was also difficult(.)
(4)There is a big pool near this (park.)

解き方 **1** (1)「〜があります」はThere is[are] 〜.で表
す。「たくさんの温泉」a lot of hot springs
は複数なのでbe動詞はare。 (2)「〜の最高
のひとり」はone of the best 〜で表す。
(3)「〜もまた」はalsoで表す。tooを使って
書きかえることもできる。 (4)「〜したらど
うですか」はWhy don't you 〜?で表す。

2 (1)「私の町には2つの学校があります。」
(2)「私の家には1つの犬小屋があります。」

3 (1)「最高の〜のひとつ」はone of the best
〜で表す。「リラックスするための」は不定
詞を用いてto relaxとする。 (2)「〜したら
どうですか」はWhy don't you 〜?で表す。
(3)「〜もまた」はalsoで表す。 (4)「〜があり
ます」はThere is[are] 〜.で表す。「大きな
プールが1つ」a big poolは単数なのでbe
動詞はis。「この公園の近く」はnear this
park。

Words & Phrases

(1)島 (2)population
1 (1)ア (2)ア (3)ア
2 (1)more beautiful (2)taller than
3 (1)(Is this) the highest tower in (Japan?)

(2)This stadium is not as large as that one(.)

(3)Who is the most popular athlete in (the U.S.?)

(4)This is the most important of all (the information.)

解き方 1 (1)「いちばん〜」は最上級で表す。「〜の中で」はof 〜。 (2)「…と同じくらい〜」はas＋原級（〜）＋as …で表す。「やさしい」はeasy。 (3)「…より〜」は比較級で表す。popularの比較級はmore popular。

2 (1)「この花はあの花よりも美しいです。」 (2)「アキラはトムよりも背が高いです。」

3 (1)「いちばん〜」は最上級で表す。「いちばん高い塔」はthe highest tower。 (2)「…ほど〜ではない」はnot as＋原級（〜）＋as …で表す。 (3)「いちばん〜」は最上級で表す。「いちばん人気のある運動選手」はthe most popular athlete。 (4)「いちばん〜」は最上級で表す。「いちばん重要だ」はthe most important。「すべての情報の中で」はof all the information。

---

pp.112〜113 ▶ **ぴたトレ2**

1 (1)ア (2)ウ (3)エ (4)イ

2 (1)higher[taller] than (2)more excited
(3)more popular (4)most famous

3 (1)That building is larger than our school.

(2)This dog is the smallest of all.

(3)This photo[picture] is the most beautiful of the five.

(4)I'm[I am] not as busy as my mother.

4 (1)the largest island

(2)オーストラリアは日本よりも大きいです。

(3)自然の美しさ，独特な動物

5 (1)He was surprised to see that soccer is more popular than baseball.

(2)Tennis is.

解き方 1 (1)「この箱はあの箱と同じくらい大きいです。」「…と同じくらい〜」はas＋原級（〜）＋as …で表す。 (2)「私の兄〔弟〕は彼のクラスの中でいちばん背が高いです。」「いちばん〜」は最上級で表す。 (3)「私はこれがすべての中でいちばん重要だと思います。」「い

ちばん〜」は最上級で表す。「すべての中で」はof all。 (4)「このネコはあのネコほど大きくありません。」「…ほど〜ではない」はnot as＋原級（〜）＋as …で表す。

2 (1)「…より〜」は比較級で表す。 (2)「…より〜」は比較級で表す。「興奮して」の比較級はmore excited。 (3)「…より〜」は比較級で表す。「人気がある」の比較級はmore popular。 (4)「いちばん〜」は最上級で表す。「有名な」の最上級はthe most famous。

3 (1)「…より〜」は比較級で表す。「建物」はbuilding。「大きい」の比較級はlarger。 (2)「いちばん〜」は最上級で表す。「小さい」の最上級はthe smallest。「すべての中で」はof all。 (3)「いちばん〜」は最上級で表す。「美しい」の最上級はthe most beautiful。「5枚の中で」はof the five。 (4)「…ほど〜ではない」はnot as＋原級（〜）＋as …。

4 (1)「いちばん〜」は最上級で表す。「大きい」の最上級はthe largest。 (2)-er＋thanの文なので「…より〜」の比較級の文だと考える。 (3)2文目を参照。natural beautyは「自然の美しさ」，unique animalsは「独特の動物」。

5 (1)「ソラは男子の間で人気のスポーツを知ったとき，どう感じましたか。」Soraの発言の2文目を参照。 (2)「女子の間でいちばん人気のあるスポーツは何ですか。」Aoiの発言の1文目を参照。

全訳
ベル先生：この表を見てください。これは日本の中学生の間で人気のスポーツを示しています。

ソラ：サッカーが男子の間ではいちばん人気のあるスポーツです。私は野球よりもサッカーがより人気だとわかって驚いています。

アオイ：テニスが女子の間ではいちばん人気があります。たくさんの女子が私たちの学校でテニス部に入っています。

---

pp.114〜115 ▶ **ぴたトレ3**

1 (1)× (2)○ (3)○

2 (1)ウ (2)イ (3)イ

3 (1)newer than (2)the smallest, in
(3)the most interesting

4 (1)This book is as popular as that one(.)

(2)(Who) is the most important man here(?)

(3)Your hat is more expensive than mine(.)

⑤ (1)more popular than (2)watching (3)ウ

(4)Elephant's Secret

⑥ (1)I'm the tallest in my[this] class.

(2)I can run faster than you.

(3)This is the most famous picture in the world.

解き方 ① (1)「…よりも」「地球」 (2)「クジラ」「湖」
(3)「事実」「自然の」

② (1)3番目の音節を強く読む。 (2)(3)2番目の音節を強く読む。 (1)「人口」 (2)「オーストラリアの」 (3)「値段が高い」

③ (1)「…より〜」は比較級で表す。「新しい」の比較級はnewer。 (2)「いちばん〜」は最上級で表す。「小さい」の最上級はthe smallest。「〜で」はin。 (3)「いちばん〜」は最上級で表す。「おもしろい」の最上級はthe most interesting。

④ (1)「…と同じくらい〜」はas + 原級(〜) + as …で表す。 (2)「いちばん〜」は最上級で表す。「いちばん重要な人物」はthe most important man。 (3)「…より〜」は比較級で表す。

⑤ (1)「…より〜」は比較級で表す。「人気がある」の比較級はmore popular。 (2)How about -ing 〜?で「〜はどうですか」という意味。 (3)後ろがallなので「〜の中で」はofを使う。 (4)エリの3・4番目の発言，ジョンの4・5番目の発言を参照。

全訳 ジョン：エリ，君はどっちの映画を見たい？

エリ：ええと，「ミラクルマン」と「あなた」のどっちがより人気なのかしら？

ジョン：女子の間では「あなた」のほうが「ミラクルマン」より人気だと思うよ。男子の間では，「ミラクルマン」がいちばん人気だよ。それはSF映画だよ。

エリ：なるほど。私はあまりSF映画が好きではないわ。私はラブストーリーが好きよ。「あなた」はラブストーリーなの？

ジョン：うん，でもぼくはそれを好きじゃないな。

エリ：OK，「象の秘密」を見るのはどうかしら？あなたは動物が好きよね！

ジョン：そうだよ。その映画がすべての中でいちばんおもしろいと思うよ。

エリ：いいわね。私も動物が大好きなの。

ジョン：じゃあ，チケットを買おう。

⑥ (1)「いちばん〜」は最上級で表す。「背が高い」の最上級はthe tallest。「クラスで」はin my[this] class。 (2)「…より〜」は比較級で表す。「速く」の比較級はfaster。 (3)「いちばん〜」は最上級で表す。「有名だ」の最上級はthe most famous。「世界で」はin the world。

英作文の採点ポイント

□単語のつづりが正しい。（3点）

□（ ）内の語数で書けている。（3点）

□(1)語順が正しい。 (2)比較級の文が正しく使えている。 (3)最上級の文が正しく使えている。（3点）

Unit 8 ～ Active Grammar 9

pp.116〜117 ぴたトレ1

Words & Phrases
(1)中国語 (2)絵，絵画 (3)歌，歌曲
(4)written (5)spoken (6)built

1 (1)ア (2)イ (3)イ (4)イ

2 (1)made by (2)called

3 (1)This airport was designed by my (father.)

(2)Some English words are written on his cap(.)

(3)When was your house built(?)

(4)Her books were read by more than (1,000 people.)

解き方 1 (1)「〜され(てい)ます」は〈be動詞＋過去分詞〉で表す。「掃除する」の過去分詞はcleaned。 (2)「〜された」と受け身の過去の文はbe動詞を過去形にする。主語が単数なのでbe動詞はwas。 (3)「〜された」と受け身の過去の文はbe動詞を過去形にする。主語が複数なのでbe動詞はwere。 (4)「(人)によって」はby 〜で表す。

2 (1)「このケーキはジェーンによって作られました。」 (2)「ヨシヒコは「ヨシ」と呼ばれています。」

3 (1)「〜され(てい)ます」は〈be動詞＋過去分

詞〉で表す。過去の文なのでbe動詞はwas。「デザインする」の過去分詞はdesigned。 (2)「いくつかの英単語」some English wordsを主語にし，be動詞はareを使う。「書く」の過去分詞はwritten。 (3)「いつ〜されましたか」は〈When＋be動詞＋主語＋過去分詞〜?〉で表す。「建てる」の過去分詞はbuilt。 (4)「〜によって」はby 〜で表す。「1000人を超える人々」はmore than 1,000 people。

pp.118〜119 ぴたトレ1

Words & Phrases

(1)実は，実際のところ (2)公演，上演
(3)star (4)snack

1 (1)イ (2)ア (3)イ (4)イ

2 (1)makes, smart (2)made, surprised
(3)makes, excited

3 (1)The letter made my mother sad(.)
(2)What do you call this man(?)
(3)They call New York the "Big Apple"(.)
(4)Studying math makes me tired(.)

解き方
1 (1)「(人・もの)を〜にします」は〈make＋人・もの＋形容詞〉で表す。(人)にあたる部分は代名詞の目的格を使う。 (2)「彼女を」はher。 (3)「彼らを」はthem。 (4)「(人・もの)を〜と呼びます」は〈call＋人・もの＋名詞〉で表す。

2 (1)「本を読むことはユリをかしこくさせます。」 (2)「そのニュースはそのときタケシを驚かせました。」 (3)「友達と話すことはキャシーを興奮させます。」

3 (1)「(人・もの)を〜にします」は〈make＋人・もの＋形容詞〉で表す。「悲しい」はsad。 (2)「(人・もの)を〜と呼びます」は〈call＋人・もの＋名詞〉で表す。 (3)「(人・もの)を〜と呼びます」は〈call＋人・もの＋名詞〉で表す。(人・もの)のところにNew Yorkが入る。 (4)「(人・もの)を〜にします」は〈make＋人・もの＋形容詞〉で表す。主語をstudying math「数学を勉強すること」とし，3人称単数なのでmakeはmakesとする。

pp.120〜121 ぴたトレ1

Words & Phrases

(1)〜を破壊する，〜を飛ばす (2)手品
(3)トランペット (4)楽器 (5)camera
(6)blew (7)everybody[everyone]
(8)from side to side

1 (1)ア (2)ア (3)イ (4)ア

2 (1)wants, visit (2)want, eat

3 (1)I want him to bring this bag(.)
(2)He wanted her to call him(.)
(3)Mika asked us to cheer up(.)
(4)Your mother told you to eat breakfast(.)

解き方
1 (1)「(人)に〜してもらいたい」は〈want＋人＋不定詞〉で表す。 (2)「〜したい」は〈want＋不定詞〉で表す。 (3)「(人)に〜するよう頼む」は〈ask＋(人)＋不定詞〉で表す。 (4)「(人)に〜するように言う」は〈tell＋(人)＋不定詞〉で表す。

2 (1)「マリはあの寺をケイコに訪れてほしいです。」 (2)「私たちはジョンに納豆を食べてほしいです。」

3 (1)「(人)に〜してほしい」は〈want＋(人)＋不定詞〉で表す。「かばんを運ぶ」はbring this bag。 (2)「(人)に〜してほしい」は〈want＋(人)＋不定詞〉で表す。「電話をする」はcall。 (3)「(人)に〜するよう頼む」は〈ask＋(人)＋不定詞〉で表す。「元気になる」はcheer up。 (4)「(人)に〜するように言う」は〈tell＋(人)＋不定詞〉で表す。

pp.122〜123 ぴたトレ1

Words & Phrases

(1)〜を信用する，信頼する
(2)まったく，すっかり，完全に
(3)役 (4)lonely (5)each other (6)witch

1 (1)イ (2)イ (3)ア (4)ア

2 (1)played by (2)closed by

3 (1)A big piano was bought by (Mayumi.)
(2)Is English spoken in (Japan?)
(3)That book was not sold in this (bookstore.)
(4)(This) singer is loved by a lot of people(.)

1 (1)「〜され(てい)ました」は〈be動詞の過去形＋過去分詞〉で表す。「建てる」の過去分詞はbuilt。　(2)主語が複数なのでbe動詞はwere。　(3)「〜され(てい)ます」は〈be動詞＋過去分詞〉で表す。主語がthis textbookで現在形なのでbe動詞はis。　(4)疑問文に対する答えの文はbe動詞を用いる。

2 (1)「ドラムはアキラによって演奏されます。」 (2)「これらの窓はキャシーによって閉められました。」

3 (1)「〜され(てい)ました」は〈be動詞の過去形＋過去分詞〉で表す。「(人)によって」はby 〜を使う。　(2)「英語」Englishを主語にして，「話す」の過去分詞spokenを使い，受け身の文を作る。疑問文なのでbe動詞のisが先頭に来る。　(3)「〜され(てい)ませんでした」は〈be動詞の過去形＋not＋過去分詞〉で表す。「売る」の過去分詞はsold。　(4)「〜され(てい)ます」は〈be動詞＋過去分詞〉で表す。「(人)によって」はby 〜を使う。

pp.124〜125 ぴたトレ2

1 (1)エ　(2)ウ　(3)イ　(4)ウ

2 (1)was, built　(2)us excited
(3)you to　(4)call, English

3 (1)This letter was written by Rika.
(2)My grandmother calls me "A-chan."
(3)Do you want them to join your stage?
(4)Mr. Sato told us to go to the gym.

4 (1)the stage makes me nervous
(2)It'll make our performance more exciting(!)
(3)演じること，踊ること

5 (1)Because she fell in love with wild animals in Africa.
(2)Because ivory is sold at a high price.

1 (1)「この歌手は世界中で愛されています。」「〜され(てい)ます」は〈be動詞＋過去分詞〉で表す。　(2)「そのニュースは彼を幸せにしました。」「(人・もの)を〜にします」は〈make＋人・もの＋形容詞〉で表す。(人)は代名詞の目的格を使う。　(3)「私は彼女にピアノを弾いてほしいです。」「(人)に〜してほしい」は〈want＋人＋不定詞〉で表す。　(4)「この本は夏目漱石によって書かれました。」「(人)によって」はby 〜で表す。

2 (1)「〜されました」は〈be動詞＋過去分詞〉で表す。「〜された」と過去のことで，主語が単数なのでbe動詞はwasを使う。「建てる」の過去分詞はbuilt。　(2)「(人・もの)を〜にします」は〈make＋人・もの＋形容詞〉で表す。「〜させました」と過去のことなのでmadeを使う。「興奮した」はexcited。
(3)「(人)に〜してほしい」は〈want＋(人)＋不定詞〉で表す。　(4)「(人・もの)を〜と呼びます」は〈call＋人・もの＋〜〉で表す。

3 (1)「〜されました」は〈be動詞の過去形＋過去分詞〉で表す。「書く」の過去分詞はwritten。「(人)によって」はby 〜。
(2)「(人・もの)を〜と呼びます」は〈call＋人・もの＋〜〉で表す。主語が3人称単数なのでcallsとする。　(3)「(人)に〜してほしい」は〈want＋(人)＋不定詞〉で表す。「あなたの舞台に参加する」はjoin your stage。
(4)「(人)に〜するように言う」は〈tell＋(人)＋不定詞〉で表す。「体育館へ行く」はgo to the gym。

4 (1)「(人・もの)を〜にします」は〈make＋人・もの＋形容詞〉で表す。「緊張した」はnervous。　(2)「(人・もの)を〜にします」は〈make＋人・もの＋形容詞〉で表す。「それは私たちのパフォーマンスをより興奮させるものにするでしょう。」という意味。
(3)ハジンの発言の2文目を参照。acting「演じること」，dancing「踊ること」について何も知らないと言っている。

5 (1)「タキタ博士はなぜ獣医のチームに参加しましたか。」タキタ博士の最初の発言の1文目を参照。　(2)「なぜ密猟者は象を殺すのですか。」タキタ博士の2番目の発言を参照。象牙は高く売れるので，密猟者が狙う。

全訳

インタビュアー：まず最初に，なぜあなたはあなたの仕事を選んだのですか。

タキタ博士：私はアフリカの野生動物を大好きになったのです。まず，私はボランティアとして始めました。そして，私は野生動物を救うための獣医のチームに参加しました。

インタビュアー：マサイマラ国立保護区ではどのようなことが起こっていますか。

タキタ博士：象が象牙のために，殺されています。密猟者は象牙が高値で売ら

ているのを知っているのです。

❶ (1)〇　(2)〇　(3)〇

❷ (1)ア　(2)イ　(3)イ

❸ (1)Was, built by　(2)caught by
　(3)asked him to

❹ (1)Where were these pictures taken(?)
　(2)(We) call this food "fish and chips" in
　English(.)

❺ (1)was found by
　(2)タマはいつもケンジを幸せにします
　(3)wants　(4)エ

❻ (1)I want you to come to Japan.[I hope
　you will come to Japan.]
　(2)What do you call this bird in English?
　(3)This bag was made by my mother.

解き方

❶ (1)「叫び」「場面」　(2)「演じる」「軽食」
　(3)「役」「海岸」

❷ (1)最初の音節を強く読む。　(2)(3)2番目の音
　節を強く読む。　(1)「みんな」　(2)「公演」
　(3)「中国語」

❸ (1)「〜され(てい)ました」は〈be動詞の過去
　形＋過去分詞〉で表す。「(人)によって」は
　by 〜。　(2)「捕まえる」はcatch。過去分詞
　はcaught。　(3)「(人)に〜するよう頼む」は
　〈ask＋(人)＋不定詞〉で表す。

❹ (1)「〜され(てい)ます」は〈be動詞＋過去分
　詞〉で表す。「写真を撮る」の過去分詞は
　taken。疑問詞whereの後ろにbe動詞を
　置き，疑問文を作る。　(2)「(人・もの)を〜
　と呼びます」は〈call＋人・もの＋〜〉で表す。

❺ (1)「〜されました」は〈be動詞の過去形＋過
　去分詞〉で表す。「(人)によって」はby 〜。
　(2)〈make＋人・もの＋形容詞〉で「(人・も
　の)を〜にします」という意味。　(3)主語が
　Kenjiと3人称単数なので，wantsとする。
　(4)ア：サオリは現在中学生で，ケンジは7
　歳とあるので不適切。イ：サオリは月曜日
　から土曜日まで部活動があるので不適切。
　ウ：ケンジは7歳で中学生ではないので不
　適切。

全訳　ケンジの家族は5人います。彼の両親，
彼の姉のサオリ，ケンジ，そして彼らのペット
のネコのタマです。彼らは彼のぶち模様から，
彼をタマと名付けました。タマはサオリによっ

て橋の下で3年前に見つけられました。それか
ら彼女はタマを彼女の家に連れてきました。し
かし今，サオリは中学生でとても忙しいです。
彼女は月曜日から土曜日まで部活があります。
なので，タマはよくケンジと遊びます。ケンジ
は7歳で，彼はサオリよりも学校から早く帰っ
てきます。ケンジが家に帰ると，彼はいつも
タマの世話をします。彼らはボールで遊びます。
ケンジがボールを投げ，タマがそれをつかもう
とします。彼らはこのゲームをすることを楽し
みます。彼らは本当の兄弟のようです。タマは
いつもケンジを幸せにします。ケンジはできる
だけタマと一緒にいたいと思っています。

❻ (1)「(人)に〜してほしい」は〈want＋(人)＋
　不定詞〉で表す。「日本に来る」はcome to
　Japan。　(2)「(人)を〜と呼ぶ」は〈call＋人・
　もの＋〜〉で表す。　(3)「〜され(てい)ます」
　は〈be動詞＋過去分詞〉で表す。「(人)によっ
　て」はby 〜。

英作文の採点ポイント

□単語のつづりが正しい。（3点）
□（　）内の語数で書けている。（2点）
□(1)「(人)に〜してほしい」の文が正しく使えてい
　る。　(2)「(人・もの)を〜と呼ぶ」の文が正しく
　使えている。　(3)受け身の文が正しく使えてい
　る。（4点）

Let's Read 3 〜 You Can Do It! 3

Words & Phrases
(1)〜を発明する，考案する　(2)携帯電話
(3)表情　(4)第一に　(5)dictionary　(6)chose
(7)joy　(8)tear(s)

❶ (1)ア　(2)イ

❷ (1)That's why he wants to marry her(.)
　(2)To meet my friend(.)

解き方

❶ (1)「それが〜の理由です」はThat's why
　〜.で表す。　(2)「〜なので」はbecauseで表
　す。

❷ (1)「それが〜の理由です」はThat's why
　〜.で表す。「彼女と結婚する」はmarry
　her。　(2)「〜するために」は不定詞で表す。

(1)祈る　(2)よい，前向きの

(3)悪い，後ろ向きの　(4)conversation

(5)difference　(6)meaning

1 (1)ア　(2)イ

2 (1)As you know, Kyoto is famous for old temples(.)

(2)You must clean your room as your mother does(.)

解き方
1 (1)「～するように」はas ～で表す。　(2)As you can see「ご覧のとおり」はよく使われる表現なのでまとまりで覚える。

2 (1)「あなたが知っているように」はas you know。「～で有名である」はbe famous for ～。　(2)「～するように」はas ～で表す。「お母さんがする」はyour mother does。

(1)第二に　(2)～を表す，示す，映す

(3)結婚式　(4)mean　(5)convenient

(6)Spain

1 (1)ア　(2)ア

2 (1)Mr. Sato can speak both English and Japanese(.)

(2)I like both red and blue(.)

解き方
1 (1)「～と…のどちらも」はboth ～ and …で表す。　(2)「～と…のどちらも」は主語になることも多い。

2 (1)(2)「～と…のどちらも」はboth ～ and …で表す。

(1)フランス語　(2)男性の　(3)衣類，衣料品

(4)～を誤解する　(5)often　(6)below

(7)clock　(8)be born

1 (1)ア　(2)ア

2 (1)Tomorrow's game may be late(.)

(2)She may like Tom(.)

解き方
1 (1)「～かもしれない」はmayで表す。

(2)「～かもしれない」はmayで表す。mayのあとは動詞の原形が続く。

2 (1)主語を「明日の試合」tomorrow's gameとし，「遅れる」はbe lateで表す。　(2)「～かもしれない」はmayで表す。

(1)オーストリア　(2)国家の，自国の，国内の

(3)壁　(4)～に位置している　(5)Indonesia

(6)fall　(7)country　(8)hot spring

1 (1)イ　(2)イ　(3)ア　(4)ア

2 (1)painted　(2)written

3 (1)Cheese is made from milk(.)

(2)You should eat chocolate if you come to France(.)

(3)The statue is located on the hill(.)

(4)Italy is famous for its delicious food(.)

解き方
1 (1)「もし～なら…」はifで表す。「～すべきです」はshould。　(2)「～で有名です」はbe famous for ～。　(3)「～でしょう」は未来のことなのでwillで表す。　(4)「～に位置する」はbe located ～で表す。

2 (1)「この絵はこの女の子によって描かれました。」　(2)「この本はこの男性によって書かれました。」

3 (1)「～から作られている」は〈be動詞＋made from ～〉で表す。be made from ～は材料が見た目からでは分からないものに使う。　(2)「もし～なら…」はifで表す。「～すべきです」はshould。　(3)「～に位置する」はbe located ～で表す。「像」はstatue。「丘の上」はon the hill。　(4)「～で有名です」はbe famous for ～。「おいしい食事」はdelicious food。

1 (1)イ　(2)エ　(3)ア　(4)イ

2 (1)both, and　(2)may come

(3)should visit　(4)was born

3 (1)The museum is located in the south of the city.

(2)It may rain[be rainy] tonight.

(3)If you are lucky, you will see many[a lot of, lots of] animals.　(You will see many[a lot of, lots of] animals if you are lucky.)

4 (1)That's why

(2)(They) are used by lots of people in the world (in various situations.)

(3)どのように絵文字を使うのでしょうか

5 (1)They were invented in Japan in 1999.

(2)Japanese manga and pictograms did.

1 (1)「私たちの先生がやっているようにやりましょう。」「～するように」はasで表す。

(2)「アイスクリームは牛乳から作られます。」「～から作られている」は〈be動詞 + made from ～〉で表す。 (3)「フランスはその芸術で有名です。」「～で有名です」はbe famous for ～。 (4)「東京スカイツリーは2012年に建てられました。」受け身の文の形にする。「建てる」の過去分詞はbuilt。

2 (1)「～と…のどちらも」はboth ～ and ...で表す。 (2)「～かもしれない」はmay ～で表す。 (3)「～すべきです」はshould ～で表す。 (4)「生まれた」はbe born。主語は3人称単数なのでbe動詞はwas。

3 (1)「～に位置する」はbe located in ～で表す。「市の南部」はthe south of the city。

(2)「～かもしれない」はmayで表す。 (3)「もし～なら…」はifで表す。「運がよい」はlucky。「たくさんの動物」はmany[a lot of, lots of] animals。

4 (1)「それが理由です」はThat's whyで表す。

(2)「それらはいろいろな場面で世界中のたくさんの人によって使われています。」という文にする。「～され(てい)ます」は〈be動詞 + 過去分詞〉で表す。「(人)によって」はby ～。 (3)howは「どのように」の意味。people in other countries「他の国の人々」がこの文の主語となる。

5 (1)「いつ，どこで絵文字は考案されましたか。」2文目を参照。 (2)「何が絵文字の着想をもたらしましたか。」3文目を参照。

pp.138～139　　　　　予想問題 1

出題傾向

＊過去進行形で問われるのは，be動詞の使い方と動詞のing形。どちらも適切に使えるようになっておく。

1 (1)went

(2)私たちが羊羹を食べていたとき

(3)We wanted to help her(.)

(4)迷子の女の子のお母さんが先生にユウスケたちのことを親切だと話したから。

(5)ウ→ア→イ→エ

2 (1)taking (2)got (3)walking (4)to go

3 (1)wants to be

(2)reading Japanese books

(3)When I, Tom

4 (1)What were you doing when I called (you?)

(2)Do you think he enjoys living in (Tokyo?)

5 (1)Tom was ten years old last year.

(2)I like playing tennis.

1 (1)去年の修学旅行について話しているので過去の文にする。goの過去形はwent。

(2)接続詞whenは「～するとき」という意味。過去形のbe動詞wereとeatingがあるので，過去進行形の「～していました」という訳にする。 (3)「～したい」want to ～の文になるようにする。「私たちは彼女を助けたかったです。」 (4)直前で迷子だった女の子の母親が「あなたの生徒たちはとても親切です。」と言っているので，彼らはそれを聞いて恥ずかしかったが，嬉しかったのだと考える。

(5)清水寺へ行き(ウ)，そのあと寺の近くで羊羹を食べ(ア)，食べているときに迷子の女の子を見つけ，その両親を探し(イ)，ホテルに帰って夕食を食べた。（エ）

全訳 こんにちは，私はユウスケです。私は去年の修学旅行を楽しみました。それは私の初めての京都への旅行でした。

初日に，私たちは清水寺へ行きました。そこは

人気のある場所なのでたくさんの人がいました。私たちは寺の近くで和菓子を食べました。それは甘くておいしかったです。私たちが羊羹を食べていたとき，私たちは小さな外国人の少女を見ました。彼女は泣いていました。私は彼女に「どうしたの？きみの両親はどこ？」と話しかけました。彼女は「わからない」と言いました。私たちは彼女を助けたかったです。私たちは彼女の両親を約30分間探しました。ついに，彼らを見つけました。彼らもまた彼女を探していました。私たちは安心して，ホテルへ行きました。私たちがホテルのレストランへ行ったとき，その家族がそこにいました。私たちはとても驚きました。彼女の母親は私たちの先生に，「あなたの生徒たちはとても親切です。」と話しました。私たちは恥ずかしく感じましたがとてもうれしかったです。

❷ (1)「ジョンはそのときお風呂に入っていました。」という過去進行形の文にする。takeの-ing形はtaking。take a bathで「お風呂に入る」という意味。 (2)yesterday「昨日」という過去を表す表現があるので，「私は昨日5時に起きました。」という過去の文にする。getの過去形はgot。get upで「起きる」という意味。 (3)enjoyに続くのでenjoy-ing「〜することを楽しむ」を使って「あなたはニューヨークで歩くことを楽しみましたか。」という文にする。walkの-ing形はwalking。 (4)wantのあとに不定詞を続け，「〜したい」を使って，「私はカナダへ行きたいです。」という文にする。toのあとは必ず動詞の原形が続く。

❸ (1)「〜になりたい」はwant to be 〜で表す。主語が3人称単数なのでwantsとする。(2)「〜が好きです」はlike＋不定詞あるいは，like＋-ing形で表す。ここでは，空欄の数から動名詞を使うと判断する。「日本の本を読むこと」はreading Japanese books。(3)「〜するとき」は接続詞whenで表す。この文では，文の途中にコンマがあるので冒頭にwhenを使う。Whenのあとは主語＋動詞が続き，コンマのあとの部分も主語＋動詞が必要。

❹ (1)「〜するとき」は接続詞whenで表す。「あなたは何をしていましたか」の疑問詞を含む部分を先に作り，そのあとにwhen以下を続ける。「〜をよぶ」はcall。 (2)「〜だと思う」はthink (that) 〜で表す。この文では

語群にthatがないので，省略されていると考える。

❺ (1)「〜でした」はbe動詞の過去形で表す。主語がトムなので，be動詞はwas。「10歳」はten years old。 (2)「〜が好きです」はlike＋-ing形で表す。「テニスをすること」はplaying tennis。

英作文の採点ポイント

□単語のつづりが正しい。（3点）
□（　）内の語数で書けている。（3点）
□(1)be動詞の過去形が正しく使えている。 (2)動名詞が正しく使えている。（3点）

---

pp.140〜141 　　　　　　予想問題 2

出題傾向

＊未来を表すwill 〜とbe going to 〜の文の作り方がよく出される。〜に入る動詞の形は原形であることに注意。また，be going to 〜のbe動詞は主語によって形が変わることも気をつけたい。

❶ (1)イ
　(2)それは何時に始まりますか。
　(3)if it rains
　(4)45，前
❷ (1)If you, I'll
　(2)If it, I'll
❸ (1)No, she isn't[she is not / she's not].
　(2)What will you[What are you going to] do tomorrow?
　(3)They aren't[They are not / They're not] going to play tennis.
❹ (1)My sister is going to live in Brazil (next year.)
　(2)I will wash the dishes if you are tired(.)
❺ (1)They will practice baseball on Saturday.
　(2)Let's go to the park if it is sunny tomorrow.[If it is sunny tomorrow, let's go to the park.]

解き方 ❶ (1)Why don't you 〜?で「〜しませんか。」と勧める表現。 (2)What time 〜?で「何時〜？」という疑問文。beginは「始まる」の意味。 (3)下線部を含む文が「もし雨が降った

ら，彼らは試合をしますか。」という意味に
なるようにする。ifのあとは主語と動詞が
続く。 (4)Sakiの4番目の発言を参照。「9
時45分にABC公園の前でどう？」と待ち合
わせの時間と場所を提案している。

全訳

サキ：こんにちは，トム。あなたは今度の土曜
　　　日は暇かしら？

トム：やあ，サキ。うん，ひまだよ。なんで？

サキ：私たちの野球チームがヒガシ中学校との
　　　試合をするの。一緒に行かない？

トム：楽しそうだね！行きたいな。それは何時
　　　に始まるの？

サキ：10時よ。私はそれが正午までには終わる
　　　と思うわ。

トム：いいね。どこで何時に待ち合わせしよう
　　　か？

サキ：9時45分にＡＢＣ公園の前でどうかし
　　　ら？彼らはその公園の中のグラウンドで
　　　試合をするの。

トム：わかったよ。もし雨が降ったら，彼らは
　　　試合をするの？

サキ：しないわ。彼らが試合をしないなら，私
　　　はあなたが家を出る前までにあなたに伝
　　　えるわ。

トム：ありがとう。とにかく，ぼくは天気がよ
　　　いだろうと信じているよ。

❷ (1)「もし～なら，…」はif ～で表す。ifのあ
とは主語と動詞が続く。また，コンマのあ
との部分にも主語と動詞が必要。 (2)「もし
～なら，…」はif ～で表す。ifのあとは主語
と動詞が続く。天気を表すときの主語はit
を使う。

❸ (1)「彼女はあの寺を訪れるつもりですか。」
「いいえ，違います。」という文にする。be
going to ～の疑問文に対する答えの文は
be動詞を使って答える。 (2)「あなたは明日
何をしますか。」という文にする。未来のこ
とを表すにはwillまたはbe going toを使
う。 (3)「彼らはテニスをするつもりはあり
ません。」という文を作る。be going to ～
の否定文は，be動詞のあとにnotを続ける。

❹ (1)「～するつもりです」はbe going to ～で
表す。主語はmy sisterなのでbe動詞はis
を使う。「ブラジルに住む」はlive in
Brazil。 (2)「もし～なら，…」はif ～で表
す。「皿を洗う」はwash the dishes。「疲
れている」はtired。ifを含む文では主語と

動詞の両方が必要である。

❺ (1)「～するだろう」はwillを使う。willはど
の主語に対しても形は変わらない。willの
あとは必ず動詞の原形が続く。「野球を練習
する」はpractice baseball。 (2)「もし～な
ら」はif ～で表す。相手を誘うときはLet's
～.を使う。「公園へ行く」はgo to the park。

英作文の採点ポイント

□単語のつづりが正しい。（2点）

□（　）内の語数で書けている。（2点）

□(1)will ～が正しく使えている。 (2)if ～が正し
く使えている。（6点）

---

pp.142～143 　　　　　　予想問題 ❸

出題傾向

＊助動詞mustとhave to ～の文の作り方がよく
出される。mustに続く動詞の形は原形であるこ
と，have to ～のhaveは主語によって形が変わ
ることに注意。

❶ (1)秋　(2)bought
　(3)to enjoy the festival
　(4)私たちはボールで遊んではいけません
　(5)D

❷ (1)cook　(2)are　(3)to read

❸ (1)There is one student in the
　　classroom.
　(2)Tom doesn't[does not] have to study
　　Japanese.
　(3)He gave her a new bag.[He gave a
　　new bag to her.]

❹ (1)(How) many apples are there on the
　　desk(?)
　(2)You don't have to use this computer
　　(now.)
　(3)We want something to eat(.)

❺ (1)He must study English.
　(2)There is a book on the table.

解き方

❶ (1)直前で「それら（＝紅葉）は秋にとてもきれ
　　いです。」と言っているので，秋が適切。
　(2)文頭にlast year「去年」とあるので，過
　　去の文にする。buyの過去形はbought。
　(3)「～するための」は不定詞で表す。「祭り
　　を楽しむためのルールがいくつかあります。」

という文にする。　(4)must notは「〜して
はいけない」と禁止の意味を表す。play
with ballsは「ボールで遊ぶ」という意味。
(5)「あなたは行ってそれらを聞いたほうがい
いです。」という意味の文を入れるのに適切
な場所を選ぶ。最終段落で，ブラスバンド
が演奏することについて話しているので，
Dが適切。

全訳　こんにちは，私はユリです。私は私の市
について話します。私はこの市に２年前に引っ
越してきました。今，私はこの市が好きです。
私の市には大きな公園が１つあります。その公
園はその紅葉で有名です。それらは秋にとても
きれいです。その季節にお祭りがあります。私
たちはたくさんの種類の食べ物を食べられます。
昨年，私の父は私に焼きそばを買ってくれまし
た。それはおいしかったです。そのお祭りを楽
しむためのいくつかのルールがあります。公園
にはごみ箱がないので，私たちはごみを家まで
持ち帰らなければいけません。そして私たちは
ボールで遊んではいけません。子供たちや高齢
者の方たちが危険になるかもしれないからです。
私たちはこのルールを守る必要があります。
また，そのお祭りでは，私たちの学校のブラス
バンドがいくつかの曲を演奏します。それらは
とてもすばらしいです。あなたは行ってそれら
を聞いたほうがいいです。私は毎年そのお祭り
をとても楽しみます。

② (1)「彼女は今週朝食を作る必要があります。」
という文を作る。「〜する必要がある」は
have[has] to 〜で表す。toのあとは必ず
動詞の原形が続く。　(2)「この庭には美しい
花があります。」という文を作る。beautiful
flowers「美しい花」は複数形なので，be動
詞はareを使う。　(3)「私は電車の中で読む
ための本が欲しいです。」という文を作る。
「〜するための」は不定詞で表す。a book
to readで「読むための本」という意味になる。

③ (1)「その教室には生徒が１人います。」という
文にする。「〜がいます」はThere is[are]
〜.で表す。one studentは単数なのでbe
動詞はisにして使う。　(2)「トムは日本語を
勉強する必要がありません。」という文にす
る。「〜する必要がない」はdon't have to
〜 で表す。Tomは３人称単数なので
doesn't[does not] have to 〜という形に
する。　(3)「彼は彼女に新しいかばんをあげ
ました。」という文を作る。「(人)に(もの)を

あげる」はgive + (人) + (もの)で表す。(人)
は代名詞の目的格の形を使うのでher。(人)
と(もの)の語順に注意。

④ (1)「〜がありますか。」はIs[Are] there 〜?
で表す。「リンゴが何個」はHow many
apples。applesが複数形なのでbe動詞は
areを使う。「机の上に」はon the desk。
(2)「〜する必要がない」はdon't have to 〜
で表す。「このコンピュータを使う」はuse
this computer。　(3)「食べるもの」は「食べ
るための何か」と考え，不定詞を使って
something to eatと表す。

⑤ (1)「〜しなければならない」はmustを使う。
mustのあとは必ず動詞の原形が続く。「英
語の勉強をする」はstudy English。　(2)「〜
があります」はThere is[are] 〜.で表す。
１冊の本のbookは単数なのでbe動詞はis
を使う。「テーブルの上」はon the table。

英作文の採点ポイント

□単語のつづりが正しい。(２点)
□(　)内の語数で書けている。(２点)
□(1)must が正しく使えている。　(2)There
is[are] 〜.が正しく使えている。(４点)

---

pp.144〜145　　　　　　　　　**予想問題 4**

出題傾向

＊さまざまな不定詞の意味の違いがよく出る。
「〜するための…」「〜するために」「〜し
て…」など，to + 動詞の原形の形は同じでも，文脈から
意味をとることができるように注意。

① (1)a new computer
   (2)I was surprised to read it(.)
   (3)私はコンピュータ科学者になるためにたく
   さん勉強すべきです。
   (4)医者，先生，大工
② (1)to buy　(2)to hear　(3)to wear
③ (1)sleepy because, early　(2)to watch[see]
   (3)someone to help
④ (1)Mike has some money to buy a new
   book (today.)
   (2)I want to go to bed early because I
   am tired(.)
   (3)Sarah came to Japan to learn
   Japanese(.)

⑤ (1)I'm happy[glad] to meet[see] you.

(2)I want something to drink.

① (1)直前で「私の祖父が私に新しいコンピュータを買った」とあり，下線部を含む文は「それは家族用ではなく，自分専用でした。」とあるので，「新しいコンピュータ」a new computer が適切。 (2)「私はそれを読んで驚いた」という文にする。「〜して…」は不定詞で表す。「それを読んで」は to read it。 (3)should は「〜すべき」という意味。また，to be a computer scientist は不定詞を使った「コンピュータ科学者になるために」という意味だと分かるので，それらをつなげて1文にする。 (4)第2段落の3文目を参照。「近い将来，コンピュータはたくさんのことを学び，医者，先生，大工などのようになることができます。」とあり，この3つの職業を答える。

こんにちは，私はサトシです。私は将来，コンピュータ科学者になりたいです。私はこの夢を私が10歳のときに持ちました。私の10歳の誕生日に，私の祖父が私に新しいコンピュータを買ってくれました。家族用ではなくて，自分専用でした。私はそれを手に入れてとてもうれしく，それでたくさん遊びました。コンピュータで，私はゲームをすることができるし，音楽を聞くことができるし，インターネットで検索することなどができます。

ある日，私はインターネットである記事を読みました。それは人工知能についてでした。近い将来，コンピュータはたくさんのことを学び，医者，先生，大工などのようになることができます。私はそれを読んで驚きました。私はいつか，コンピュータ技術で人々を助けたいです。なので，私はコンピュータ科学者になることを決めました。私はコンピュータ科学者になるためにたくさん勉強すべきです。ご清聴ありがとうございました。

② (1)「私は新しいくつを買うためにあの店へ行きました。」という文を作る。「〜するために」は不定詞で表す。to のあとは必ず動詞の原形が続く。 (2)「私たちはあのニュースを聞いて悲しかったです。」という文を作る。「〜して…」は不定詞で表す。to のあとは必ず動詞の原形が続く。 (3)「私は冬に着るためのセーターが必要です。」という文を作る。「〜するための…」は不定詞で表す。to のあ

とは必ず動詞の原形が続く。

③ (1)「〜ので」は because で表す。「眠い」は sleepy。「早く起きた」は got up early。 (2)「〜するために」は不定詞で表す。「サッカーの試合を見るために」は to watch[see] the soccer game となる。 (3)「手伝ってくれる誰か」は「彼を手伝うための誰か」と考え，不定詞を使い，someone to help him で表す。

④ (1)「〜するための…」は不定詞で表す。「新しい本を買うためのお金」は some money to buy a new book とする。 (2)「〜ので」は because で表す。「早く寝たい」は want to go to bed early。「疲れた」は am tired。 (3)「〜するために」は不定詞で表す。「日本語を学ぶために」は to learn Japanese。

⑤ (1)「〜して…」は不定詞で表す。「うれしい」は happy[glad]。「会えて」は to meet[see]。 (2)「飲み物」は「飲むための物」と考える。「〜するための…」は不定詞で表す。something to drink で「飲み物」。

英作文の採点ポイント
□ 単語のつづりが正しい。（2点） □ （ ）内の語数で書けている。（1点） □ (1)不定詞「〜して…」が正しく使えている。 　(2)不定詞「〜するための…」が正しく使えている。 （4点）

pp.146〜147　　　　　　　　　　**予想問題 5**

＊受け身の文の作り方がよく出される。「されるもの」は何にあたるのか，また，過去分詞の作り方を確認しておくこと。さらに，比較級・最上級・同等の文もよく出る。それぞれの比較対象を見分けることに注意。

① (1)イ

(2)(But) I want you to play tennis (with me.)

(3)それ（＝テニス）は全ての世代（の人）に愛されています。

(4)週末にテニスを教えてもらうこと

② (1)visited 　(2)started 　(3)the oldest

③ (1)These books were written by Mr. Natsume.

(2)Japanese isn't[is not] spoken by them.

(3)Takuya is the tallest in his class.

❹ (1)English is as important as Japanese(.)

(2)Basketball is the most popular in our class(.)

❺ (1)Akira runs faster than Shun.

(2)This song is loved all over the world.

解き方

❶ (1)Sounds interesting!で「それはおもしろうだ。」という意味。Sounds＋形容詞で「〜そうだ」と表す。Sounds fun.「楽しそうですね。」など。 (2)「私はあなたにテニスをしてほしいです」という文にする。「(人)に〜してほしい」はwant＋(人)＋不定詞で表す。 (3)be動詞＋過去分詞の受け身の文だと判断する。is lovedは「愛されている」。by all generationsは「すべての世代(の人)によって」。 (4)Toshiの最後の発言の2文目に「私はあなたに私にテニスを教えてほしいです」とあるので，エミリーにテニスを教えてほしいと頼んだと考えられる。

全訳

エミリー：こんにちは，トシ。何をしているの？

トシ：こんにちは，エミリー。ぼくはぼくのクラスの人気スポーツランキングについてのレポートを書いています。

エミリー：おもしろそうね！それについて話してください。

トシ：もちろん。バスケットボールがぼくのクラスでいちばん人気があります，ぼくもそれが好きです。私はバスケットボール部に入っています。

エミリー：そうね。テニスはどう？私はテニスが好きです。

トシ：それはバスケットボールほど人気ではありませんが，サッカーよりは人気があります。多くの女子がテニスを好きです。

エミリー：なるほど。テニスの練習はとても大変だけど，それは私を興奮させるわ。

トシ：それはいいね。ぼくはいつかそれをしてみたいな。それは難しい？

エミリー：ええ，少し。でも，私はあなたにそれを私としてほしいわ。テニスはたとえ歳をとっても楽しめるスポーツです。それは全ての年代に愛されています。

トシ：いいね。ぼくはあなたに私にテニスを教

えてほしいです。今週末はどうですか？ぼくは姉のラケットを借りることができます。

エミリー：すてき！何人かの友達に一緒にそれをするために声をかけてみましょう。

❷ (1)「ニューヨークは毎年たくさんの人々によって訪れられます。」という文を作る。be動詞＋過去分詞で受け身の文にする。visitの過去分詞はvisited。 (2)「あなたのコンサートはいつ始められますか。」という文を作る。be動詞＋過去分詞で受け身の文にする。startの過去分詞はstarted。willが使われているので，be動詞の原形beを使う。(3)「誰がこれらの5人の中でいちばん年上ですか。」という文を作る。「いちばん〜」は最上級で表す。oldの最上級はthe oldest。

❸ (1)「これらの本は夏目さんによって書かれました。」という受け身の文を作る。writeの過去分詞はwritten。もとの文がwroteと過去形で，主語がthese booksと複数なのでbe動詞はwere。 (2)「日本語は彼らによって話されません。」という受け身の否定文を作る。speakの過去分詞はspoken。もとの文がdon't speakと現在形で，主語がJapaneseと単数形なのでbe動詞はisを使う。 (3)「タクヤは彼のクラスの中でいちばん背が高いです。」という最上級の文を作る。tallの最上級はthe tallest。「彼のクラスの中で」はin his class。

❹ (1)「…と同じくらい〜」はas 〜 as …で表す。「大切だ」はimportant。 (2)「いちばん〜」は最上級で表す。popularの最上級はthe most popular。

❺ (1)「〜より…」は比較級で表す。「〜より速く」はfaster than。 (2)「〜されている」は受け身の文で表す。「愛されている」はis loved。「世界中で」はall over the world。

英作文の採点ポイント
□単語のつづりが正しい。（3点）
□（　）内の語数で書けている。（2点）
□(1)比較級が正しく使えている。 (2)受け身の文が正しく使えている。（4点）

リスニングテスト
〈解答〉

① There is[are] 〜.

❶ (1)○ (2)× (3)× (4)○

ココを聞きトレ🎧 There is[are] 〜.の文は,「〜」の部分にくる名詞とその数に注意。文の終わりに〈前置詞＋語句〉の形で場所を表す表現がくるので,ものや人の位置を正しく聞き取ろう。

英文 (1)There is a bag under the table. There are some books on the table. (2) There is a clock on the wall. But there are not any pictures on the wall. (3)There is a bed by the door. Two cats are sleeping on the bed. (4)There are two girls in the room. One is watching TV. The other is reading a book.

日本語訳 (1)テーブルの下にかばんが1個あります。テーブルの上に本が何冊かあります。 (2)壁に時計が1個かかっています。しかし壁に絵は1枚もかかっていません。 (3)ドアのそばにベッドが1つあります。ベッドの上で2匹のネコが眠っています。 (4)部屋の中に女の子が2人います。1人はテレビを見ています。もう1人は本を読んでいます。

❷ (1)イ (2)ア

ココを聞きトレ🎧 それぞれの文が表す時と,ものの数を正しく聞き取ろう。There is[are] 〜.の文では,be動詞がwasやwereになると過去のことを表す。ten years agoやnowなど,時を表す表現も手がかりにしよう。

英文
Jane : Look, Ken. There were seven junior high schools in this city ten years ago.
Ken : Right, Jane. Now there are five junior high schools. We had two libraries ten years ago, but we have three libraries now.
Jane : Good. How about hospitals? There was only one hospital ten years ago.
Ken : Oh, we have four hospitals now. There is one near my house.

Questions : (1)How many libraries are there in this city?
(2)Is there a hospital near Ken's house?

日本語訳
ジェーン：見て，ケン。10年前，この市には7校の中学校があったのね。
ケン：そうだね，ジェーン。今は5校の中学校があるね。10年前には2つの図書館があったけれど，今は3つの図書館があるよ。
ジェーン：いいわね。病院はどう？ 10年前には1つの病院しかなかったわ。
ケン：ああ，今は4つ病院があるね。ぼくの家の近くにも1つあるよ。
質問：(1)この市にはいくつ図書館がありますか。
(2)ケンの家の近くには病院がありますか。

② 未来の表現

❶ (1)エ (2)ウ (3)イ

ココを聞きトレ🎧 未来の予定の聞き取りがポイント。willやbe going toは未来を表す表現。next Sunday, tomorrowなどの時間を表す語に注目し，その時間にだれが何をするのかを正しく聞き取ろう。

英文
(1)Woman : Kevin, I'll make sandwiches for you next Sunday.
Man : Thank you, Mom. I'll eat them in the park.
(2)Man : What are you going to do tomorrow, Yumi?
Woman : I'm going to play tennis. So today I'll study and clean my room.
(3)Woman : Are you going to do your homework after dinner, Ken?
Man : Well, I'll study in the library after school. I'm going to practice the guitar after dinner.

日本語訳
(1)女性：ケビン，次の日曜日，私はあなたにサンドイッチを作ります。
男性：ありがとう，お母さん。ぼくは公園でそれを食べます。
(2)男性：あなたは明日何をするつもりですか，ユミ。

女性：私はテニスをするつもりです。だから今日は勉強して，部屋をそうじします。

(3)女性：あなたは夕食後に宿題をするつもりですか，ケン。

男性：ええと，ぼくは放課後に図書館で勉強します。夕食後はギターの練習をするつもりです。

② (1)エ　(2)ア

ココを聞きトレ⑥ 時刻と登場人物の行動の聞き取りがポイント。質問文のwhat timeは「時刻」をたずねる疑問詞なので，数字に特に注意しよう。登場人物が多い場合には，それぞれの人についての情報を整理してから選択肢を読もう。

英文 Hello, Jane. This is Rika. Emi and I will have a birthday party for Aya at my house next Saturday. The party will begin at three. I'm going to clean the room before the party. Please come to my house at one thirty and help me. I bought a CD for Aya yesterday. Emi is going to make a cake. Can you bring your camera and take some pictures at the party? Thanks. Bye.

Questions：(1)What time will Aya's birthday party start?

(2)What will Rika do before Aya's birthday party?

日本語訳 こんにちは，ジェーン。リカです。エミと私は次の土曜日に，私の家でアヤの誕生日パーティーを開きます。パーティーは3時に始まります。私はパーティーの前に部屋をそうじするつもりです。1時30分に私の家に来て，私を手伝ってください。私は昨日アヤのためにCDを買いました。エミはケーキを作るつもりです。あなたはカメラを持ってきて，パーティーで写真をとってもらえますか。ありがとう。さようなら。

質問：(1)アヤの誕生日パーティーは何時に始まりますか。

(2)リカはアヤの誕生日パーティーの前に何をしますか。

③ 5つの文構造

① (1)×　(2)○　(3)×

ココを聞きトレ⑥ 動詞のあとにくる目的語や補語に注目しよう。だれがだれに何をするのか，だれがだれをどうするのかなどを正しく聞き取ろう。

英文
(1)Yesterday was my brother's birthday. I gave him a jacket, and my father gave him a camera.

(2)I visited Jun's house last week. He showed me his album, and his mother made us some cookies.

(3)My grandmother has a cat and a dog. She calls the cat Ken. And she calls the dog Sam.

日本語訳
(1)昨日は私の兄弟の誕生日でした。私は彼にジャケットをあげて，私の父は彼にカメラをあげました。

(2)私は先週ジュンの家を訪れました。彼は私に彼のアルバムを見せてくれて，彼のお母さんは私たちにいくつかクッキーを作ってくれました。

(3)私の祖母は1匹のネコと1匹のイヌを飼っています。彼女はそのネコをケンと呼びます。そして，彼女はそのイヌをサムと呼びます。

② ウ，エ

ココを聞きトレ⑥ 目的語の聞き取りがポイント。動詞の意味に注意し，だれがだれに何をするのかを正しく聞き取ろう。

英文

Makoto : Mr. Smith will go back to Canada next week.

Sally : I know. Are you going to give him a present?

Makoto : I'll give him some flowers. And you?

Sally : I'll write a letter and make a cake for him tomorrow.

Makoto : That's good! I want to make it with you.

Sally : Sure. Mr. Smith will be happy.

日本語訳

マコト：来週，スミス先生がカナダに帰ってしまうよ。

サリー：そうね。何か彼にプレゼントをあげるつもり？

マコト：ぼくは彼に花をあげるつもりだよ。君は？

サリー：私は彼に手紙を書いて，明日彼のためにケーキを作るの。

マコト：それはいいね！ぼくも明日君といっしょにそれを作りたいな。

サリー：もちろん。スミス先生が喜ぶわ。

④ 接続詞

❶ (1)イ　(2)ウ　(3)ウ

ココを聞きトレ🎧　whenやifのあとにくる「時」や「条件」の内容に注意。時や条件とそれに対応する事柄の関係を正しく聞き取ろう。数字の聞き取りも重要なポイント。

英文
(1)*Man :* Were you watching TV when I called you, Miki?
　Woman : No. I was helping my mother. She was washing the dishes.
(2)*Woman :* Will you play baseball tomorrow, Yuta?
　Man : Yes. But if it rains, I will play the guitar in my room.
(3)*Man :* Is this pen five dollars?
　Woman : Yes. But if you buy two pens, they will be eight dollars. And if you buy three, they will be ten dollars.

日本語訳
(1)男性：ぼくが電話したとき，あなたはテレビを見ていましたか，ミキ。
　女性：いいえ。私は母を手伝っていました。彼女は皿を洗っていました。
(2)女性：あなたは明日，野球をしますか，ユウタ。
　男性：はい。でも雨が降ったら，ぼくは部屋でギターをひきます。
(3)男性：このペンは5ドルですか。
　女性：はい。でも2本買えば，8ドルになります。そして3本買えば，10ドルになります。

❷ オ，カ

ココを聞きトレ🎧　時を表す表現に注意し，時の経過を意識して英文を聞こう。sayやthink，hopeのあとに続く〈that＋文〉は，言ったり思ったりする内容を表す。thatは省略されることも多いので注意。

英文　Yesterday, I visited my grandmother at the hospital. I bought some flowers for her before going there. When I arrived at the hospital, she was in her bed in her room. I gave her the flowers. She looked very happy. She said that she liked them very much. I told her many things about my friends. When I left the hospital, she said, "Please come again." I think I will show her some pictures of my friends next time. I hope she will get well soon.

日本語訳　昨日，私は病院に祖母のお見舞いに行きました。私はそこへ行く前に，彼女に花を買いました。私が病院に到着したとき，彼女は部屋のベッドに寝ていました。私は彼女に花をあげました。彼女はとてもうれしそうでした。彼女はそれがとても気に入ったと言いました。私は友だちについて多くのことを彼女に話しました。私が病院を出るとき，彼女は「また来てね」と言いました。私は，次は友だちの写真を彼女に見せようと思います。私は彼女がすぐによくなってほしいと思っています。

⑤ 不定詞

❶ (1)カ　(2)オ　(3)イ　(4)ウ

ココを聞きトレ🎧　不定詞が表す動作の内容に注意して答えを選ぶ。不定詞は動作の目的を表したり，名詞を説明したりすることもあるので，正しく意味を理解しよう。

英文
(1)*Man :* Where is Jun?
　Woman : He went to the sports shop to buy a soccer ball.
(2)*Woman :* Let's play soccer in the park, Jun.
　Man : Sorry, Emma. I have a lot of homework to do.
(3)*Woman :* Did Jun play soccer with his friend in the park yesterday?
　Man : No. He went to the library to borrow some books.
(4)*Woman :* What do you want to do next weekend, Jun?
　Man : I want to see a soccer game at the stadium.

日本語訳
(1)男性：ジュンはどこですか。
　女性：彼はサッカーボールを買うためにスポーツ用品店に行きました。
(2)女性：公園でサッカーをしましょう，ジュン。
　男性：ごめん，エマ。やらなければならない宿題がたくさんあるんだ。

(3)女性：ジュンは昨日彼の友人といっしょに公園
　　　　でサッカーをしましたか。
　　男性：いいえ。彼は本を借りるために図書館に
　　　　行きました。
(4)女性：あなたは次の週末に何をしたいですか，
　　　　ジュン。
　　男性：ぼくはスタジアムでサッカーの試合を見
　　　　たいです。

❷ (1)歴史を学ぶ　(2)寺院を訪れる
　　(3)大仏を見る　(4)和菓子を食べたい

[ココを聞きトレ⑥]　不定詞の表す内容の聞き取りがポ
イント。あらかじめ空所の前後に目を通しておき，
放送される英文の中から，必要な情報をもれなく
聞き取るようにしよう。
[英文]
Takuya likes to learn about history. He
went to Kyoto to visit some temples last
month. It has a long history. There are a lot
of things to see in Kyoto. Takuya visited
many temples. They had some *Daibutsu*.
Seeing *Daibutsu* was very fun for Takuya.
Also, he ate some Japanese sweets at a
shop. They were delicious. He wants to eat
them again.
[日本語訳]
タクヤは歴史を学ぶことが好きです。彼は先月寺
院を訪れるため，京都に行きました。それは長い
歴史があります。京都には見るべきものがたくさ
んあります。タクヤはたくさんの寺院を訪れまし
た。そこにはいくつか大仏がありました。タクヤ
にとって大仏を見ることはとても楽しかったです。
さらに，彼はお店で和菓子を食べました。それら
はおいしかったです。彼はまたそれを食べたいと
思っています。

⑥ 助動詞／have to

❶ (1)○　(2)×　(3)×

[ココを聞きトレ⑥]　しなければいけないこと，しては
いけないこと，しなくてよいことを正しく聞き取
ろう。曜日や時刻の情報にも注意。
[英文]　(1)Kumi must write a letter to Mr.
Brown in English. He doesn't understand
Japanese, so Kumi must not use any
Japanese.　(2)Today is Saturday. Takashi's
mother must work every Saturday, so

Takashi and his father have to make
dinner every Saturday.　(3)Emma usually
practices tennis before class, so she has
to get up at six. But on weekends she
doesn't have to get up at six.
[日本語訳]　(1)クミはブラウン先生に英語で手紙を
書かなければなりません。彼は日本語がわからな
いので，クミは日本語を使ってはなりません。
(2)今日は土曜日です。タカシのお母さんは毎週土
曜日に働かなければならないので，タカシとお父
さんは毎週土曜日に夕食を作らなければなりませ
ん。　(3)エマはたいてい授業前にテニスを練習す
るので，6時に起きなければなりません。しかし
週末は6時に起きなくてよいです。

❷ ア，カ

[ココを聞きトレ⑥]　助動詞の意味に注意して，登場人
物の予定を聞き取ろう。提案や申し出などの場面
を正しく理解すること。日時や場所の情報を聞き
逃さないようにしよう。
[英文]
Mary : Hi, Ryo. John and I will go to a
　　　 movie tomorrow. Can you come with
　　　 us?
Ryo : Yes, but I must do my homework first.
　　　 Maybe I'll finish it in the morning.
Mary : OK. Let's go to the movie in the
　　　 afternoon.
Ryo : Great. Shall I go to your house at
　　　 one o'clock?
Mary : Oh, you don't have to come to my
　　　 house. John and I will meet at the
　　　 station. Shall we meet there at two
　　　 o'clock?
Ryo : Sure. See you then.
[日本語訳]
メアリー：こんにちは，リョウ。ジョンと私は明
　　　　日，映画に行くの。私たちといっしょ
　　　　に来ない？
リョウ：うん，でもまず宿題をしなくてはいけな
　　　　いんだ。たぶん午前中には終わるよ。
メアリー：わかったわ。午後に映画に行きましょ
　　　　う。
リョウ：いいね。1時にきみの家に行こうか？
メアリー：あら，私の家に来なくていいわ。ジョ
　　　　ンと私は駅で会うの。2時にそこで会
　　　　いましょうか。

リョウ：わかったよ。じゃあそのときにね。

⑦ 動名詞

❶ (1)ウ　(2)エ　(3)ア　(4)オ

ココを聞きトレ⑥　動名詞が表す動作の内容に注意して答えを選ぶ。

英文
(1)*Man* : What is Mary's hobby?
　Woman : Her hobby is listening to music.
(2)*Woman* : Does Mary play tennis well?
　Man : Yes. She is good at it.
(3)*Woman* : Did Mary play tennis yesterday?
　Man : No. She enjoyed swimming in the river.
(4)*Woman* : What do you like to do?
　Man : I like singing songs.

日本語訳
(1)男性：メアリーの趣味は何ですか。
　女性：彼女の趣味は音楽を聞くことです。
(2)女性：メアリーは上手にテニスをしますか。
　男性：はい。彼女はテニスをすることが得意です。
(3)女性：メアリーは昨日テニスをしましたか。
　男性：いいえ，彼女は川で泳ぐことを楽しみました。
(4)女性：あなたは何をすることが好きですか。
　男性：ぼくは歌を歌うことが好きです。

❷ (1)音楽家　(2)ピアノをひく
　(3)アヤといっしょに歌う　(4)自分自身のCD

ココを聞きトレ⑥　動名詞が表す内容に注意。あらかじめ空所の前後に目を通しておき，どんな情報が必要かを考えて聞き取るようにしよう。

英文
Hi. I'm Aya. I'm going to talk about my dream. I want to be a musician. I like playing the piano very much. Last month, I played the piano and sang some songs at the school festival. Many people enjoyed singing together with me. I was very happy. Of course I have to practice the piano very hard to be a musician. But I hope to make my own CD in the future. Thank you for listening.

日本語訳
こんにちは。私はアヤです。私は自分の夢について話すつもりです。私は音楽家になりたいです。私はピアノをひくことが大好きです。先月，文化祭でピアノをひいて，何曲かの歌を歌いました。多くの人々が私といっしょに歌うことを楽しみました。私はとてもうれしかったです。もちろん，音楽家になるためには，私はとても一生懸命にピアノを練習しなければなりません。しかし，私は将来，自分自身のCDを作りたいと思っています。聞いてくれてありがとう。

⑧ 比較表現

❶ (1)イ　(2)ア　(3)イ　(4)ウ

ココを聞きトレ⑥　比較の文では，何と何が比較されていて，その差がどうなのかを正しく聞き取ろう。比較級の語尾の-erや最上級の語尾の-est，比較の対象を表すthanや同じくらいであることを表すas 〜 asなどの表現を聞き逃さないように注意。

英文
(1)Aya is eleven years old and Emi is ten years old. Kana is older than Aya.
　Question : Who is the youngest of the three?
(2)Takeshi is taller than Ken. Jun is as tall as Takeshi.
　Question : Which boy is Ken?
(3)The green bag is bigger than the blue one. The red one is the biggest.
　Question : Which is the green bag?
(4)Mary runs faster than Emma. Kate does not run as fast as Emma.
　Question : Which girl is Kate?

日本語訳
(1)アヤは11歳でエミは10歳です。カナはアヤより年上です。
　質問：3人の中で最も年下なのはだれですか。
(2)タケシはケンより背が高いです。ジュンはタケシと同じくらいの背の高さです。
　質問：どの男の子がケンですか。
(3)緑のかばんは青いのより大きいです。赤いのは最も大きいです。
　質問：緑のかばんはどれですか。
(4)メアリーはエマより速く走ります。ケイトはエマほど速く走りません。
　質問：どの女の子がケイトですか。

❷ (1) spring, best　(2) Summer
　(3) Yes, does　(4) brother

ココを聞きトレ⑥ betterやbestなどの比較表現を正しく聞き取ろう。人名や季節名がポイントになるので，1度目の放送で聞き逃した情報は2度目の放送で確認しよう。

英文

Koji : Becky, which season do you like?

Becky : Well, I like spring the best, because there are a lot of flowers in spring. My parents and my sister like summer the best.

Koji : I see. I like winter better than summer. I can enjoy some winter sports.

Becky : Really? No one likes winter in my family. My brother likes fall the best.

Questions : (1)Which season does Becky like the best?

(2)What is the most popular season in Becky's family?

(3)Does Koji like winter better than summer?

(4)Who likes fall the best in Becky's family?

日本語訳

コウジ：ベッキー，きみはどの季節が好き？

ベッキー：ええと，私は春が最も好きよ。春はたくさんの花があるから。私の両親と姉は夏が最も好きね。

コウジ：そう。ぼくは夏より冬が好きだな。冬のスポーツを楽しむことができるからね。

ベッキー：ほんと？　私の家族ではだれも冬が好きじゃないわ。兄は秋が最も好きよ。

質問：(1)ベッキーはどの季節が最も好きですか。

(2)ベッキーの家族で最も人気がある季節は何ですか。

(3)コウジは夏よりも冬が好きですか。

(4)ベッキーの家族で秋が最も好きなのはだれですか。

⑨ 受け身

❶ (1)ウ　(2)エ　(3)ア

ココを聞きトレ⑥ 受け身の文では，主語が行為をされる側になることに注意。whenのような接続詞を含む文があると1文の長さが長くなるので，情報を整理しながら聞き取るようにしよう。

英文 (1) This is used when you play a sport. The sport is played by two or four players. (2) These are used when we cook something. But we don't use them when we eat food. (3) This was used for taking pictures when I traveled in China. It was made in Japan.

日本語訳 (1)これはあなたがあるスポーツをするときに使われます。そのスポーツは2人または4人の選手によって行われます。 (2)これらは私たちが何かを料理するときに使われます。しかし食べ物を食べるときにはそれらは使いません。 (3)これは私が中国を旅行したとき，写真をとるために使われました。それは日本で作られました。

❷ (1)家族　(2)(約)500年前
(3)外国の人々　(4)伝統的な文化

ココを聞きトレ⑥ 受け身の表現に気をつけて，キーワードを正しく聞き取ろう。時の情報はwhenの疑問文のあとに言われることが多いので注意。

英文

John : How was your summer vacation, Aya?

Aya : It was great, John. I went to Kyoto with my family. I visited an old temple there.

John : Really? When was it built?

Aya : About five hundred years ago. We ate delicious food at a Japanese restaurant, too.

John : That's nice. I hear Kyoto is visited by a lot of people from other countries.

Aya : Right. Are you interested in traditional Japanese culture?

John : Yes. I hope I will go there soon!

日本語訳

ジョン：夏休みはどうだった，アヤ？

アヤ：すごくよかったわ，ジョン。私は家族と京都に行ったの。そこで古いお寺を訪れたわ。

ジョン：ほんと？　それはいつ建てられたの？

アヤ：約500年前よ。私たちは日本料理店でおいしい食事もしたわ。

ジョン：よかったね。たくさんの外国からの人々が京都を訪れていると聞くね。

アヤ：そのとおりよ。あなたは日本の伝統的な文化に興味がある？

ジョン：うん。すぐにそこに行きたいな！

⑩ 1年間の総まとめ

❶ (1)イ　(2)イ

ココを聞きトレ⑥　比較表現や不定詞の表現を正しく聞き取ろう。スポーツ名や職業名など，ポイントになる単語を聞き逃さないように注意。

英文
(1)**Woman :** Do you enjoy playing baseball, Tom?
　Man : Yes, Miki. But I like tennis better than baseball. I sometimes play soccer, too.
　Woman : I see. I can't play soccer well. I like basketball the best.
　Question : What sport does Miki like the best?
(2)**Man :** I like animals a lot, so I want to be a science teacher. Do you have a dream for the future, Jane?
　Woman : Yes, Ken. My dream is to be a doctor and help sick people, so I have to study math hard.
　Question : What does Ken want to do in the future?

日本語訳
(1)女性：野球をするのは楽しい，トム？
　男性：うん，ミキ。でも野球よりテニスのほうが好きだな。ときどきサッカーもするよ。
　女性：そう。私はサッカーが上手にできないの。バスケットボールが最も好きね。
　質問：ミキは何のスポーツが最も好きですか。
(2)男性：ぼくは動物が大好きだから，理科の教師になりたい。きみには将来の夢がある，ジェーン？
　女性：ええ，ケン。私の夢は医師になり病人を助けること。だから数学を一生懸命勉強しないと。
　質問：ケンは将来何がしたいと思っていますか。

❷ (1)美術館[博物館]　(2)日本の絵画
　(3)動物園　(4)パンダ　(5)スタジアム[野球場]
　(6)野球の試合

ココを聞きトレ⑥　曜日と登場人物の行動予定の聞き取りがポイント。themのような指示語が何を指しているかにも注意しよう。

英文
Kana : Are you going to visit your uncle in Tokyo soon, Mike?
Mike : Oh, yes, Kana. I'm going to stay there from Friday to Sunday.
Kana : Great. I went to the zoo in Tokyo last year. I saw pandas.
Mike : Really? I want to see them, too. I'll go there on Saturday. I'll visit a museum to see Japanese pictures on Friday.
Kana : What are you going to do on the last day?
Mike : Well, I want to watch a baseball game, so my uncle is going to take me to the stadium.
Kana : Sounds good. Enjoy your trip!

日本語訳
カナ：もうすぐ東京のおじさんを訪ねるの，マイク？
マイク：ああ，そうだよ，カナ。金曜日から日曜日までそこに滞在するんだ。
カナ：いいわね。私は昨年，東京の動物園に行ったわ。パンダを見たのよ。
マイク：ほんと？　ぼくも見たいな。土曜日にそこへ行くよ。金曜日には日本の絵画を見るために美術館に行くつもりだよ。
カナ：最終日には何をするつもり？
マイク：ええと，野球の試合を見たいから，おじさんがぼくをスタジアムに連れて行ってくれる予定なんだ。
カナ：おもしろそうね。旅行を楽しんでね。

英作文にチャレンジ！
〈解答〉

❶ Kana did not like vegetables. One day, she visited her grandfather. He was taking care of vegetables. He taught her how to grow vegetables. She didn't know it was difficult to grow vegetables. She can eat vegetables now. She is glad that she can eat her grandfather's vegetables.

英作力 UP↗　まず，絵から話の流れを考える。三段構成で話がまとまったら書き始める。　1は

「Kanaは野菜が嫌いで食べられない」という場面。2は「野菜作りをしている人の大変さを知る」「野菜がどう育って食べられるようになるのかを学ぶ」という場面。3は、「野菜を食べられるようになった」という場面。それぞれのイラストから、状況や人々の感情を自由に考えて英文を作っていく。〈It is …＋to＋動詞の原形〉は「〜するのは…です」という意味。howやwhatの疑問詞のあとに〈to＋動詞の原形〉が続くと、「どのように〜するか」「何を〜すべきか」という意味になる。

❷ Machu Picchu in Peru is a very beautiful place. It is recognized as a World Heritage Site. People often call it the "city in the sky" because it is in a very high place in the Andes Mountains.

英作力UP↗ その場所についての情報を短い文で表せるよう整理する。どこの国、または地域にあるのか、どのような印象を受ける場所なのかといった内容は書き始めやすい。どのような場所にあり、だれが建てたのか、どれだけの人がそこを訪れるかなどの情報を盛り込むとよい。また、その場所が何か特別な名前で呼ばれているのであれば、〈call＋A＋B〉「AをBと呼ぶ」の形でも表せる。

❸ We must protect the Earth. We should use water more carefully. I am going to go to the beach cleaning event next Sunday. Do you want to join me?

英作力UP↗ 「〜しなければならない」という意味の助動詞must、「〜すべきである」という意味の助動詞shouldや、「〜するつもりです」など未来を表す表現方法を使って条件に合うように書く。家族に提案、誘うような文を入れるなどさまざまな言い方を試して書いてみる。

❹ I want to win the Akutagawa Prize by the age of 18. The Akutagawa Prize is one of the most famous book prizes in Japan. In 2003, a 19-year-old woman won the prize. It is important to get the prize because I want to be a writer in the future. I want to be the youngest winner in history.

英作力UP↗ 具体的な目標を、それを達成したい年齢も考えて文を作る。by the age of 〜，before I am 〜 years oldで「〜歳までに」という意味。理由を示す文は、becauseでつなげてもよいし、〈It is …＋to＋動詞の原形〉「〜するのは…です」という意味の文で説明してもよい。60語程度という語数制限に合うように、自分の考えを述べる。

❺ 1. Ami is the best tennis player of the four. / Amy is the most popular character of the four. 2. I like Kevin better than Takaya. / Kevin is older than Ami. / Kevin is as tall as Amy. 3. I think Ami is nicer than Amy. / Takaya is a better baseball player than Kevin.

英作力UP↗ 「AはBよりも…だ」、「Aは〜の中で最も…だ」といった文を作る。形容詞や副詞の語尾にer，estをつけて比較級・最上級を表す。長い形容詞にはmoreやmostをつける。また、good-better-best，little-less-leastなどの不規則変化する語も覚える。

❻ I'm going to visit Australia with my family during summer vacation. I want to go to the beach. I will eat delicious dinner. I am looking forward to going to Australia.

英作力UP↗ まず質問への返答として、「〜へ行く予定です」という文を〈be going to＋動詞の原形〉で作る。次に、そこで何をするつもりなのか、あるいは何がしたいのか、旅行前には何を用意しようと思っているのかなど、実際にある場所を想定して書いたり、空想の場所を思い描いて書いたりしてもよい。ただし、イラストに合うように書くよう気を付けること。

光村図書版・中学英語2年

赤シート×直前対策！

ぴたトレ mini book

テストに出る！

重要文
重要単語
チェック！

光村図書版　英語2年

赤シートでかくしてチェック！

「ぴたトレ mini book」は取り外してお使いください。

重要文 チェック!

● 赤字の部分に注意し，日本語を見て英文が言えるようになりましょう。
● 英文が言えるようになったら，□に ✓（チェックマーク）を入れましょう。

過去進行形

□ 私はそのときテレビを見ていました。 　　I was watching TV then.

□ 彼らは昨夜，数学を勉強していました。 　They were studying math last night.

□ ビルは９時に野球をしていませんでした。 　Bill was not playing baseball at nine.

□ 彼はそのとき本を読んでいましたか。 　　Was he reading a book at that time?

　─はい，読んでいました。／ 　　　　　　─ Yes, he was. / No, he was not.

　　いいえ，読んでいませんでした。

未来の表現

□ 彼は来週，おばを訪ねるつもりです。 　　He is going to visit his aunt next week.

□ 私はバスに乗るつもりはありません。 　　I am not going to take a bus.

□ リカはケーキを作るつもりですか。 　　　Is Rika going to make a cake?

　─はい，作るつもりです。／ 　　　　　　─ Yes, she is. / No, she is not.

　　いいえ，作るつもりはありません。

□ あなたは明日，何をするつもりですか。 　What are you going to do tomorrow?

□ 彼は来月，京都を訪れるでしょう。 　　　He will visit Kyoto next month.

□ 私の弟はこの本を読まないでしょう。 　　My brother will not read this book.

□ あなたはカメラを買うつもりですか。 　　Will you buy a camera?

　─はい，買うつもりです。 　　　　　　　─ Yes, I will.

□ 彼らは今日大阪に滞在するでしょうか。 　Will they stay in Osaka today?

　─いいえ，滞在しないでしょう。 　　　　─ No, they will not.

助動詞 / have to

□ 私は英語を勉強しなければなりません。 　I have to study English.

□ 彼は一生懸命ギターを練習しなければな 　He has to practice the guitar hard.

　りません。

2

□トモコは今日，彼女のお母さんを手伝わなくてよいです。	Tomoko does not have to help her mother today.
□あなたは今夜，宿題を終えなければなりませんか。	Do you have to finish your homework tonight?
—はい，終えなければなりません。	— Yes, I do.
□私は明日，働かなければなりません。	I must work tomorrow.
□ドアを開けてはなりません。	You must not open the door.
□私たちは走らなければなりませんか。	Must we run?
—いいえ，走らなくてよいです。	— No, you don't have to.
□あなたは部屋をそうじするべきです。	You should clean your room.
□窓を開けてもらえますか。	Will you open the window?
□あなたのかばんを運びましょうか。	Shall I carry your bag?
□パーティーに行きませんか。	Shall we go to the party?
□この電話を使ってもよろしいですか。	May I use this phone?

不定詞

□私の兄は音楽を聞くのが好きです。	My brother likes to listen to music.
□彼らは走るために公園へ行きました。	They went to the park to run.
□私には何か飲むものが必要です。	I need something to drink.

動名詞

□私たちはテニスをして楽しみました。	We enjoyed playing tennis.
□海で泳ぐことは楽しいです。	Swimming in the sea is fun.
□私の趣味はケーキを作ることです。	My hobby is making cakes.
□ユミはピアノをひくのが得意です。	Yumi is good at playing the piano.

接続詞

□私が電話したとき，彼は眠っていました。	He was sleeping when I called him.
□私は，彼は野球が上手だと思います。	I think that he is a good baseball player.
□もし質問があれば，私にたずねてください。	If you have any questions, please ask me.

There is[are] ～.

□窓の近くにベッドがあります。   There is a bed near the window.

□その動物園には5匹のコアラがいます。   There are five koalas in the zoo.

□箱の中にはボールが1つもありません。   There are not any balls in the box.

□机の上にペンがありますか。   Is there a pen on the desk?

   ―はい，あります。／   — Yes, there is. / No, there is not.

    いいえ，ありません。

いろいろな文

□あなたは今日，幸せそうに見えます。   You look happy today.

□その計画はよさそうに聞こえます。   The plan sounds good.

□ケンは有名な歌手のように見えます。   Ken looks like the famous singer.

□私の父が私にこの本をくれました。   My father gave me this book.

□私の母は私にCDを買ってくれました。   My mother bought me a CD.

□私にあなたの写真を見せてください。   Please show me your pictures.

比較表現

□タカシはマコトよりも年上です。   Takashi is older than Makoto.

□この鳥はあの鳥より美しいです。   This bird is more beautiful than that one.

□私はジムより速く泳ぐことができます。   I can swim faster than Jim.

□これはすべての中で最も難しい質問です。   This is the most difficult question of all.

□この車は4台の中で最も速く走ります。   This car runs the fastest of the four.

□私の家はトムの家と同じくらい広いです。   My house is as large as Tom's.

4

受け身

□現在，インターネットは多くの人に利用されています。

The Internet is used by many people now.

□彼の歌は世界中で愛されています。

His songs are loved all over the world.

□私の国では英語は話されていません。

English is not spoken in my country.

□この本は生徒たちに読まれていますか。

Is this book read by the students?

　—はい，読まれています。／

　いいえ，読まれていません。

— Yes, it is. / No, it is not.

□この手紙は昨夜私の母によって書かれました。

This letter was written by my mother last night.

□これらの絵は約200年前に描かれました。

These pictures were painted about 200 years ago.

□その祭りは昨年行われませんでした。

The festival was not held last year.

□あなたは彼の家に招待されましたか。

Were you invited to his house?

　—はい，招待されました。／

　いいえ，招待されていません。

— Yes, I was. / No, I was not.

Unit 1			
□ ago	～前に	□ pamphlet	パンフレット
□ angry	怒った	□ program	番組
□ anywhere	(疑問文で)どこかへ	□ radio	ラジオ
□ ask ～ for …	～に…を頼む	□ read	読む
□ awesome	すばらしい	□ ride	～に乗る
□ Busan	プサン	□ roller coaster	ジェットコースター
□ chat	おしゃべり	□ scary	恐ろしい
□ cloudy	曇った	□ Seoul	ソウル
□ coach	～に指導する	□ sunny	晴れた
□ come by	立ち寄る	□ surprised	驚いた
□ comic book	マンガ雑誌	□ sweet	甘いお菓子
□ diary	日記	□ then	そのとき
□ evening	夕方，晩	□ today	今日
□ excited	興奮して	□ tournament	トーナメント
□ fantastic	すばらしい	□ view	景色
□ free	手が空いて，暇で		
□ gift	贈り物		
□ honor	名誉なこと		
□ interested	興味を持っている		
□ Korea	韓国		
□ myself	私自身を		
□ nervous	不安で		
□ night	夜		
□ order	～を注文する		

重要単語 チェック！ Unit 2 ～ Daily Life Scene 1

教科書 pp.19 ～ 29

Unit 2

☐	baker	パン職人
☐	beginner	初心者
☐	be proud of ～	～を誇りに思う
☐	bicycle	自転車
☐	castle	城
☐	chef	シェフ
☐	congratulation	おめでとう
☐	difficult	難しい
☐	doctor	医者
☐	driver	運転手
☐	easy	簡単な
☐	guy	(複数形で)みんな，君たち
☐	important	重要な，大切な
☐	interpreter	通訳
☐	job	仕事
☐	more	さらに多くの
☐	novel	小説
☐	paint	～を絵の具で描く
☐	pass	～をパスする
☐	point	点数
☐	police officer	警官
☐	pilot	パイロット，操縦士
☐	problem	問題，課題
☐	proud	誇りにしている
☐	recently	最近
☐	scientist	科学者
☐	shoot	シュートする，撃つ
☐	stop	～を止める
☐	thanks to ～	～のおかげで
☐	thing	こと，もの

Daily Life Scene 1

☐	bus stop	バス停
☐	cycling	サイクリング

重要単語 チェック！ Unit 3

教科書 pp.31〜39

Unit 3

☐	airport	空港
☐	arrive	到着する
☐	as	〜として
☐	believe	〜を信じる
☐	board	乗り込む
☐	borrow	〜を(無料で)借りる
☐	central	中央にある
☐	clothes	衣服
☐	cloud	雲
☐	drive	運転する
☐	e-mail	Eメール
☐	finish	〜を終える
☐	flight	定期航空便, フライト
☐	forecast	予報
☐	forget	〜を忘れる
☐	if	もし〜ならば
☐	information	情報
☐	kid	冗談を言う
☐	laugh	(声を出して)笑う
☐	loud	うるさい
☐	p.m.	午後
☐	pack	荷造りをする
☐	passenger	乗客, 旅客
☐	pizza	ピザ
☐	plan	計画
☐	rain	雨
☐	rainy	雨の
☐	serious	本気の, 真剣な
☐	shop	店
☐	snowy	雪の
☐	souvenir	土産
☐	starving	非常に空腹な
☐	statue	像
☐	straight	まっすぐに, じかに
☐	suitcase	スーツケース
☐	sunglasses	サングラス
☐	tennis	テニス
☐	theater	劇場
☐	the Statue of Libety	自由の女神
☐	tomorrow	明日
☐	tonight	今夜
☐	weather	天気
☐	will	〜だろう
☐	wind	風
☐	windy	風の強い

Let's Read 1

☐	baby	赤ちゃん
☐	beat	〜を打つ，たたく
☐	begin	始まる
☐	bone	骨
☐	boy	少年
☐	daughter	娘
☐	dream	夢を見る
☐	die	死ぬ
☐	fall	落ちる
☐	feel	〜だと感じる
☐	finally	ついに，ようやく
☐	find	〜を見つける
☐	grow	育つ
☐	hair	毛
☐	happen	起こる
☐	heart	心，感情
☐	injured	傷ついた
☐	kick	〜を蹴る
☐	lead	先頭，首位
☐	leap	跳ぶ
☐	leave	〜を置いて行く
☐	man	(男の)部下
☐	marry	〜と結婚する
☐	move	〜を感動させる
☐	once	かつて，昔

☐	outside	外に
☐	part	一部分
☐	quick	すばやく
☐	run	走る
☐	shoot	撃つ，射る
☐	silver	銀貨
☐	sleep	眠る
☐	stupid	愚かな
☐	town	町
☐	winner	勝者

World Tour 1

☐	foot	(長さの単位) フィート，フット (30.48cm)
☐	length	長さ

You Can Do It! 1

☐	among	〜に含まれて
☐	country	国
☐	girl	女の子
☐	share	〜を分かち合う

Daily Life Scene 3

☐	bread	パン
☐	large	大きい
☐	size	大きさ
☐	shall I 〜?	(私が)〜しましょうか
☐	tomato	トマト
☐	thirsty	喉が渇いた

Unit 4

☐	anytime	いつでも
☐	attraction	魅力あるもの
☐	battery	電池
☐	bookstore	書店
☐	Broadway	ブロードウェイ
☐	café	カフェ
☐	center	真ん中
☐	check	～を確かめる
☐	city	都市，都会
☐	concert	コンサート
☐	example	例
☐	exercise	運動
☐	ferry	フェリー
☐	flag	旗
☐	guide	～を誘導する
☐	hand	手
☐	history	歴史
☐	hold	～をしっかり持っている
☐	island	島
☐	leaflet	小冊子，パンフレット
☐	lover	愛好者
☐	market	市場
☐	meter	メートル

☐	mug	マグカップ
☐	nature	自然
☐	oasis	憩いの場
☐	past	昔，過去
☐	rent	～を(有料で)借りる
☐	ship	(大型の)船
☐	something	何か，何かあるもの
☐	sticker	ステッカー
☐	such	そのような
☐	tall	身長が～ある，高さが～ある
☐	torch	たいまつ
☐	tour	ツアー，見学
☐	weight	重さ

Daily Life Scene 4

☐	along	～に沿って
☐	excuse	～を許す
☐	left	左
☐	street	通り
☐	subway	地下鉄

Unit 5

☐	action	行動
☐	arm	腕
☐	bathroom	浴室，トイレ
☐	become	～の状態になる
☐	both	両方の
☐	close	～を閉じる
☐	cover	～を覆う
☐	door	ドア
☐	down	下へ
☐	drop	体を低くする
☐	earthquake	地震
☐	group	集団，グループ
☐	head	頭
☐	into	～の中へ
☐	knee	ひざ
☐	learn	～を学ぶ
☐	medicine	薬
☐	member	一員，メンバー
☐	must	～しなけらばならない
☐	neck	首
☐	post office	郵便局
☐	prepare	～を用意する
☐	push	押す
☐	quickly	すぐに
☐	quiet	静かな

☐	reason	理由
☐	safe	無事な，無傷の
☐	shake	揺れる
☐	should	～した方が良い
☐	towel	タオル
☐	tree	木
☐	useful	役に立つ
☐	wall	壁

Daily Life Scene 5

☐	forest	森林
☐	garden	庭
☐	join	参加する
☐	nothing	なにも～ない
☐	someone	(肯定で)誰か，ある人
☐	spend	(時間を)過ごす
☐	used	中古の
☐	volunteer	ボランティア
☐	whole	すべての

Daily Life Scene 6

☐	explain	～を説明する
☐	finger	(手の)指
☐	headache	頭痛
☐	hurt	(体の部分が)痛む
☐	knife	ナイフ，包丁
☐	meeting	会議
☐	sick	病気の

11

Unit 6

☐	abroad	外国に
☐	again	再び
☐	answer	答える
☐	anyway	それにもかかわらず
☐	arts and crafts	図工，工芸
☐	attention	注意
☐	be able to ～	～することができる
☐	because	～だから，～なので
☐	child	子ども
☐	children	childの複数形
☐	communicate	意思疎通する
☐	exam	試験
☐	experience	体験，経験
☐	fail	失敗する
☐	girlfriend	ガールフレンド
☐	glad	うれしく思う
☐	introduce	～を紹介する
☐	living	生きている
☐	living thing	生物
☐	language	言語
☐	lose	～で負ける
☐	make friends	友達になる
☐	match	試合
☐	Nepali	ネパール語
☐	pay	～を払う
☐	preparation	準備
☐	prize	賞
☐	question	質問，問い
☐	shrimp	エビ
☐	staff	スタッフ，職員
☐	stand	立っている
☐	starfish	ヒトデ
☐	surprising	意外な
☐	teach	教える
☐	through	～を通じて
☐	touch	～に触れる
☐	week	週

重要単語 チェック！ Let's Read 2 ～ World Tour 2

教科書 pp.86 ～ 91

Let's Read 2

☐	area	地域
☐	at first	最初は
☐	challenge	～に挑む
☐	confident	自身
☐	continue	～を続ける
☐	disaster	災害
☐	east	東
☐	everyday	毎日
☐	gesture	身振り，ジェスチャー
☐	gold	金の
☐	injure	～を痛める
☐	inspire	(人を)鼓舞する
☐	limit	限界
☐	limited	限られた
☐	medal	メダル
☐	mind	～を気にする
☐	mistake	間違い，誤り
☐	Olympic	オリンピック
☐	opinion	意見
☐	receive	受け取る
☐	scared	おびえた
☐	skate	スケートをする
☐	somehow	何とかして
☐	start	～を始める
☐	succeed	成功する

☐	support	～を支援する
☐	supporter	支援者，支持者
☐	thankful	感謝している
☐	train	電車
☐	understand	理解する
☐	various	さまざまな
☐	word	発言，言葉

World Tour 2

☐	business	会社，商売
☐	company	会社
☐	customer	客
☐	decide	～を決める
☐	designer	デザイナー
☐	fashion	ファッション
☐	fashionable	流行の
☐	himself	彼自身
☐	knife	ナイフ
☐	only	ただ～だけ
☐	owner	持ち主
☐	poverty	貧困
☐	produce	～を製造する
☐	quality	品質
☐	sharp	鋭い，よく切れる
☐	spread	広まる
☐	store	店
☐	story	話，説明

You Can Do It! 2

☐	air	空気
☐	careful	注意深い，慎重な
☐	engineer	エンジニア
☐	express	～を表現する
☐	face	顔
☐	farmer	農場経営者
☐	latest	最近の
☐	prefer	～を好む
☐	researcher	研究員
☐	till	～まで

Unit 7

☐	continent	大陸
☐	coral	サンゴ
☐	deep	深い
☐	doll	人形
☐	earth	地球
☐	exactly	ちょうど，まさしく
☐	expensive	値段が高い
☐	fact	事実
☐	football	フットボール
☐	huge	巨大な
☐	lake	湖
☐	million	100万
☐	most	最も

☐	natural	自然の
☐	population	人口
☐	quiz	クイズ
☐	river	川
☐	rock	岩
☐	rugby	ラグビー
☐	site	場所，遺跡
☐	snorkeling	スノーケリング
☐	system	体系
☐	than	～よりも
☐	tourist	観光客
☐	tower	タワー
☐	unique	唯一の
☐	visible	目に見える
☐	culture	文化
☐	fruit	果物
☐	grape	グレープ
☐	hero	ヒーロー
☐	hot spring	温泉
☐	local	地元の
☐	national	国家の
☐	prefecture	県
☐	treasure	宝
☐	vegetable	野菜
☐	village	村

教科書 pp.107 ～ 125

Unit 8

☐	act	演じる
☐	actually	実は
☐	base	～をもとにする
☐	blow	～を破壊する，～を飛ばす
☐	build	～を建てる
☐	camera	カメラ
☐	coast	海岸
☐	everybody	みんな
☐	lonely	孤独な
☐	magic tricks	手品
☐	painting	絵，絵画
☐	performance	公演，上演
☐	role	役
☐	scene	場面，シーン
☐	scream	叫び，悲鳴
☐	snack	軽食，おやつ
☐	star	星
☐	trust	信頼する
☐	witch	魔女

Dairy Life Scene 8

☐	period	時代
☐	rainstorm	土砂降り
☐	sky	空
☐	south	南から吹く
☐	summit	頂上
☐	wave	波

Let's Read 3

☐	below	下の
☐	cause	～の原因となる
☐	choose	～を選ぶ
☐	clock	時計
☐	convenient	便利な
☐	conversation	会話
☐	dictionary	辞書
☐	difference	違い
☐	expression	表現
☐	facial	顔の
☐	fold	折り重ねる
☐	invent	発明する
☐	joy	喜び
☐	male	男性の
☐	mean	～を意味する
☐	meaning	意味
☐	negative	悪い，後ろ向きの
☐	often	よく，たびたび
☐	positive	よい，前向きの
☐	reflect	～を表す
☐	situation	状況
☐	tear	涙

World Tour 3

☐	locate	位置している

15

光村図書版・中学英語２年